irish

Diarmuid Ó Sé
and
Joseph Sheils

TEACH YOURSELF BOOKS

For UK orders: please contact Bookpoint Ltd, 130 Milton Park, Abingdon, Oxon OX14 4SB. Telephone: (44) 01235 827720, Fax: (44) 01235 400454. Lines are open from 09.00–18.00, Monday to Saturday, with a 24-hour message answering service. You can also order through our website: www.madaboutbooks.com

For U.S.A. order enquiries: please contact McGraw-Hill Customer Services, P.O. Box 545, Blacklick, OH 43004-0545, U.S.A. Telephone 1-800-722-4726. Fax: 1-614-755-5645.

For Canada order enquiries: please contact McGraw-Hill Ryerson Ltd., 300 Water St, Whitby, Ontario L1N 9B6, Canada. Telephone: 905 430 5000. Fax: 905 430 5020.

Long renowned as the authoritative source for self-guided learning – with more than 30 million copies sold worldwide – the *Teach Yourself* series includes over 300 titles in the fields of languages, crafts, hobbies, sports, and other leisure activities.

British Library Cataloguing in Publication Data
Ó Sé, Diarmuid
Irish. – 2Rev.ed. – (Teach Yourself Series)
I Title II. Sheils, Jo III. Series
491.628

Library of Congress Catalog Card Number: on file

First published in UK 1993 by Hodder Headline Plc, 338 Euston Road, London NW1 3BH.

First published in US 1994 by Contemporary Books, A Division of The McGraw-Hill Companies, 1 Prudential Plaza, 130 East Randolph Street, Chicago, Illinois 60601 U.S.A.

The 'Teach Yourself' name and logo are registered trade marks of Hodder & Stoughton Ltd.

Typeset by Transet Limited, Coventry, England.
Printed in Great Britain for Hodder & Stoughton Educational, a division of Hodder Headline Ltd, 338 Euston Road, London NW1 3BH by Cox & Wyman Ltd, Reading, Berkshire.

Impression number   10   9   8   7   6   5   4
Year   2004   2003   2002

CONTENTS

ABOUT THE AUTHORS

Diarmuid Ó Sé is a lecturer in Irish at University College, Dublin. He has worked as a secondary teacher and language laboratory instructor and was for many years a researcher at the Linguistics Institute of Ireland in Dublin. He has published on various aspects of Irish grammar and phonetics.

Joseph Sheils is Head of Modern Languages at the Council of Europe in Strasbourg. He was previously Head of the Department of Language Pedagogy at the Linguistics Institute of Ireland. He is an experienced teacher, teacher trainer and curriculum developer.

INTRODUCTION

The aim of book is to teach you to understand basic, everyday Irish. It is suitable both for the complete beginner and for Irish people who have learned some Irish at school, but who have had little opportunity of speaking it.

This is a functional course, based on the kinds of situations in which Irish is used, each of which is dealt with in a separate unit. In Unit 1, for example, you learn some simple greetings, and how to give and understand personal information such as name, address and telephone number. In Unit 2, you will learn to say what you do for a living, and, in Unit 3, to talk about your family. Until you reach Unit 12 the emphasis will be on very immediate and daily situations: so Unit 4 deals with socialising, Unit 6 the weather, and Unit 10 shopping. From Unit 12 on you move to less immediate things, such as talking about past and future events in more detail, and making suggestions.

The first half of the book includes much of what you would expect to find in a phrasebook, and enough Irish for you to get by in simple situations. Do not be put off at this stage by hearing or seeing something which you cannot understand. An Irish proverb says **Bíonn gach tosú lag** (*Every beginning is weak*).

The second half of the book will prepare you to be more adventurous, and at this stage you can make more use of the **Appendices** at the back of the book.

Remember that a language consists of two things: words and ways of combining words. You cannot talk about things unless you know the words for them. In this book we give you basic vocabulary in each unit, but from an early stage you will find it helpful to have a short dictionary in which you can locate the words which you want to use. Some international publishers of dictionaries have recently produced pocket dictionaries of Irish, and any of these will be of great assistance in the early stages of learning the language. If you are in a position to obtain or order it, we suggest the bilingual **An Foclóir Scoile** (ISBN 1-85791-121-0) (which means 'the school dictionary'), or the shorter **An Foclóir Póca** (ISBN 1-85791-047-8) (which means 'the pocket dictionary'), published by An Gúm, the publications branch of the Department of Education in Dublin. These give recommended pronunciations for all words. As for combining words, we have limited this course to the simplest and most straightforward ways of saying things. Learners may want to move on to more advanced courses once they have satisfactorily completed this. We hope you will find that learning Irish from this book is an interesting and rewarding experience.

How to use this book

Each unit has: one or more dialogues (**Comhrá** *a conversation*); a vocabulary for each dialogue; questions about the dialogues (**ceist** *a question*, **ceisteanna** *questions*); some cultural information in the early units; usually also a section dealing with important areas of vocabulary, such as numbers, names of days and months, etc.; a grammar section; and exercises (**Cleachtadh** *practice*).

First study the dialogues with which each unit begins. If you have the tapes or CDs, which we strongly recommend, listen and look at the book at the same time. Remember that the context is an important guide to the meaning, and as these dialogues are meant to be as realistic as possible you will be able to guess a certain amount of what is going on. Phrase-by-phrase translations are given beneath the dialogues, but these get shorter as the course progresses. At first you will be dependent on them, but you should find that many things which you already know reappear and you will have less need of translation. Satisfy yourself that you know what each sentence means, and how it means what it means. The grammar sections will give the necessary explanations. Most important of all, read each dialogue aloud until you feel familiar with it. You may be in a position to use some of these phrases before long, so the more naturally they fall from your lips the better. Most dialogues are followed by a couple of simple questions which will help to comfirm that you have grasped what is going on. Resist any temptation to bypass the practice exercises at the end of each unit. They have been put together carefully so that you will get the maximum benefit from the course.

History and background

Irish belongs to the Celtic family of languages, which has two branches. The Gaelic branch consists of Irish, Scottish Gaelic and Manx, which are rather similar to one another. Welsh, Breton and Cornish make up the other branch of the Celtic languages, but they differ too much from the Gaelic group for mutual understanding. Irish is called **Gaeilge** (i.e. Gaelic) by its speakers, but the English word Gaelic, unqualified, normally refers only to its sister language in Scotland. Until the twelfth century the social position of Irish was not seriously challenged, and even the Vikings who settled in Ireland about a thousand years ago tended to learn Irish. However, the arrival of the Anglo-Normans in 1169 marked the beginning of a period of four centuries during which the country gradually became subject to the English crown.

From the late seventeenth century Irish began to give way to English. The disastrous potato famine of 1845–9 caused the deaths of a million people and the emigration of a further million. Most of these were Irish speakers, and a near fatal blow was suffered by a language which was already in decline. By the time an independent Irish state was established in 1922 the process of anglicisation was almost complete, and the language was confined to enclaves on the western and southern coasts. Irish speakers then numbered some tens of thousands in a population of nearly three million.

However, the new state set out to rescue the language from extinction and favourable policies have maintained the Irish-speaking districts. Up to 30,000 people use Irish as a daily language in these areas, collectively known as the **Gaeltacht**. In the 1920s Irish was introduced in schools as a compulsory subject, and all primary and secondary pupils are still required to study the language, although not necessarily required to show any deep knowledge of it. As a result a substantial number of people outside the Gaeltacht (perhaps 100,000) have a good knowledge of Irish. These support a network of Irish-medium schools which are highly regarded and do much to sustain the language.

Despite the small number of fluent speakers, Irish has an important symbolic role in the life of the nation. The Constitution, adopted by referendum in 1937, declares Irish to be both the national and the first official language. Various institutions and officers of the State are known by Irish-language titles in both official and daily usage. The lower house of parliament is called **Dáil Éireann** (lit. *Assembly of Ireland*) or simply the **Dáil**, and the upper house is called **Seanad Éireann** (*Senate of Ireland*). The term for a parliamentary deputy is **Teachta Dála** (*Delegate of the Dáil*), usually abbreviated to **TD**. The prime minister is called **Taoiseach** (an old word for *chieftain* or *leader*) and the deputy prime minister is called **Tánaiste** (which originally meant *successor*). The police force is **An Garda Síochána** (lit. *the guard of the peace*), commonly known as the **Gardaí** or the Guards. The government ministry responsible for cultural matters has a section concerned with promoting the language both in the Gaeltacht and throughout the country. There is a partly elected and partly appointed Gaeltacht authority (**Údarás na Gaeltachta**), a state agency established to promote the language – **Bord na Gaeilge** (*The Irish Language Board*) – and a radio service for Irish-speaking areas – **Raidió na Gaeltachta** – which can be picked up throughout the country. Some Irish-language programmes are broadcast on national radio and television. An Irish-language television service began broadcasting in 1996. After a recent name change it is now known as TG4. There are also departments of Irish in the main universities and colleges of education.

Irish is, however, largely absent from such important domains as commerce, transport and popular entertainment. It survives as the daily language of a subculture and as the symbolic language of the state, which seeks to ensure, through the educational system, that all citizens have at least some passive knowledge of Irish.

The kind of Irish used in this book

A new written standard form of the language was adopted in the late 1940s under government direction and that is what you are taught here. It is known as **An Caighdeán Oifigiúil** (the Official Standard). It is largely a compromise between dialects and therefore not at all archaic. There is no generally accepted spoken standard form of the language, but a set of compromise proposals issued by the Linguistics Institute of Ireland in 1986 has gained some currency, especially in dictionaries. It is adopted here. We have therefore sought to teach you the most standardised form of the language and to avoid regional bias.

The alphabet

Only 18 letters of the alphabet are normally used in writing Irish. These are **a, b, c, d, e, f, g, h, i, l, m, n, o, p, r, s, t, u.** The letter **v** is used in some loan-words (e.g. **vóta**, from English *vote*), but **j, q, w, x** and **z** are restricted to some scientific terms. The consonants **r, l, n** are written double in some words; compare **fear** (*man*) and **fearr** (*better*), **geal** (*bright*) with **geall** (*promise*) (verb), **gan** (*without*) with **gann** (*scarce*). A long vowel is indicated by a length mark placed over it: **solas** means *light* and **sólás** means *consolation*.

Two features of Irish spelling will immediately strike the learner. One is the occurrence of **h** after a wide range of consonants, so that alongside **ch**, **th** and **sh**, which are familiar in English, you will see **bh, mh, dh**, etc. Another such feature is the large number of vowel combinations, as in **feoil** (*meat*), **buíoch** (*grateful*), **feiceáil** (*seeing*). These two features of written Irish are explained in the next section.

PRONUNCIATION GUIDE

The pronunciation of Irish is often not immediately obvious from the spelling. There are two reasons for this. Irish has more sounds than the Roman alphabet can represent, so that letters of the alphabet have to be combined in various ways to make up the shortfall. In addition, the spelling rules, although reformed in the 1940s, are in some ways more faithful to the way Irish was pronounced several centuries ago than to the present-day sound of the language. The spelling of Irish is therefore a code which has to be learned before you can pronounce the examples in this book in such a way as to be understood. However, once you have learned the rules you will find that they are fairly regular. For instance there is no equivalent of the varying sound of English '*ough*' in *bough*, *though*, *through*, *cough*, *rough*. You are strongly recommended to acquire the tapes or CDs which accompany this book, especially if you do not have access to an Irish speaker who will assist you.

The relation between spelling and sound is dealt with here as a series of topics.

(a) Long vowels

These are 'pure' vowel sounds as in German or Italian, and **é** and **ó** do not end with *y* or *w* glides as do the corresponding sounds in most kinds of English.

í   pron. like *ee* in *meet*, **sí** (*she*) sounds like English *she*

é   pron. like French *é* or German *eh* rather than English *ay*, e.g. **mé** (*I, me*)

á   pron. like *aw* in American English, e.g. **lá** (*day*) ó pron. like French *au* or German *oh*, and not like English *oh*, e.g. **bó** (*cow*)

ú pron. like *oo* in *pool*, e.g. **tú** (*you*)

(b) Short vowels

Irish has the following short vowels:

i like English short *i*: **sin** (*that*) sounds like English *shin*

e like English short *e* in *get*, e.g. **te** (*hot*)

a depending on the neighbouring consonants, either as in English *tap* or in English *top*, but with the lips unrounded, e.g. **cas** (*turn*)

o no corresponding sound in English; to pronounce **bog** (*soft*) try using the vowel of English *book*, but with the mouth more open

u like the *oo* in *book*, e.g. **tugann** (*gives*)

(c) Slender and broad consonants

Every Irish consonant has two values, traditionally called 'slender' and 'broad', so there are two **l**s (a slender **l** and a broad **l**), two **t**s (a slender **t** and a broad **t**), and so on. The slender and broad sounds of the consonants can easily be found with **l**. Try saying **l**, and hold the sound as long as possible. Now say it again, and try to put your tongue in the position for *ee* at the same time; this is slender **l**. Now try saying it with your tongue in the position for *oo*; this is broad **l**. If you come from England you should have both these kinds of **l** already, the slender **l** in *leaf* and the broad **l** in *feel*. The word *little* begins with slender **l** and ends with broad **l**. However, if you are American or Scottish all your **l**s may be broad and if you are Irish or Welsh they may all be slender, and you should try experimenting as described above to get the right sounds. The difference between slender **l** and broad **l** is used in Irish to distinguish words. However, as the alphabet provides us with only one letter **l**, the practice was adopted of writing extra vowels to indicate whether a consonant is slender or broad. A consonant is slender if it is preceded or followed by **i** or **e** (the 'slender vowels') and broad if it is preceded or followed by **a**, **o** or **u** (the 'broad vowels'). See below:

broad l +			í + broad l	
	í	**luí** (*lying*), **Laoi** (*Lee*)	í	**díol** (*selling*)
	é	**lae** (*of a day*)	é	**béal** (*mouth*)
	á	**lá** (*day*)	á	**fál** (*hedge*)
	ó	**lón** (*lunch*)	ó	**ól** (*drinking*)
	ú	**Lú** (*Louth*) (county)	ú	**cúl** (*back*)

slender l +	í	líne (*line*)	í + slender l	síl (*think*)
	é	léine (*shirt*)	é	béil (*of a mouth*)
	á	leá (*melting*)	á	fáil (*getting*)
	ó	leon (*lion*)	ó	óil (*of drinking*)
	ú	liú (*a shout*)	ú	súil (*eye*)

Notice that **lón** (*lunch*) and **leon** (*lion*) are distinguished in sound only by the kind of l they each begin with. You can now see the significance of such vowel combinations as **ái, ói, éi, eo** and **iú**. When you see the world **Dáil** remember that it is one syllable **Dá^{i}l**, with a very weak i 'glide', and not two syllables **dá-il**. Likewise **fíon** (*wine*) is **fí^{u}n** and not **fí-on**. The **aoi** in **Taoiseach** (*the prime minister*) is an alternative to **uí**, but **aoi** sometimes occurs at the beginning of a word, e.g. the female name **Aoife** (pron. ífe). In a few words **oí** stands for **í** after a broad consonant, e.g. **croí** (*heart*). In **seo** (*this*) and **deoch** (*drink*) **eo** is, exceptionally, short (pron. **shu, dyuch**).

Now look at how three vowel letters are combined:

ceol (pron. k^{y}ól) (*music*)   píosa **ceoil** (*a piece of music*) (pron. písa k^{y}ó^{i}l)
                        feoil (*meat*) (pron. f^{y}ó^{i}l)
                        ciúin (*quiet*) (pron. k^{y}ú^{i}n)
                        buíoch (*grateful*) (pron. b^{w}f^{y}ch)

There is also a rule that a consonant in the middle of a word must be flanked only by slender vowels (**i, e**) or by broad vowels (**a, o, u**). **Feic** (pron. fek) means *see* and the ending **áil** corresponds to English *-ing*; however *seeing* is **feiceáil** because **feicáil** would break a rule known as **caol le caol agus leathan le leathan** (*slender with slender and broad with broad*); contrast **fágáil** (*leaving*).

The sequences **ia** and **ua** stand for **í** and **ú** respectively followed by a weak **a** as in *about*:

bia (*food*)	rua (*reddish*, of hair mostly)
iad (*them*)	fuar (*cold*)
iasc (*fish*)	suas (*up*)

When followed by a slender consonant these become **iai** and **uai**, and they are pronounced **íe** and **úe** respectively:

riail (*rule*)
uair (*hour*)
fuair (*got*)
fuaim (*sound*)

The recommended pronunciation of the sequence **ao** is **í**:

s**ao**r (*free, cheap*) pron. sír

Before a slender consonant an **i** is added:

ar s**ao**ire (*on vacation*) pron. er síre

Let us look now at some combinations which represent short vowels:

ei = *e* in *get*, e.g. c**ei**st (*question*) (pron. kesht)
ea = *a* in *hat*, e.g. b**ea**n (*woman*) sounds rather like English *ban*
ai = between *a* in *hat* and *o* in *hot*, e.g. b**ai**le (*town*) (pron. bolle)
ui = *i* between broad and slender consonants:
    c**ui**d (*part*) is like *quid* but with the lips spread for the *qu*
    m**ui**d (*we*) sounds like *mwid*
    d**ui**ne (*person*) has much less of a *w* sound after the **d**
oi = a sound between *e* and *o*, e.g. sc**oi**l
io = *i* before broad consonants, e.g. m**io**n (*tiny*)

When **eo** or **iú** occur at the beginning of a word the **e** and **i** are silent and they are pronounced like **ó** and **ú** respectively:

eolas (*information*) (pron. ólas)
Iúil (*July*) (pron. úˈl)

At the beginning of a word **io** represents **i** before a broad consonant, for example, **io**nad (*location*) (pron. inad); **io**nat (*in you*) (pron. inat). However, **io** is also commonly pronounced **u** in such words, giving unad and unat with the vowel of English p*u*t.

Note that **io**ntas (*wonder*) and **io**ntach (*wonderful*) are exceptionally pronounced íntus and íntuch.

At the beginning of a word **ui** is pronounced **i**, and **oi** is pronounced **e**:

uisce (*water*) (pron. ishke)
uile (*all*) (pron. ile)
oifig (*office*) (pron. efig)

(d) Individual consonants

d, t, l, n   When these are broad the tip of the tongue is pressed against the upper teeth e.g. **t**á (*is*), **d**únta (*closed*); when slender it is against the gum behind the teeth. In some areas, slender **t** and **d** sound like English **ch** and **j** respectively: thus, **t**e (*hot*) pron. che and **d**eoch (*drink*) pron. juch.

s   Slender **s** is like English *sh* (except in **is** (*is*)); Seán (*John*) (pron. *Shawn*). **Muiris** (*Maurice*) sounds like **mwirish**. Sheila is spelled **Síle**.

r   Pronounced clearly in all positions in the word, e.g. **rás** (*a race*), **sórt** (*kind (of)*), **réidh** (*ready*), **bóthar** (*a road*). The slender **r** is like a combination of *r* with the sound of *s* in *leisure*, e.g. **Máire** (*Mary*), **cuir** (*put*). **R** at the beginning of a word is always broad, irrespective of spelling, e.g. **rince** (*dance*).

ph   Pron. *f*, e.g. **mo phóca** (*my pocket*) is mo **fóca**.

th   Pron. *h*, (*not* as English *th*); **thug** (*gave*) is *hoog*; **máthair** (*mother*) sounds like máhir.

ch   When broad, as in German *Bach* – **loch** (*lake*) is pronounced as in Scotland; when slender as in German *ich*, or the sound at the beginning of *huge* in English, e.g. **oíche** (*night*), pron. **íche**.

bh, mh   Pronounce *v* when broad. So for instance, at the beginning of a word **mo bhus** (*my bus*), **mo mhac** (*my son*), are mo **vus**, mo **vok**; **-amh** at the end of a word is *uv*, e.g. **caitheamh** (*spending, to spend*), **déanamh** (*doing, to do*), **seasamh** (*standing, to stand*), **talamh** (*land*), **snámh** (*swimming, to swim*), **lámh** (*hand*) are kahuv, dénuv, shasuv, taluv, snáv and láv. In the middle of a word broad **bh/mh** are also pronounced *v* after a long vowel, e.g. **ábhar** (*subject*), **tábhacht** (*importance*), **lámha** (pl. *hands*), **fómhar** (*autumn*), **ríomhaire** (*computer*) are ávar, távacht, láva, fóvar, rívwire. There is a tendency to weaken this *v* sound to a *w*, especially in the northern half of the country. The sequence short vowel + **bh/mh** in the middle of a word gives an *ow* sound as in *pound*, e.g. **leabhar** (*book*), **ramhar** (*fat*), **samhradh** (*summer*) are l^{y}owr, rowr, sowra.

Slender **bh/mh** are *v* in all positions, so **bhí** (*was*) is ví, **sibh** (pl. *you*) is shiv, **Gaillimh** (*Galway*) is galiv, **cuimhin** (in **is cuimhin liom** *I remember*) is k^{h}ivin, **geimhreadh** (*winter*) is gevre.

gh   At the beginning of a word it is pronounced rather like the French *r* when broad, e.g. **mo ghúna** (*my dress*), **sa ghairdín** (*in the garden*). The sequence **a** + broad **gh** in the middle of a word gives an *eye* sound, e.g. **aghaidh** (*face*) is rather like *eye* and **laghad** (*smallness*), **laghdú** (*reducing, to reduce*) are like loy^{n}d, loydú; **o** + broad **gh** in the middle of a word gives an *ow* sound, e.g. **foghlaim** (*learning, to learn*), **rogha** (*choice*),

roghnú (*choosing, to choose*) are like fowluim, row, rownú. Broad **gh** does not occur at the end of a word.

Slender **gh** is pronounced *y*, so **mo gheansaí** (*my pullover*) is mo yansí, **do gheata** (*your gate*) is do yata. In the middle of a word slender **gh** combines with preceding short vowels to give an *eye* sound, e.g. **staighre** (*stairs*) is like sty-re, **saighead** (*arrow*) is like English *sigh* with *ud* added.

dh At the beginning of a word it is pronounced the same as **gh** when broad, e.g. **dhá dhoras** (*two doors*) (pron. ghá ghoras). When slender it is likewise pronounced *y*, e.g. **do dheoch** (*your drink*) is do yuch. All **dh**s in the middle of a word are treated as though slender, even when there is no **i** before them, so **meidhreach** (*merry*), **veidhlín** (*violin*) are like myr^yuch, vylín; **Tadhg** (a man's name), **fadhb** (*problem*) are pronounced toyg, foyb and **adhmad** (*timber*) is like eye-mud; **radharc** (*sight, view*) is pronounced like English *rye* with *urk* added.

-adh Pronounced **a** in nouns, e.g. **seoladh** (*address*), **pósadh** (*marrying*) are pronounced shóla, pósa. However, most instances of **-adh** in verbs are pronounced (u)ch, e.g. **bheadh** (*would be*), **bhíodh** (*used to be*), **rachadh** (*would go*), **théadh** (*used to go*) are pronounced vech, vích, rachuch, héch (all with the *ch* of German *Bach*). The exception is past passive **-adh** for which the pronunciation *uv* is recommended, e.g. **pósadh** (*was married*), **seoladh** (*was transmitted*), **rinneadh** (*was done*), **léadh** (*was read*) are pronounced pósuv, shóluv, rinyuv and léuv. An important regional feature which you will encounter is the northern pronunciation of **-adh** as *ú* in all cases.

-igh, -idh Recall that slender **gh** and **dh** are both pronounced *y* at the beginning of a word. This pronunciation is also used at the end of words of one syllable, e.g. **téigh** (*go*) is téy, **shuigh** (*sat*) is hiy, **réidh** (*ready*) is réy, **beidh** (*will be*) is bey. Likewise, the words **amuigh** (*outside*) and **istigh** (*inside*), which are originally phrases and are stressed on the second syllable, are amwiy and ishtiy. In other words of more than one syllable this *iy* becomes *í*, so **leathanaigh** (plural of **leathanach** (*page*)) is lahanuí, **ceannaigh** (*buy*) is kyanuí, **cheannaigh** (*bought*) is chyanuí, **rachaidh** (*will go*) is rachuí. Note, however, that in verbal forms of more than one syllable (such as **cheannaigh**

(*bought*)) **-aigh** becomes simple *a* before a pronoun which is
the subject of the verb, e.g. **cheannaigh sí** (*she bought*) is
chyana shí.

You will come across the southern pronunciation of **-igh**, **-idh**
as *ig* instead of *í*.

In the middle of a word **gh** and **dh** never have the value of a consonant,
and this is often true of **bh**, **mh** also. Combining short vowels with a
following **gh**, **dh**, **bh**, **mh** provides a way of writing the sounds *eye* and
ow in Irish.

(e) Word stress

You are recommended to stress the first syllable of the word, e.g.
*lea*thanach (*page*), *múin*teoir (*teacher*), *cailín* (*girl*), *coláiste* (*college*).
A few borrowed nouns are exceptional, e.g. **tobac** (*tobacco*), which is
stressed on the second syllable. However, adverbs of two or three
syllables which begin with **a** (and some with **i**) are stressed on the second
syllable, e.g. **amach** (*out(wards)*), **isteach** (*in(wards)*), **anuas** (*from
above*), **amárach** (*tomorrow*), **inniu** (*today*) (pron. inyu). The initial **a** in
these is pronounced like the first vowel in English *another*.

In Munster the stress may fall on a syllable other than the first if there is
a long vowel in it:

  cupán   (*a cup*)   múinteoir (*a teacher*)
  na Gardaí (*the police*)

You will notice that this system is fairly widely used by people who have
learned the language.

(f) Short vowels before ll, nn, rr, m, ng, rd in words of one syllable

You are recommended to pronounce these vowels short as written. It is
also advisable to try to pronounce the **ll**, **nn** somewhat long, as in **ball**
(*member*), **clann** (children) (of family). Exceptions include **ard** (*high*),
Garda (*policeman*), **barr** (*top*), **carr** (*car*), **bord** (*table*), which have long
vowels everywhere.

However, in Munster and West Galway vowels which are written short are
pronounced long or sometimes as diphthongs (sounds such as *eye*, *ow*) before
the consonants listed in this section. The following are some indications:

im (*butter*) (pron. eem)
fill (*return*) (pron. feel with slender l)
geall (*promise*) (verb) (pron. gʸál or gʸowl)
mall (*slow*) (pron. mál or mowl)
moill (*delay, slowness*) (pron. mwoyl or mweel with slender l)
poll (*hole*) (pron. powl)
poill (*holes*) (pron. poyl or pweel with slender l)

However when a vowel follows the **ll, nn, rr, m** or **ng** this lengthening does not occur:

píosa ime (*a piece of butter*) (pron. písa ime)
geallúint (*promising*) (pron. gʸalúⁱnt)

You are not recommended to attempt this more complicated system in the early stages of learning the language.

(g) Unwritten vowels

Between	r	and	m	a vowel **a** (as in *about*) is pronounced.
	l		b	
	n		bh	
			g	

For example

gorm (*blue)* (pron. goram)
borb (*rude)* (pron. borab)
balbh (*dumb*) (pron. bolav)
garbh (*rough*) (pron. gorav)
bolg (*stomach*) (pron. bullag)

Between slender consonants the added vowel is **i**:

ainm (*name*) (pron. anim)
airgead (*money*) (pron. arigʸud)

A guide to the initial mutations

A feature of Irish and the other Celtic languages is that words are liable to change not only their ending – e.g. cóta (*coat*) gives cótaí (*coats*) – but also at the beginning – e.g. mo chóta (*my coat*). Such changes at the beginning of a word are known as *initial mutations*, or simply *mutations*. Mutations are usually caused by a preceding word. For example, **mo** (*my*) causes a

change called lenition, so **mo** + **cóta** becomes **mo chóta** (*my coat*).
Lenition means softening (in Irish **séimhiú**, pron. shave you), referring to
the replacement of hard and abrupt **c** by the more hissing or continuous **ch**.
In contrast, **ár** (*our*) causes a different mutation called eclipsis (**urú** in
Irish), so **ár** + **cótaí** becomes **ár gcótaí** (*our coats*) (pron. ár gót^{u}í). This can
be understood as the value of the basic consonant **c** being eclipsed or
overtaken by the value of the consonant which is written before it, i.e. **g**.
Not all consonants are mutated. Here is a table of the changes which occur:

Basic consonant	Lenited form	Eclipsed form
p	**ph** (pron. f)	**bp** (pron. b)
t	**th** (pron. h)	**dt** (pron. d)
c	**ch** (pron. kh)	**gc** (pron. g)
b	**bh** (pron. v)	**mb** (pron. m)
d	**dh** (pron. gh)	**nd** (pron. n)
g	**gh** (pron. gh)	**ng** (pron. ng)
f	**fh** silent	**bhf** (pron. v)
m	**mh** (pron. v)	
s	**sh** (pron. h)	

Notice that the following sound the same when lenited: **t** and **s** (pron. h),
d and **g** (pron. gh), **b** and **m** (pron. v). **F** becomes silent (but written **fh**).
The **v** sound of eclipsed **f** is written **bhf**, i.e. **bh** (=v) before the basic **f**.

Symbols and abbreviations

m	= masculine gender of noun	adj.	= adjective
f	= feminine gender of noun	pron.	= pronounced
pl	= plural noun		
sing.	= singular		

🖭 ◉ = This indicates material included on the CDs/cassettes.

🗩 = This indicates dialogue.

✓ = This indicates exercises – places where you can practise using
the language.

🔑 = This indicates key words or phrases.

♂ = This indicates grammar or explanations – the nuts and bolts of
the language.

✴ = This draws your attention to the points of information of
practical use alongside grammar.

1 | IS MISE ...
My name is ...

In this unit you will learn how to

- use some simple greetings
- introduce yourself
- give your address and telephone number
- be polite

Dia dhuit (*Hello.*) **Conas tá tú?** (*How are you?*)
Dia is Muire dhuit. (*Hello.*) **Tá mé go maith.** (*I'm well.*)
Cad is ainm duit? (*What is your name?*)
(Is) mise ... (*I am ...*)
Tá mé i mo chónaí i ... (*I live in ...*)
... le do thoil (*please*). **Go raibh maith agat.** (*Thank you*)
Slán. (*Goodbye.*)

Read the dialogue, watching out for the phrases listed below. There is a complete list of vocabulary after the dialogue to help you understand it.

◖◗ Comhrá *(conversation)*

Like most Irish people Seán has studied Irish at school but he wants to improve his knowledge of it. He has been in contact with a language school which teaches Irish and now turns up to apply for a place. He calls in to the secretary's (**an rúnaí**) office and she notes some personal details for his application.

Seán	Dia dhuit. Is mise Seán Ó Briain.
An rúnaí	Dia is Muire dhuit. Tar isteach. Conas tá tú?
Seán	Tá mé go maith.
An rúnaí	Suigh síos ansin.
Seán	Go raibh maith agat.
An rúnaí	Tá sé fuar inniu.
Seán	Tá, cinnte.
An rúnaí	Cad is ainm duit arís, le do thoil?
Seán	Seán Ó Briain.
An rúnaí	Agus do sheoladh?
Seán	Tá mé i mo chónaí in uimhir a trí Sráid Mhór, árasán a dó.
An rúnaí	Agus d'uimhir teileafóin?
Seán	A naoi, náid, a cúig, a sé, a seacht, a haon (905671).
An rúnaí	Tá bileog ansin. Tá an t-eolas ar fad ann.
Seán	Go raibh maith agat. Slán.

Ceist

Fill in these details on Seán's enrolment form below:

```
AINM: . . . . . . . . . . . . . . . . . . . . . . . . . . . . . . . . . . . . . . . . . . . . . . . . . . . . . .
SEOLADH: . . . . . . . . . . . . . . . . . . . . . . . . . . . . . . . . . . . . . . . . . . . . . . . . .
FÓN: . . . . . . . . . . . . . . . . . . . . . . . . . . . . . . . . . . . . . . . . . . . . . . . . . . . . . . .
```

Foclóir *(vocabulary)*

Tar isteach.   *Come in.*
Suigh síos ansin.   *Sit down there.*
Go raibh maith agat.   *Thank you.*
Tá sé fuar inniu.   *It is cold today.*
Tá, cinnte.   *It certainly is.*
arís   *again*
Agus do sheoladh (m)**?**   *And your address?*
uimhir (f) **a trí**   *number three*

árasán (m) **a dó**   *flat two*
Sráid (f) **Mhór**   *Main Street*
d'uimhir teileafóin (m)   *your telephone number*
Tá bileog (f) **ansin.**   *There is a leaflet there.*
Tá an t-eolas (m) **ar fad ann.**   *All the information is in it.*

✴ Pointí eolais
(points of information)

1 Greetings

You can greet somebody casually by asking **Conas tá tú?** (*How are you?*), or by commenting on the weather, e.g. **Tá sé go breá** (*It is fine*). More formal greetings are of religious origin, e.g. **Dia dhuit** (*God be with you*), replied to with **Dia is Muire dhuit** (*God and Mary be with you*).

2 Irish surnames

Distinctively Irish surnames tend to begin with **Ó** or **Mac** (**O** and **Mc/ Mac** in the English versions). These were originally names which identified you by your father or grandfather, but they later came to be used as family names (surnames). Don't worry for the moment about the way the second name changes after the prefix.

    Tomás Mac Cárthaigh (McCarthy)   lit. *Tomás, son of Cárthach*
    Seán Ó Conaill (O Connell)   lit. *Seán, grandson of Conall*

The way these names are used is still influenced by their original meanings. For instance, there are separate female versions (*daughter of...*), which you will look at in Unit 2. The English forms of Irish surnames derive from the male versions only. Here are some common Irish surnames, in both languages:

Ó Mathúna *O Mahony*	**Mac Mathúna** *McMahon*
Ó Dochartaigh *Doherty*	**Mac Cárthaigh** *McCarthy*
Ó Cinnéide *Kennedy*	**Mac Craith** *McGrath*
Ó Riagáin *Re(a)gan*	**Mac Gearailt** *FitzGerald*

You will notice that **Mac** in Irish sometimes corresponds to *Fitz* – from French **fils** (*son*), in Norman names. Can you now guess the English version of the surname in the dialogue? Since Ireland became an independent state (1922) there has been an increasing awareness of the country's heritage of personal names. Many first names from earlier literature have been revived (especially women's names like *Clíona, Gráinne*), and many families have restored the **O** at the start of their surname (e.g. *Kennedy* becoming **O Kennedy**, *Shea* becoming **O Shea**).

3 Na huimhreacha 0–20 *(the numbers 0–20)*

0 **náid**	11 **aon déag** (pron. **én dé^{u}g**)
1 **aon** (pron. **én**)	12 **dó dhéag** (pron. **dó yé^{u}g**)
2 **dó**	13 **trí déag**
3 **trí**	14 **ceathair déag**
4 **ceathair** (pron. **kyahir**)	15 **cúig déag**
5 **cúig**	16 **sé déag**
6 **sé** (pron. **shé**)	17 **seacht déag**
7 **seacht** (pron. **shacht**)	18 **ocht déag**
8 **ocht**	19 **naoi déag**
9 **naoi** (pron. **nuí**)	20 **fiche**
10 **deich** (pron. **deh**)	

It is sometimes necessary to place **a** before 1–10:

(a) When counting:

a haon, a dó, a trí …   *one, two, three …*

Notice that this **a** puts an **h** before **aon**, and also before the other number which begins with a vowel: **a hocht**.

(b) when citing the number of a house, flat, etc.:

uimhir a **seacht**, Sráid Uí Chonaill   *number seven, O Connell Street*
árasán a **ceathair**   *apartment number four*
seomra a **hocht déag**   *room number eighteen*

(c) when calling out a number:

a seacht, náid, a ceathair   *seven, zero, four*

(d) when telling the time:

tá sé a cúig a chlog anois   *it is 5 o'clock now*
ag a naoi a chlog   *at 9 o'clock*

Gramadach *(grammar)*

1 The definite article **an** *(the)*

Nouns in Irish are divided into two classes, which are called 'masculine' and 'feminine'. This is a fairly random division, although the word for *man* is indeed masculine and the word for *woman* feminine. The gender of a word is shown by the way it is treated after **an** *(the)*. This is pronounced with a weak vowel as in English *another*.

Masculine nouns which begin with a consonant are unaffected by **an**; those which begin with a vowel have a **t-** added to the beginning of the word:

fear	man	an fear	the man
bord	table	an bord	the table
athair	father	an t-athair	the father
eolas	information	an t-eolas	the information
árasán	apartment	an t-árasán	the apartment

Feminine nouns which begin with a consonant are lenited (see **Pronunciation guide**):

bean	woman	an bhean	the woman
máthair	mother	an mháthair	the mother
bileog	leaflet	an bhileog	the leaflet
oifig	office	an oifig	the office
uimhir	number	an uimhir	the number

An **s** preceding **l**, **n**, **r** or a vowel at the beginning of a feminine noun becomes **ts** (pron. t) after **an** (*the*).

    sráid *street*   an tsráid   *the street*

It is useful to learn nouns with **an** before them.

Therc is no word corresponding to English *a* (the indefinite article):

    Tá cathaoir ansin.   *There is a chair there.*
    Tá bileog ansin.   *There is a leaflet there.*

2 The verb 'to be'

The present tense forms of the verb *to be* in Irish consists of **tá** followed by a pronoun (i.e. *he, she,* or *it*) referring to a person or thing:

tá mé	I am	tá muid	we are
tá tú	you are	tá sibh	you are
tá sé	he/it is	tá siad	they are
tá sí	she is		

The verb **tá** is used to describe location or state (of a person or thing). The weather is always referred to by **Tá sé ...** *It is ...*

Conas **tá tú** inniu?	*How are you today?*
Tá mé go maith.	*I am well.*
Tá Máire anseo.	*Máire is here.*
Conas **tá sé** amuigh?	*How is it (the weather) outside?*
Tá sé fuar inniu.	*It is cold today.*

Tá used on its own means *there is* in sentences like these:

Tá peann ansin.	*There is a pen there.*
Tá seoladh anseo.	*There is an address here.*

3 It's, is

This corresponds to some uses of the English verb *to be*. Remember that **tá** is used to say *where something is* or *what state it is in*. These are temporary qualities. Permanent qualities are referred to by using **is**, meaning roughly *it's* (this is not quite a verb and will be called by its traditional name of 'copula' here).

You use **Is mise** (lit. *It's me*) to introduce yourself by name or occupation:

Cé tusa?	*Who are you?*
Is mise Pádraig.	*I am Patrick.* (lit. *It's me, Patrick*)
Is mise an rúnaí.	*I am the secretary.* (lit. *It's me, the secretary*)

It is also possible to drop **is**:

Mise Deirdre.	*I am Deirdre.* (lit. *Me Deirdre*)

A special form of **mé** (**mise**) is used for *I/me* here.

4 How to say 'my', 'your', 'his', 'her'

These are placed before the word they refer to:

mo	*my*
do	*your*
a	*his*
a	*her*

If the following word begins with a vowel **mo** and **do** become **m'** and **d'**:

m'ainm	*my name*
d'uimhir	*your number*

A following consonant is lenited after **mo** (*my*), **do** (*your*), **a** (*his*) (but not after **a** (*her*)). This is shown by writing an **h** after the consonant:

póca	*pocket*	**mo phóca**	*my pocket* (pron. mo fóca)
carr	*car*	**mo charr**	*my car*
máthair	*mother*	**do mháthair**	*your mother* (pron. do wáhir)
seoladh	*address*	**a sheoladh**	*his address* (pron. a hyóla)

But note:

    a máthair   *her mother*
    a seoladh   *her address*

Words which begin with **l, n, r, h** are not affected:

leabhar	*book*	**mo leabhar**	*my book*
nuachtán	*newspaper*	**mo nuachtán**	*my newspaper*
rothar	*bicycle*	**do rothar**	*your bicycle*
hata	*hat*	**a hata**	*his hat*

The expression used for *please* is **le do thoil** (pron. le do hul), which literally means *with your will*; notice that **do + toil** gives **do thoil**.

His or *her* are distinguished by the way in which they affect following words. **A** (*her*) does not lenite:

    a mháthair *his mother*   (pron. **a wáhir**)
    a máthair *her mother*   (pron. **a máhir**)
    a sheoladh *his address*   (pron. **a hyóla**)
    a seoladh *her address*   (pron. **a shóla**)

If the following word begins with a vowel **a** (*her*) puts an **h** in front of it:

    a ainm   *his name*
    a hainm   *her name*

In speech **a** (*his*) is often lost before a word beginning with a vowel. These sound much the same:

    Tá ainm anseo.   *There is a name here.*
    Tá a ainm anseo.   *His name is here.*

A very important point about these markers of possession is that they are *never* stressed, unlike English *my*, etc. Emphasis is supplied by adding a special ending:

mo charr	*my car*	**mo charrsa.**	MY *car* (and not yours).
m'ainm	*my name*	**Tá m'ainmse ansin.**	MY *name is there.*

The form **-sa** is used if the last vowel of the preceding word is **a, o,** or **u**; **-se** is used if that vowel is **i** or **e**.

5 Cónaí *(residence)*

You may say in Irish that *you live somewhere* by saying that you are *in your living in it*. This requires the preposition **i** (*in*) and the possessives given in 4 above. Placing **i** (*in*) before **a** (*his/her*) gives **ina.**

Tá mé i mo chónaí i Luimneach. *I live in Limerick.* (lit. *I am in my living in Limerick*)

Tá Seán ina chónaí i Londain. *John lives in London.* (lit. *John is in his living in London*)

Tá Máire ina cónaí i Meiriceá. *Mary lives in America.* (lit. *Mary is in her living in America*)

6 Conas? *(how?)*

Conas tá	tú	*you?*	
How is/are	do mháthair	*your mother?*	(pron. **do wáhir**)
	d'athair	*your father?*	(pron. **dahir**)
	do shlaghdán	*your cold?*	(pron. **do hloydán**)
	an aimsir	*the weather?*	(pron. **an amshir**)

7 Agus *(and)*

This has a short form **is,** when you have met in the formal greeting **Dia is Muire dhuit** (*God and Mary to you*) for **Dia agus Muire …** Be careful not to confuse this with the copula **is** which, though usually at the beginning of a sentence, sometimes isn't, for example:

Cad **is** ainm duit?   *What's your name* (lit. *What is name to you?*)

8 Word order

Unlike in English, the verb comes before its subject in Irish. Compare the order of elements in these Irish and English sentences:

Tá Seán anseo.   *John is here.*
Tá sé anseo.   *He is here.*

A word qualifying another word comes after it:

uimhir teileafóin   *telephone number* (lit. *number of telephone*)
fón póca   *mobile phone* (lit. *pocket phone*)
Sráid Mhór   *Main Street* (lit. *street big*)

✓ Cleachtadh *(practice)*

1 Make up a dialogue similar to the one on page 16 using this information:
   Ainm Peadar Ó Néill   **Fón** 765489
   Seoladh 9 Sráid Mhór

2 Write about yourself:

   Is mise...
   M'uimhir teileafóin ...
   Mo sheoladh ...

3 Reorder this jumbled dialogue:

   ■ Dia is Muire dhuit.
   ■ Tá mé go maith.
   – Conas tá tú?
   – Dia dhuit.
   ■ Go raibh maith agat.
   – Tar isteach.

4 Put these words in the right order:

   a Muire/ is/ dhuit/ Dia
   b maith/ go/ agat/ raibh
   c is/ duit/ ainm/ cad?
   d mise/ Peadar/ is
   e maith/ tá/ go/ mé
   f mé/ i/ chónaí/ Luimneach/ tá/ mo/ i

5 Add in the missing forms of **tá**:

  a Conas tá tú?

  _____ go maith.

  b Conas tá sibh?

  _____ go maith.

  c Conas tá an aimsir?

  _____ fuar inniu.

  d Conas tá do mháthair?

  _____ go maith.

  e _____ i mo chónaí i Luimneach.

6 Put **seo mo** (*this is my*) before the following words. Some of these words will need an **h** after their first consonant to show lenition. Check the list in the **Pronunciation guide** (page 14) if necessary.

	máthair (*mother*)
	carr (*car*)
	árasán (*flat*)
Seo mo (*This is my*)	seoladh (*address*)
	rothar (*bicycle*)
	uncail (*uncle*)
	uimhir teileafóin (*telephone number*)
	hata (*hat*)

If you have the CDs/cassettes, listen to the sentences and check your Pronunciation or look at the **Pronunciation guide** on pages 6–14.

7 Practise saying these telephone numbers. (You can check them on the recording if you have it). Can you figure out the towns? (See the map opposite.) Their English forms are listed in the wrong order.

  a 021–54237　Corcaigh

  b 091–63421　Gaillimh

  c 0502–6938　Baile Átha Luain

  d 061–23145　Luimneach

  e 065–27645　Cill Airne

  f 01–765489　Baile Átha Cliath

  g 048–7114562 Doire

  (*Athlone, Cork, Dublin, Galway, Derry, Killarney, Limerick*)

Listen and repeat/take down these places and telephone numbers from the recording if you have it; the answers are at the back of the book.

8 Listen and check your pronunciation of these surnames. (Look at the **Pronunciation guide** if necessary.)

Ó Mathúna   Mac Mathúna
Ó Loingsigh   Mac Cárthaigh
Ó Cinnéide   Mac Craith
Ó Dochartaigh   Ó Murchú

Tuiscint *(comprehension)*

Léigh an comhrá agus freagair na ceisteanna *(Read the conversation and answer the questions).*

Úna   Dia dhuit, is mise do chomharsa nua, in árasán a deich.
Máire   Ó, conas tá tú?
Úna   Tá mé go breá, go raibh maith agat.
Máire   Tar isteach. Cad is ainm duit? Is mise Máire.
Úna   Mise Úna.
Máire   Suigh síos.
Úna   Go raibh maith agat.

comharsa	*neighbour*	**nua**	*new*

Ceisteanna

a Where does the conversation take place?
b What is the number of Úna's flat?

2 IS MÚINTEOIR MÉ
I am a teacher

In this unit you will learn how to

■ state your nationality and occupation
■ check somebody else's nationality or occupation
■ say where you work

Is … mé. (*I am (a) …*)
An … tu? (*Are you (a) …?*) **Is ea.** (*Yes.*) **Ní hea.** (*No.*)
Cad as duit? (*Where are you from?*) **As …** (*From …*)

Here are two interviews with learners of Irish in a summer college.

Agallamh 1 *(interview 1)*

Rúnaí	Cad is ainm duit, le do thoil?
Áine	Áine Ní Chonaill is ainm dom.
Rúnaí	Cad as duit?
Áine	As Trá Lí, ach tá mé i mo chónaí i gCorcaigh anois.
Rúnaí	I gcathair Chorcaí?
Áine	Is ea.
Rúnaí	Agus do shlí bheatha?
Áine	Is múinteoir mé.
Rúnaí	Tuigim. Go raibh maith agat.
Áine	Tá fáilte romhat.

Cad is ainm (m) **duit?** *What is your name?*	**I gcathair** (f) **Chorcaí?.** *In Cork City?*
le do thoil *please*	**is ea.** *Yes (lit. That's it)*
Áine Ní Chonaill is ainm dom. *My name is Ann O'Connell.*	**Agus do shlí bheatha** (f)**?** *And your occupation* (lit. *way of life*)
Cad as duit? *Where are you from?*	**Is múinteoir mé.** *I am a teacher*
As Trá Lí. *From Tralee.*	**Tuigim.** *I understand.*
Ach tá mé i mo chónaí i gCorcaigh. *But I live in Cork.*	**Go raibh maith agat.** *Thanks.*
anois *now*	**Tá fáilte romhat.** *You are welcome.*

Ceisteanna

a Cad as d'Áine (= do + Áine)?
b An múinteoir í?

Agallamh 2 *(interview 2)*

Students attending a language class in Dublin meet their new teacher. She introduces herself and asks the students who they are and where they come from.

Caitlín Is mise Caitlín Ní Cheallaigh… agus… cé tusa?
Bob   Bob Mac Mathúna is ainm dom.
Caitlín An Meiriceánach tú?
Bob   Is ea. Is as Boston dom.
Caitlín An bhfuil an Ghaeilge deacair, dar leat?
Bob   Níl. Tá na ranganna suimiúil, agus tá na múinteoirí go deas.
Caitlín Go raibh maith agat.

Agus cé tusa? *And who are you?*	**dar leat** *in your view*
	Níl. *It isn't.*
An Meiriceánach tú? *Are you American?*	**ranganna** (m) *classes*
is ea. *Yes.* (lit. *it's that*)	**suimiúil** *interesting*
An bhfuil an Ghaeilge deacair? *Is Irish difficult?*	**na múinteoirí** *the teachers*
	go deas *nice*

Ceisteanna

a Cad as do Bob?
b Conas tá na ranganna?

✳ Pointí eolais
(points of information)

1 Women's surnames

There are distinct prefixes for women's surnames. These female prefixes vary in form according to whether a woman is married or single. All cause lenition. Here are the male forms and unmarried female forms of two typical surnames:

Seán Ó Conaill   Áine Ní Chonaill
Pádraig Mac Mathúna   Máire Nic Mhathúna

The married forms are based on the male forms; if Seán Ó Conaill's wife is named Máire she will be known formally as **Máire Bean Uí Chonaill** (lit. *wife of O Connell*), or Máire Uí Chonaill for short. Pádraig Mac Mathúna's wife, Síle, would be called Síle Bean Mhic Mhathúna or Síle Mhic Mhathúna. **Bean Uí Chonaill** on its own means *Mrs OConnell* and **Bean Mhic Mhathúna** means *Mrs MacMahon*. In traditional Irish-speaking society women tend to be known informally by their maiden names (due to a strong sense of family affiliation).

Here are some common Irish surnames in their three widely used forms:

Man's surname	Woman's surname	
	Maiden name	*Married name*
Ó Conaill (*O Connell*)	Ní Chonaill	Uí Chonaill (*í chonuil*)
Ó Murchú (*Murphy*)	Ní Mhurchú	Uí Mhurchú (*í vurachú*)
Ó Dónaill (*O Donnell*)	Ní Dhónaill	Uí Dhónaill (*í ghónuil*)
Ó Ceallaigh (*Kelly*)	Ní Cheallaigh	Uí Cheallaigh (*í hyaluí*)
Ó Sé (*O Shea*)	Ní Shé	Uí Shé (*í hé*)
Mac Mathúna (*McMahon*)	Nic Mhathúna	Mhic Mhathúna (*vik vahúna*)

Note that exceptionally **Nic** and **Mhic** do not cause lentition when the following name begins with **C** or **G**:

Mac Cárthaigh   *MacCarthy*   Nic Cárthaigh   Mhic Cárthaigh
Mac Gearailt   *Fitzgerald*   Nic Gearailt   Mhic Gearailt

2 Names of countries and nationalities

Countries fall into two groups. Nationalities always end with **-ach**.

(a) without the article:
Éire *Ireland*   Éireannach *Irish*
Sasana *England*   Sasanach *English* (lit. Saxon)
Albain *Scotland*   Albanach *Scottish*
Meiriceá *America*   Meiriceánach *American*

(b) with the article (causing lenition). These are treated like any other feminine noun:
An Fhrainc *France*   Francach *French*
An Ghearmáin *Germany*   Gearmánach *German*
An Spáinn *Spain*   Spáinneach *Spanish*
An Iodáil *Italy*   Iodálach *Italian*
An Rúis *Russia*   Rúiseach *Russian*

🔊 Gramadach

1 Stating your nationality and occupation

These details remain permanent for most people and therefore they must be introduced with **is**.

nationality occupation	pronoun	name	
Is Éireannach	mé		*I am Irish.*
múinteoir	mé		*I am a teacher.*
feirmeoir	(é)	Seán	*Seán is a farmer.*
dochtúir	(í)	Máire.	*Mary is a doctor.*
Gardaí	(iad)	Tomás agus Pól.	*Tom and Paul are policemen.*

Notice that a pronoun may be used even when a person's name is given –
Is feirmeoir é Seán (*Seán he is a farmer*). The pronouns meaning *he, she,
they* are **é, í, iad**. When combined with a verb they become **sé, sí, siad**, as
you saw in Unit 1 – **tá sé** (*he is*), **tá sí** (*she is*), **tá siad** (*they are*).

2 Asking somebody's nationality or occupation

Replace **is** with **an** to form a question. A special pronoun, **ea** *that/it*, is
used in reply to such questions. (**Is ea** is pronounced ish a.)

An Éireannach tú?	*Are you Irish?*
Is ea.	*Yes.* (lit. *It's that*)

or

Ní hea. Is Meiriceánach mé.	*No.* (lit. *Not that*) *I'm an American.*
An dochtúir í Máire?	*Is Mary a doctor?*
Is ea.	*Yes.*

or

Ní hea. Ní dochtúir í.	*No. She's not a doctor.*

3 As (from)

The basic meaning of this is *out of*. It is also used to indicate one's place
of origin:

Cad **as** duit?	*Where are you from?*
As Corcaigh.	*From Cork.*

or

Is **as** Corcaigh dom.	*I am from Cork.*

Other examples – with the word **duine** (*person*):

Duine as Corcaigh.	*A person from Cork.*
Tá **duine as** Meiriceá i mo rang.	*There is a person from America in my class.*

4 Plural forms of nouns

There are various ways of putting a noun in the plural, and for the most
part you just have to learn the correct plural form when you learn the
singular. Some of the most common are shown here. The plural of **an** (*the*)
is **na**, and it puts an **h** before a noun which begins with a vowel:

(*a*) Add **-í**

an múinteoir *the teacher*	**na** múinteoirí *the teachers*
an oifig *the office*	**na** hoifigí *the offices*
an siopa *the shop*	**na** siopaí *the shops*
an Garda *the policeman*	**na** Gardaí *the policemen, the police*

(*b*) Add **-anna/-eanna**

an rang *the class*	na rang**anna** *the classes*
an áit *the place*	na háit**eanna** *the places*

(*c*) Add **-a** to **-óg/-eog**

an spún**óg** *the spoon*	na spún**óga** *the spoons*
an bhil**eog** *the leaflet*	na bil**eoga** *the leaflets*

(*d*) Add **-acha-/-eacha**

an cineál *the kind, sort of*	na cineál**acha** *the kinds, varieties*
an chathaoir *the chair*	na cathaoir**eacha** *the chairs*

(*e*) Make the final consonant slender (e.g. **-án** becomes **-áin**)

an t-áras**án** *the flat*	na háras**áin** *the flats*
an leabh**ar** *the book*	na leabh**air** *the books*
an cl**ár** *the programme*	na cl**áir** *the programmes*

(*f*) Change **-ach** to **-aigh**

Éireann**ach** *an Irish person*	Éireann**aigh** *Irish people*
leathan**ach** *page*	leathan**aigh** *pages*

Some of the most frequently used nouns have irregular plurals.

an fear *the man*	na **fir** *the men*
an bhean *the woman*	na **mná** *the women*
an duine *the person*	na **daoine** *the people*
an teach *the house*	na **tithe** *the houses*

Although **cláir** is recommended as the plural form of **clár** (*programme*) an alternative form, **cláracha**, is widely used.

5 The verb 'to be' in questions

Replace **tá** with **an bhfuil** (pron. un wil). There are no words for *yes* and *no* in Irish, and the reply echoes the verb instead (without its pronoun).

An bhfuil sé deacair?	*Is it difficult?*
Tá.	*It is.*
Níl.	*It isn't*

An bhfuil Siobhán istigh?	*Is Joan in?*
Tá.	*Yes.* (lit. *Is*)
Níl. Tá sí amuigh.	*No.* (lit. *Is not*) *She's out.*

An bhfuil tú i do chónaí i Luimneach.	*Do you live in Limerick?*
Tá.	*Yes.*
Níl. Tá mé i mo chónaí i bPort Láirge.	*No. I live in Waterford.*

6 The preposition i *(in)*

This is pronounced like the *a* in *about*. It causes eclipsis (see **Pronunication guide**) of a following consonant:

Tá mé i mo chónaí
(I live)
- i gCorcaigh (pron. **gorkuí**) *in Cork*
- i dTrá Lí (pron. **drá lí**) *in Tralee*
- i mBéal Feirste (pron. **mél fershte**) *in Belfast*
- i nDoire (pron. **n^{u}ere**) *in Derry*
- i gContae na Mí (pron. **gontae na mí**) *in Country Meath*
- i dteach mór (pron. **dyach**) *in a big house*

If the following word begins with a vowel, **i** becomes **in**:

Tá sé ina chónaí (*He lives*)   **in** árasán   *in a flat*

Éire (*Ireland*) becomes **Éirinn** after prepositions, e.g.:

Tá sí ina cónaí (*She lives*)   **in** Éirinn   *in Ireland*

7 Asking somebody's name and giving your own

Cad is ainm **duit**?	*What's your name?* (lit. *What is name to you?*)
Cén t-ainm atá ort?	*What's your name?* (lit. *What name is on you?*)
Tomás.	*Thomas.*

or

Tomás is ainm **dom**. *Thomas is my name.* (lit. *Thomas is name to me*)

The forms **dom** (*to me*), **duit** (*to you*) combine preposition (*to*) and pronoun (*me*) in one word. They are often lenited after a word which ends with a vowel, e.g. **Dia dhuit** *hello*. Such forms are common in Irish and you will meet them again.

You may also ask:

Cé **tusa**?	*Who are you?*
Mise Seán.	*I am Seán.*
Is **mise** Áine.	*I am Anne.*

Tusa and **mise** are special 'emphatic' forms of **tú** and **mé**.

8 Mise *(I, me)*, tusa *(you)* – emphatic forms of pronouns

The forms **mise** and **tusa** are obtained from **mé** and **tú** by adding **-se** and **-sa**, which you have already met in Unit 1 (the changes to the vowels are irregular). These special forms are used when emphasis or contrast are required. Compare these:

Is rúnaí mé.	*I am a secretary.*
Is rúnaí **mise** freisin.	*I am also a secretary.*
An múnteoir tú?	*Are you a teacher?*
An múinteoir **tusa**?	*Are you a teacher?*

It would not do just to stress the **mé** or **tú** in the first and third sentences here; the 'emphatic' forms are needed as well as added stress. Another example involving contrast is **mise agus tusa** *(me and you)*, where the basic **mé/tú** are not possible. Naming, and enquiries about names, also require these special forms, as you have seen.

The full set of emphatic forms is:

mise	*me*	**sinne**	*us*
tusa	*you*	**sibhse**	*you*
(s)eisean	*him, her, its*	**(s)iadsan**	*them*
(s)ise			

Here are some examples.

Tá mé réidh.	*I am ready.*
Tá **mise** réidh.	*I am ready.*
Tá siad go deas.	*They are nice.*
Tá **siadsan** go deas.	*They are nice.*

Apart from **mise** and **tusa** you will not need to be very familiar with these forms at the moment.

9 Nouns denoting occupations

Corresponding to English *-er*, *-or* Irish also has endings with **-r**. These names of occupations are all masculine – so no lenition after **an** (*the*). Those on the right are formed from the words to their left:

-eoir	feirm (f)	*a farm*	an feirmeoir	*the farmer*
-teoir	múin	*teach*	an múinteoir	*the teacher*
-óir	léacht (f)	*a lecture*	an léachtóir	*the lecturer*
	stiúir (f)	*direction*	an stiúrthóir	*the director*
-(a)dóir	dlí (m)	*a law*	an dlíodóir	*the lawyer*
	siopa (m)	*a shop*	an siopadóir	*the shopkeeper*

Some other names of occupations have different **r** endings and are not formed from any simpler word:

-úir	an dochtúir	*the doctor*
-éir	an siúinéir	*the carpenter*

All of these have plurals in **í**, e.g. **na múinteoirí** (*the teachers*).

Other words denoting occupations (also masculine) are formed with **-(a)í**.

rún (m) *a secret*	rúnaí *a secretary*
amhrán (m) *a song*	amhránaí *a singer*

These have plurals in **-ithe**, e.g. **na rúnaithe** (*the secretaries*).

✓ Cleachtadh

1   Find the missing versions of these surnames:

Male	Female (single)	Female (married)
Ó Conaill	a _____	Uí Chonaill
b _____	Ní Shé	c _____
d _____	e _____	Mhic Mhathúna
Mac Cárthaigh	f _____	g _____

2   Combine the woman's name on the left with the surnames on the right below, replacing **Ó** and **Mac** with **Ní** and **Nic** respectively. Don't forget to include lenition:

Úna   Ó Briain (O Brien)
         Ó Conchúir (O Connor)
         Ó Máille (O Malley)
         Ó Gráda (O Grady)
         Ó Conaill (O Connell)
         Ó Murchú (Murphy)
         Mac Dónaill (McDonnell)
         Mac Mánais (McManus)

3 Match the people and nationalities. Then state each person's correct
   nationality along the lines of **Is Éireannach é Seán** (*Seán is Irish*).
   (Remember to use the pronouns **é, í**, corresponding to their names):

   a Seán   Gearmánach
   b Ludwig   Spáinneach
   c Maria   Rúiseach
   d Yuri   Éireannach
   e Máire   Francach
   f Michelle   Éireannach

4 **a** Complete the column on the right:
   Country   **Nationality**
   Sasana
   Éire
   Alba
   Meiriceá

   b Complete the column on the left:
   An Spáinn   Spáinneach
                      Francach
                      Gearmánach
                      Iodálach

5 Answer these questions in the affirmative, both by using the echo
   form of answer and with a full statement.

   a An Meiriceánach tú?
      Is _____. _____ Meiriceánach mé.
   b An Éireannach tú?
   c An Francach é Pierre?
   d An Rúiseach í Raisa?

6 Make up introductions like this example:
Séamas Ó Máille is ainm dom.
Tá mé i mo chónaí i dTrá Lí.
Is Garda mé.

a Bob O Mara/ Boston/ siúinéir.
b Colette Fortin/ Páras/ múinteoir.
c Jürgen Heim/ Frankfurt/ siopadóir (shopkeeper).
d Ian Campbell/ Glaschú/ amhránaí (singer).
e Nancy Giles/ Nua Eabhrac (NY)/ rúnaí.

7 Place names: match the Irish and English versions of these place names using the map.

a	Béal Feirste	**i**	Waterford
b	Trá Lí	**ii**	Galway
c	Doire	**iii**	Killarney
d	Port Láirge	**iv**	Belfast
e	Cill Airne	**v**	Derry
f	Gaillimh	**vi**	Tralee

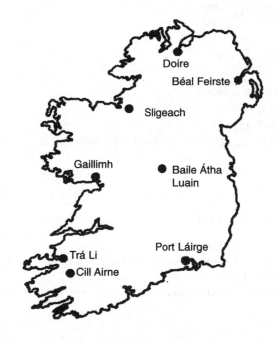

8   The preposition **i** + eclipsis. (NB ag obair *working*.)

   a   Say that you live in the places (a)–(f) in Exercise **7**.
      For example: Tá mé i mo chónaí i mBéal Feirste.

   b   Complete these sentences with **i** + place.
      Tá mé ag obair i   (banc).
                      (garáiste).
                      (siopa).
                      (oifig).
                      (Éire).

9   **Líon isteach na bearnaí** (*fill in the gaps*):

   a   An bhfuil Séamas anseo?
      _____ Tá _____ i gCorcaigh.

   b   An bhfuil tú i do chónaí i ___ Trá Lí?
      _____ Tá mé i _____ chónaí i bPort Láirge.

   c   _____ _____ tú i do chónaí _____ árasán?
      Níl. Tá mé i mo chónaí i _____ teach.

   d   An Meiricéanach é Bill?
      _____ _____. Is _____ Boston dó.

   e   An léachtóir í Máire?
      _____ _____. Is dlíodóir í.

10   Complete the interview:

   – Cad is ainm _____ ?
   ■ Seán Ó Laoire is ainm _____ .
   – Agus cad as duit?
   ■ _____ Corcaigh.
   – An bhfuil tú _____ _____ chónaí i gCorcaigh?
   ■ Tá.

Tuiscint
(comprehension)

First read these brief introductions:

   a   Dia dhuit. Tomás Ó Dónaill is ainm dom. Is Garda mé. Tá mé i mo chónaí i nGaillimh.

   b   Dia dhuit. Is mise Síle Ní Chonaill. Is dochtúir mé. Tá mé i mo chónaí i Sligeach.

c Dia dhuit. Liam Mac Cárthaigh is ainm dom. Is feirmeoir mé. Tá mé i mo chónai i gCorcaigh.

d Dia dhuit. Is mise Máire Nic Gearailt. Is múinteoir mé. Tá mé i mo chónaí i mBaile Átha Luain.

Now match these four people's names, occupations and addresses:

Names	Occupations	Places
Tomás Ó Dónaill	múinteoir	Corcaigh
Máire Nic Gearailt	Garda	Sligeach
Síle Ní Chonaill	feirmeoir	Luimneach
Liam Mac Cárthaigh	dochtúir	Baile Átha Luain

Now make up short interviews with each of them on the model of the following:

An rúnaí	Cad is ainm duit?	*What is your name?*
Tomás	Tomás Ó Dónaill is ainm dom.	*My name is Tomás Ó Dónaill.*
An rúnaí	Cá bhfuil tú i do chónaí?	*Where do you live?*
Tomás	Tá mé i mo chónaí i nGaillimh.	*I live in Galway.*

3 | AN BHFUIL TÚ PÓSTA?
Are you married?

In this unit you will learn how to

■ talk about your family
■ ask about someone else's family

An bhfuil tú pósta? *Are you married?*
An bhfuil clann agat? *Do you have children?*
duine (*1*), **beirt** (*2*), **triúr** (*3*) *counting people*
se bliana d'aois *six years of age*

Comhrá 1

Ciarán and Dónall meet for the first time in a few years. They talk about their personal circumstances.

Ciarán	Dia dhuit, a Dhónaill. Conas tá cúrsaí?
Dónall	Go maith. An bhfuil tú fós i do chónaí in árasán?
Ciarán	Níl. Tá mo theach féin agam anois.
Dónall	An bhfuil tú pósta anois?
Ciarán	Níl. Cad fútsa?
Dónall	Tá, le cúpla bliain anuas.
Ciarán	Ó, comhghairdeas. An bhfuil clann agat?
Dónall	Tá leanbh óg againn le bliain.

> **Conas tá cúrsaí?** *How are things? (cúrsaí affairs, matters)*
> **fós** *still*
> **Tá mo theach** (m) **féin agam.** *I have my own house.*
> **pósta** *married*
> **Cad fútsa?** *What about you?*
>
> **le cúpla bliain** (f) **anuas** *for a couple of years past*
> **comhghairdeas** *congratulations*
> **Tá ... againn** *We have*
> **leanbh** (m) **óg** *a baby (lit. young child)*

Ceisteanna

Answer **is fíor** (*true*) or **ní fíor** (*false*):

a Tá Ciarán fós ina chónaí in árasán.

b Tá sé pósta.

Comhrá 2

Séamas Mac Cárthaigh wants to rent a cottage in the Gaeltacht for a few weeks. He has been directed to Bean Uí Shé. They chat about his family over a cup of tea.

Bean Uí Shé	An bhfuil clann mhór agat, a Shéamais?
Séamas	Tá beirt mhac agus iníon againn.
Bean Uí Shé	Cén aois iad?
Séamas	Tá Cáit ocht mbliana d'aois. Tá Pól sé bliana d'aois agus tá dhá bhliain ag Nuala.
Bean Uí Shé	Tá beirt acu ar scoil mar sin?
Séamas	Tá.
Bean Uí Shé	Tá triúr mac againne.

> **clann** (f) **mhór** *a large family*
> **beirt mhac** (m) **agus iníon** (f) *two sons and a daughter*
> **Cén aois iad?** *What age are they?*
> **ocht mbliana** (f) *eight years*
>
> **sé bliana** *six years*
> **dhá bhliain** *two years*
> **Tá beirt acu ar scoil** (f). *Two of them are at school.*
> **mar sin** *therefore, so*
> **tá ... againne** *We have*

Ceisteanna

Answer **is fíor** or **ní fíor** to these questions:

a Tá mac agus beirt iníon ag Séamas.
b Tá Pól agus Cáit ar scoil.
c Níl clann ag Bean Uí Shé.

Pointí eolais

1 Family, children and household

Traditional Irish society thought of the family as the 'extended family' of
three generations (grandparents, parents and children) rather than the
conjugal family of two generations (parents and children). The following
terms were, and still are, used:

teaghlach (m)	from **teach** (*house*); means *household, extended family*
líon tí (m)	(lit. *complement of house*), same as above
muintir (f)	used in **muintir an tí** (*the occupants of the house*), and in **mo mhuintir** (*my parents* – lit. *my folks*)
clann (f)	refers to a couple's children, so **mo chlann** is *my children*, and does not correspond to *my family*

There is no exact equivalent of the word **clann** in English, but it is the
origin of the English word *clan*, a tribal or kin-group claiming descent
from a presumed ancestor; so **Clann Chárthaigh** (*the MacCarthy clan*),
would be descended from Cárthach (died AD 1045). The word for
children is general is **leanaí** (also **páistí** or **gasúir**). The old word
tuismitheoir (m), plural **-í** (*parent(s)*) has been revived and is used in
official jargon. Likewise social change has increasingly led to the
teaghlach being equated with the conjugal family.

2 The family and close relatives

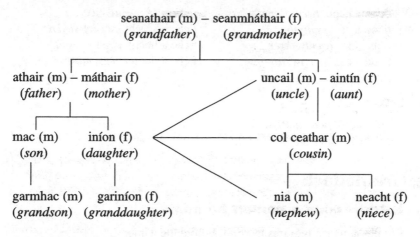

seanathair (m) – seanmháthair (f)
(*grandfather*)   (*grandmother*)

athair (m) – máthair (f)   uncail (m) – aintín (f)
(*father*)   (*mother*)   (*uncle*)   (*aunt*)

mac (m)   iníon (f)   col ceathar (m)
(*son*)   (*daughter*)   (*cousin*)

garmhac (m)   gariníon (f)   nia (m)   neacht (f)
(*grandson*)   (*granddaughter*)   (*nephew*)   (*niece*)

Na tuismitheoirí *(the parents)*

an fear (m) *the man*	an bhean (f) *the woman*
an fear céile *the husband*	an bhean chéile *the wife*

An chlann *(the children)*

an leanbh (m) *the child*	
an páiste (m) *the child*	
an buachaill (m) *the boy*	an cailín (m) *the girl*
an deartháir (m) *the brother*	an deirfiúr (f) *the sister*

3 Numbers above 20

Numbers in between tens follow the pattern of the twenties.

20–100

fiche *twenty*	caoga *fifty*	ochtó *eighty*
tríocha *thirty*	seasca *sixty*	nócha *ninety*
daichead *forty*	seachtó *seventy*	céad *a hundred*

21–29

fiche a haon *twenty-one*	fiche a sé *twenty-six*
fiche a dó *twenty-two*	fiche a seacht *twenty-seven*
fiche a trí *twenty-three*	fiche a hocht *twenty-eight*
fiche a ceathair *twenty-four*	fiche a naoi *twenty-nine*
fiche a cúig *twenty-five*	

100+

dhá chéad *two hundred*
trí chéad *three hundred*

Gramadach

1 Addressing a person by name

You put **a**, which requires lenition, before the name:

Máire	**A** Mháire (pron. a váre)
Pádraig	**A** Phádraig (pron. a fádruig)
Síle	**A** Shíle (pron. a híle)
Siobhán	**A** Shiobhán (pron. a hován)

Not all consonants are affected by lenition:

Liam	**A** Liam
Niamh	**A** Niamh

Most male names ending with a broad consonant (one preceded by **a**, **o** or **u**) change that to slender (adding **i** before it):

Dónall	A Dhónaill (pron. a ghónuil)
Tomás	A Thomáis (pron. a homásh)
Séamas	A Shéamais (pron. a hémuish)
Peadar	A Pheadair (pron. a faduir)

2 Expressing possession with ag (at)

There is no verb *to have* in Irish. Instead you use a phrase which combines **tá** (*there is*) with **ag** (*at*) (pron. eg):

Tá carr **ag** Máire.	*Mary has a car.* (lit. *There is a car at Mary*)

Tá clann **ag** Síle.   *Sheila has children.*
Tá teach **ag** Seán i gConamara.   *John has a house in Connemara.*

3 The personal forms of ag

Ag cannot be followed by a pronoun (**mé, tú**, etc.). Instead there are special 'personal' forms of **ag** which incorporate both preposition and pronoun:

agam	*at me*	**againn**	*at us*
agat	*at you*	**agaibh**	*at you*
aige	*at him*	**acu**	*at them*
aici	*at her*		

The **ai** in **aige** and **aici** is pronounced as **e** instead of **a**. Here are some examples:

Tá deartháir agus deirfiúr **agam**.   *I have a brother and sister*
Tá rothar nua **aige**.   *He has a new bicycle.*
Tá teach deas **acu**.   *They have a nice house.*
An bhfuil carr **aici**?   *Does she have a car?*
An bhfuil nóiméad **agat**?   *Do you have a minute?*

Most Irish prepositions have personal forms such as these – you have already met **dom** (*to me*) and **duit** (*to you*). They are often reinforced for contrast or emphasis (by adding **e** after **nn**, **sa** after broad consonants and **se** after slender consonants):

Tá Toyota ag m'athair ach tá   *My father has a Toyota but **I** have*
   Ford agam**sa**.   *a Ford.*
An bhfuil carr agaibh**se**?   *Do **you** have a car?*
Tá feirm againn**e**.   ***We** have a farm.*

To know is expressed by an idiom which literally means *to have knowledge*:

Tá a fhios agam. (pron. tás)   *I know.* (lit. *I have its knowledge*)
Níl a fhios agam. (pron. níleas).   *I don't know.*
Tá a fhios againn é sin.   *We know that.*
or
   Tá a fhios sin againn.

However, the ordinary word for *knowledge, information* is **eolas** (m).

4 Féin (self, own)

This means *self* when following a pronoun (it is usually pronounced **héin**):

Níl mé pósta.   *I am not married.*
Níl **mé féin** pósta.   *I myself am not married.*

After a noun it means *own*:

mo theach   *my house*
mo theach **féin**   *my own house*

5 Order of noun and adjective

Adjectives normally follow the noun in Irish:

leanbh **óg**   *a young child*
rothar **nua**   *a new bicycle*
teach **mór**   *a big house*

A feminine noun lenites a following adjective which begins with a consonant other than **l, n, r**:

clann **mh**ór   *a big family* (i.e. children)
oifig **bh**eag   *a small office*
sráid **fh**ada   *a long street*

A few adjectives of one syllable precede the noun. **Sean** (*old*) is an example, and it causes lenition:

seanfhear   *old man*
seanbhean   *old woman*

N + d cancels out lenition:

sea**nd**uine   *old person* (often, in fact, *old man*)
sea**nd**aoine   *old people* (both men and women)

6 Le (with) referring to time

When used with periods of time this preposition means *for the past*:

Tá mé anseo **le** seachtain.   *I have been* (lit. *I am*) *here a week.*
Tá muid anseo **le** tamall.   *We have been here for some time.*

| Tá leanbh aici **le** mí. | *She has had a child this past month.* |
| Tá sé marbh **le** fada. | *He has been dead a long time.* (**fada** = *long*) |

It is often reinforced with **anuas** (lit. *from above* but meaning *hitherto* in this context):

| Tá Liam pósta **le** bliain **anuas**. | *Liam has been married for a year.* (lit. *with a year down*) |

7 Counting years

The word for *year* is **bliain**. After the number **dhá** (*two*), which causes lenition, it becomes **bhliain** (pron. **vlíen**). A special counting form **bliana** is used with the numbers from 3 to 10. Following 7 to 10, an **m** is put before *year* to give **mbliana** (pron. **mlíana**). You add **déag** (*teen*) to get the numbers 11 to 19, but **aon** (*one*) is added in 11 and causes lenition:

bliain	*a year, one year*	aon **bhliain** déag	*eleven years*
dhá bhliain	*two years*	dhá **bhliain** déag	*twelve years*
trí bliana	*three years*	trí **bliana** déag	*thirteen years*
ceithre bliana	*four years*	ceithre **bliana** déag	*fourteen years*
cúig bliana	*five years*		
sé bliana	*six years*		
seacht mbliana	*seven years*		
ocht mbliana	*eight years*		
naoi mbliana	*nine years*		
deich mbliana	*ten years*		

8 Aois (age)

You ask a person's age as follows – **cén** combines **cé?** (*what/who?*) and **an** (*the*):

Cén aois	tú?	*What age are you?*
	é?	*What age is he?*
	é Seán?	*What age is John?*
	í Máire?	*What age is Mary?*
	iad?	*What age are they?*

The answer in years is followed by **d'aois** (*of age*) – **de** (*of*) + **aois** (*age*):

Tá mé fiche bliain **d'aois**.	*I am twenty (years of age).*
Tá m'athair caoga bliain **d'aois**.	*My father is fifty.*
Tá mo dheirfiúr tríocha a cúig	*My sister is thirty-five.*
bliain **d'aois**.	

or

... cúig bliana is tríocha **d'aois**.

Note that the vowel of **de**, like that of **do** (*to*, *for*), is dropped before a word which begins with a vowel.

Two useful expressions are **os cionn** (*over*) and **faoi bhun** (*below*):

Do lucht féachana **os cionn** 18 bliain.	*For audiences over 18* (notice in cinemas)
leanaí faoi bhun deich mbliana **d'aois**	*children under the age of ten*

9 Counting people

There are special forms of the numbers for this purpose, mostly ending in **-r**. It is sufficient for the moment to know the forms from 1 to 3, and to be able to recognise the others. In counting people in a group, or in counting their names on a list, you say:

duine	*(one) person*	seisear	*six people*
beirt	*two people*	seachtar	*seven people*
triúr	*three people*	ochtar	*eight people*
ceathrar	*four people*	naonúr	*nine people*
cúigear	*five people*	deichniúr	*ten people*

Here is how you count sons and daughters. Notice that **amháin** (*one*) follows the word when it is used (it isn't always necessary):

mac **amháin**	*just one son*	iníon **amháin**	*just one daughter*
beirt mhac	*two sons*	beirt iníon	*two daughters*
triúr mac	*three sons*	triúr iníon	*three daughters*

Notice that **beirt** (*two*) causes lenition.

10 The word clann (children of family)

Tá **clann** mhór acu.   *They have a large family.*

After **beirt**, **triúr** and other numbers referring to people **clann** takes the form **clainne** (remember that **beirt** causes lenition):

Tá beirt chlainne againn.   *We have two children.*
Tá triúr clainne ag mo dheirfiúr.   *My sister has three children.*

The word **clann** is also used when referring to sons or daughters collectively, as follows:

a mhac	*his son*	a **chlann** mac	*his sons*
a hiníon	*her daughter*	a **clann** iníon	*her daughters*

Mac is lenited after **clann**, which is a feminine noun.

✅ Cleachtadh

1 **Líon isteach na bearnaí** (*fill in the gaps*):

  a Seán   Dia dhuit, a _____!
     Máire   Dia is Muire dhuit, a _____!

  b Tomás   Conas tá tú, a _____?
     Síle   Go breá, conas tá tú féin, a _____?
     Tomás   Tá mé go maith.

2 **a Léigh an téacs agus líon isteach na hainmneacha** (*read the text and supply the names of i–viii*):

Is é Dónall an t-athair, agus is í Áine an mháthair. Tá siad pósta le tríocha a cúig bliain. Tá beirt mhac acu, Eoghan agus Mícheál. Níl siad pósta. Tá iníon amháin acu, Muireann. Tá sí pósta le Pól. Tá beirt chlainne acu, Sinéad agus Brian.

b Freagair na ceisteanna seo (*answer these questions*). Use **is fíor** or **ní fíor**:

i Tá Dónall agus Áine pósta le tríocha a cúig bliain.
ii Tá beirt chlainne acu.
iii Níl Eoghan pósta.
iv Níl clann ag Muireann agus Pól.
v Is seanmháthair í Áine.
vi Is uncail é Eoghan.

3 An bhfuil tú …? An bhfuil … agat?

An bhfuil	tú pósta?	Tá/Níl
	carr agat?	
	nóiméad agat?	
	clann agat?	

What would you say if you wanted to know if someone:

a has a minute to spare?
b has a car?
c is married?
d has any children?

4 Líon isteach na bearnaí:

Seámas Conas tá tú, a _____?
Seán Tá mé go maith. Agus tú féin?
Seámas Tá mé go breá. Cá bhfuil tú i do _____ anois?
Seán Tá mé i mo chónaí i _Corcaigh.
Seámas An bhfuil tú pósta?
Seán _____. Tá beirt (mac) agus _____ amháin againn.
Seámas Tá sé sin go hiontach (pron. híntuch).
Seán Agus tú féin? Cad fútsa?
Seámas Tá mé fós i mo chónaí i _ Port Láirge.
Seán An bhfuil tú pósta?
Seámas _____, le bliain anuas.

| **go hiontach** | *great* (pron. híntuch) |

5 Supply the missing forms of **ag**.

    a An bhfuil carr ag Máire?
       Tá, cinnte. Tá 'Mini' _____.
    b An bhfuil Séan pósta?
       Níl, ach tá cailín _____.
    c An bhfuil clann ag Pól agus Máiréad?
       Tá. Tá beirt mhac agus iníon amháin _____.
    d An bhfuil teach agat.
       Tá árasán _____.

(cailín = *girlfriend* here)

6 Link the words in the left column with those in the right column to indicate kinship or ownership as in the example. Then, if you have the CDs/cassettes, listen to check your pronunciation or check the **Pronunciation guide** on pages 6–14.

Example: múinteoir Phádraig (*Pádraig's teacher*)

muintir	Pádraig
iníon	Eibhlín
mac	Máire
deirfiúr	Síle
dearthái r	Tomás
teach	Liam
clann	Gearóid

7   Counting

    a Aois (age)

    Complete the following on the pattern of **Tá Seán deich mbliana d'aois** using the picture on page 51:

    i   Tá Seán _____ _____ d'aois.
    ii Tá Neasa _____ _____ d'aois.
    iii Tá Barra _____ _____ d'aois.
    iv Tá Antaine _____ _____ d'aois.
    v   Tá Máire _____ _____ d'aois.

    b How many children do Máire and Antaine have?
    Tá _____ clainne acu: _____ mhac agus iníon.

8   Reorder the words in these jumbled sentences:

    a beirt agam Tá mhac
    b bhfuil An pósta tú
    c agam clainne Tá cúigear
    d clann An agat bhfuil
    e gnóthach bhfuil An tú

    (gnóthach = *busy*)

4 | SEO ...
This is ...

In this unit you will learn how to

■ introduce other people
■ offer and accept a drink
■ explain to others where you live and work

Aon scéal (m)? *(Any news?)* a familiar greeting
Seo ... *(This is ...)*
Tá áthas orm bualadh leat. *(I am pleased to meet you.)*
An mbeidh deoch agat? *(Will you have a drink?)*
Beidh ... agam, go raibh maith agat. *(I'll have ...)*
Ní bheidh, go raibh maith agat.
Tá mé ag obair/ag léamh, etc. *(I am working/reading, etc.)*

Comhrá 1

Pádraig has taken his cousin Máire to the local pub (**teach tábhairne**, also **teach ósta**). They speak briefly to Séamas, who is on his way home.

Pádraig	Dia dhuit, a Shéamais. Aon scéal?
Séamas	Diabhal scéal. Conas tá agat?
Pádraig	Go breá. Seo col ceathar dom, Máire Ní Mhuirí. A Mháire, seo Séamas Ó Dónaill, deartháir Eibhlín.
Máire	Cén chaoi a bhfuil tú, a Shéamais?

Séamas Tá áthas orm bualadh leat, a Mháire.
Pádraig Tá Máire ag fanacht linn faoi láthair.
Máire Tá mé ag lorg poist.
Séamas Níl aon phost agat faoi láthair?
Máire Tá mé ag obair mar rúnaí páirt-aimseartha.
Pádraig An mbeidh deoch agat, a Shéamais?
Séamas Ní bheidh, go raibh maith agat. Tá mé ag dul abhaile. Beidh mé ag caint libh arís.
Pádraig Slán. Céard a bheidh agat, a Mháire?
Máire Beidh gloine beorach agam, le do thoil.

Aon scéal (m)?   *Any news? (lit. story)*
Diabhal (m) **scéal.**   *The devil a thing. (meaning nothing at all)*
Conas tá agat?   *How are things? (lit. How do you have?)*
Seo col ceathar (m) **dom ...**   *This is a cousin of mine ...*
deartháir (m) **Eibhlín**   *Eileen's brother*
Cén chaoi a bhfuil tú?   *How do you do? (lit. What state are you in?)*
ag fanacht linn faoi láthair   *staying with us at present*
Tá áthas orm.   *I am pleased.*
bualadh leat   *to meet (with) you*

Tá mé ag lorg poist (m).   *I am looking for a job.*
Níl aon phost agat?   *You don't have any job?*
Tá mé ag obair mar ...   *I am working as ...*
páirt-aimseartha   *part-time*
Tá mé ag dul abhaile.   *I am going home.*
Beidh mé ag caint libh aris.   *I'll be talking to you (both) again.*
Céard a bheidh agat?   *What will you have?*
Beidh gloine (f) **beorach agam.**   *I'll have a glass of beer.*

Ceisteanna

Answer **is fíor** (*true*) or **ní fíor** (*false*):

a Is col ceathar í Máire do Phádraig.
b Tá Máire ag obair in oifig.
c Beidh gloine beorach ag Séamas.

Comhrá 2

Pádraig and Máire have got their drinks. They see somebody approaching them.

Máire	Cé atá ag teacht i leith?
Pádraig	Donncha de Brún is ainm do. Tá sé ag obair liom.
Donncha	Conas tá agaibh?
Pádraig	Seo Máire, a Dhonncha – is col ceathar dom í.
Donncha	Cén chaoi a bhfuil tú, a Mháire?
Máire	Tá mé go maith.
Pádraig	An bhfuil aon scéal agat?
Donncha	Beidh Cathal ag pósadh go luath.
Pádraig	Tá a fhios agam. Bhí sé an raidió áitiúil. Beidh deoch agat?
Donncha	Beidh gloine oráiste agam, sin uile.
Pádraig	Seo dhuit.
Donncha	Sláinte.

Cé atá ag teacht i leith? *Who is (that) coming this way?*
is ainm dó *is his name (lit. is name to him)*
ag obair liom *working with me*
ag pósadh go luath *getting married soon*
Tá a fhios agam. *I know.*

ar an raidió (m) **áitiúil** *on the local radio*
gloine oráiste (m) *a glass of orange (juice)*
sin uile *that's all*
Seo dhuit. *Here you are. (lit. this to you)*
Sláinte (f)**!** *Cheers! (lit. Health)*

Ceisteanna

Answer with **is fíor** (*true*) or **ní fíor** (*false*):

a Tá Donncha ag obair le Máire. (le = *with*)
b Beidh deoch mheisciúil (*alcoholic*) ag Donncha.

✳ Pointí eolais

1 Kinship

There is no simple word for *cousin* in Irish. Instead kinship is reckoned as follows. A first cousin is related to you through a parent who is a brother or sister of one of your parents. That involves four people – you, your first cousin, and one parent from each side. So using a special word **col** (*degree of kinship*) you call your first cousin **col ceathar** (m) (4), that is somebody related to you by a four-person chain of kinship. A second cousin is **col seisir** (m) (6), because there are six people involved.

2 Social life

Public houses are important social centres in Ireland. The Irish word for *pub* is **teach** (m) **tábhairne** (lit. *tavern house*) or **teach ósta**, but the English word *pub* is often used in Irish as well – one may say **sa phub** (m) (*in the pub*). The custom of reciprocal buying of drinks, known as *standing one's round*, is well entrenched despite generations of condemnation by clergymen and health boards. The traditional drinks of the country are beer and whiskey (so spelt in English, in contrast to Scotch *whisky*). The names of some common drinks are:

beoir (f)	*beer*	uisce (m) beatha	*whiskey*
leann (m) dubh	*stout*	fíon (m)	*wine*
pórtar (m)	*porter, stout*	branda (m)	*brandy*

The dark beer called *stout* was first brewed in Ireland by Arthur Guinness in the eighteenth century. It has two Irish names, **leann dubh** (*black beer*) – **leann** is an old word for *beer* – and (more often) **pórtar**, from an older English name, *porter beer*. **Uisce beatha** means *water of life*, and is based on Latin *aqua vitae*. The English word *whisk(e)y* was borrowed from **uisce** (**beatha**) in the fifteenth century, in either Ireland or Scotland, or both. Its English form reflects the earlier pronunciation of **uisce** as *uske*.

🖥 Gramadach

1 Using seo (this) to indicate people or things

You can introduce a person, or present a thing, by using **seo** (*this*). Notice that no verb is used:

Seo Tomás.	*This is Tomás.* (lit. *This, Thomas*)
Seo mo dheirfiúr.	*This is my sister.*
Seo do dheoch.	*Here is your drink.*
Seo peann.	*Here is a pen.*

In Munster and Connacht a pronoun is placed before names and other definite nouns (those marked by *the*, *my*, etc.). It is not necessary for you to apply this rule.

Sing.	é	Seo **é** Tomás.	*This is Tomás.*
		Seo **é** do dheoch.	*Here is your drink.*
	í	Seo **í** Áine.	*This is Áine.*
Pl.	iad	Seo **iad** Tomás agus Liam.	*This is Tomás and Liam.*

2 How to say *a friend*, etc. 'of mine'

This becomes *a friend to me* in Irish, using **dom** (*to me*), which you have met earlier.

Seo cara **dom**.	*This is a friend of mine.*
Is cara **dom** é.	*He is a friend of mine.*
Is col ceathracha **dom** iad.	*They are cousins of mine.*
Ní deirfiúr **dom** í.	*She isn't a sister of mine.*

3 'Will be': the future tense of **tá**

The form is **beidh**. This may be pronounced **be** before pronouns and **bay** otherwise.

Ní **bheidh** (pron. **ve**) mé anseo.	*I won't be here.*
Beidh (pron. **bay**) Máire anseo.	*Mary will be here.*

4 'To be doing, saying': the progressive form of the verb

Actions which are in progress or underway are referred to by the progressive form of the verb, which has an exact equivalent in English. It consists of **tá** (*is*) + doer of action + **ag** + the form of the verb called the verbal noun:

Tá – **mé** – **ag** scríobh.	*I am writing.*
Tá – **Niamh** – **ag** canadh.	*Niamh is singing.*
Tá – **Maria** – **ag** foghlaim – Gaeilge.	*Maria is learning Irish.*

These are the verbal nouns of **scríobhann** (*writes*), **canann** (*sings*) and **foghlaimíonn** (*learns*) respectively. The **g** of **ag** is only pronounced before a vowel in this construction, so one says **a' scríobh, a' foghlaim**, with a weak *a* as in earlier English *a-going*, etc.

Some ordinary nouns (ones not closely related to verbs) are also used in this construction. Note especially the following:

Tá mé ag obair anseo.	*I am working here.*
Tá duine éigin ag caint.	*Somebody is speaking.*

Replacing **tá** with **an bhfuil?** gives a question:

An bhfuil tú ag foghlaim Gaeilge?	Tá/Níl.
An bhfuil tú ag obair i nDoire?	Tá/Níl.

Here are some more examples, including past progressive with **bhí** (*was*) and future progressive with **beidh** (*will be*):

An bhfuil tú ag imeacht?	*Are you leaving?*
Tá muid ag dul abhaile.	*We are going home.*
An mbeidh tú ag tiomáint abhaile?	*Will you be driving home?*
Bhí muid ag ithe béile.	*We were eating a meal.*
Beidh siad ag teacht amárach.	*They'll be coming tomorrow.*

One further point to note is that since the verbal noun is essentially a noun it requires the genitive case of a noun depending on it (if the noun has one):

Tá mé ag ullmhú dinnéir.	*I am preparing dinner.*
Tá mise ag lorg poist freisin.	*I am seeking a job also.*
Bhí mé ag ithe mo lóin.	*I was eating my lunch.*

However, if the noun is accompanied by an adjective, it is left in the basic form.

Tá siad ag íoc airgead maith.	*They are paying good money.*

5 The formation of the verbal noun

There are various distinctive endings. Notice how **e** or **a** is inserted before some of them to agree with a preceding slender or broad consonant.

ith (*eat*)	+ **e**	ag ithe (*eating*)
tiomáin (*drive*)	+ **t**	ag tiomáint (*driving*)
déan (*do, make*)	+ **amh**	ag déanamh (*doing, making*)

caith (*spend*)	+ **amh**	ag caith**e**amh (*spending*)
fág (*leave*)	+ **áil**	ag fágáil (*leaving*)
feic (*see*)	+ **áil**	ag feic**e**áil (*seeing*)
féach (*look*)	+ **int**	ag féach**a**int (*looking*)
lean (*follow*)	+ **úint**	ag leanúint (*following*)
fan (*stay*)	+ **acht**	ag fanacht (*staying*)
éist (*listen*)	+ **acht**	ag éist**e**acht (*listening*)
tosaigh (*begin*)	+ **ú**	ag tosú (*beginning*)
bailigh (*collect*)	+ **ú**	ag bailiú (*collecting*)

In some cases no ending is used:

| ól (*drink*) | ag ól (*drinking*) |
| foghlaim (*learn*) | ag foghlaim (*learning*) |

Some verbal nouns are irregular in form:

| téigh (*go*) | ag **dul** (*going*) |
| tar (*come*) | ag **teacht** (*coming*) |

As mentioned, some ordinary nouns serve as verbal nouns without having any special ending added to them, e.g. **obair** (*work, working*).

| Tá mé ag obair. | *I am working.* |
| Tá an obair ag tosú. | *The work is beginning.* |

6 The preposition le (with)

This is required with certain verbs (given in the form of the verbal noun):

ag caint le	*talking to* (lit. *with*)
ag bualadh le	*meeting (with)*
ag fanacht le	*staying with/waiting for*
ag éisteacht le	*listening to*

These are its personal forms (notice again how the preposition **le** combines with the personal pronoun):

liom	with me	**linn**	with us
leat	with you	**libh**	with you
leis	with him	**leo**	with them
léi	with her		

Here are some examples:

Beidh mé ag caint **leat** arís.	*I'll be talking to you again.*
Beidh tú ag bualadh **léi**.	*You'll be meeting her.*
Tá sí ag fanacht **leo**.	*She is staying with them.*
Tá Seán ag obair **liom**.	*Séan works with me* (or *Seán is working with me*, i.e. *right now*).

7 Mar *(as)*

This can be used as to refer to part-time or temporary employment, as distinct from one's normal profession. It causes lenition:

Tá mé ag obair mar
    mhúinteoir faoi láthair.   *I am working as a teacher at present.*

8 More about cé? *(who?)*

You have already met this in **Cé tusa?** (*Who are you?*). It is a rule of the written language that it be separated from a following verb by an **a** (and **tá** becomes **atá**), but this **a** is not pronounced and one says **Cé 'bhí**, **Cé 'tá**:

Cé a bhí ag caint leat?	*Who was talking to you?*
Cé a bhí leat?	*Who was with you?*
Cé a bheidh ann?	*Who will be there?*
Cé atá amuigh?	*Who is outside?*

9 Expressing 'of', e.g. a cup of tea

The *of* relation between two words is conveyed in Irish by putting one immediately after the other and, usually, changing the shape of the second (the grammatical term is 'putting it in the genitive case'). There is no word corresponding to *of* in Irish. Here are some examples:

gloine (*glass*) + fíon (*wine*)	**gloine fíona** (*a glass of wine*)
mórán (*a lot*) + am (*time*)	**mórán ama** (*a lot of time*)

There are various ways of forming the genitive case, and the most important of these will be described in the next section. If a word does not have a genitive case (e.g. nouns which end with a vowel), word order alone is sufficient to show the *of* relation:

cupán (*cup*) + tae (*tea*)   **cupán tae** *a cup of tea*

Ownership and kinship are expressed by using this pattern (so in Irish *John's house* will become something like *house of John*). Personal names are lenited if they begin with a consonant:

teach Áine   *Anne's house* (lit. *house of Anne*, Áine unchanged)
teach Mháire   *Mary's house* (Máire marked by lenition only)
teach Shéain   *John's house* (Séan lenited and in genitive case)

10 Forming the genitive case

There are various ways of putting a noun in the genitive case, according to whether it is masculine or feminine.

(a) A broad consonant at the end of a masculine noun becomes slender (shown by writing an **i** before it)

eolas *information*   pointe eol**ais** *a point of information*
pórtar *stout*   pionta pórt**air** *a pint of stout*
Séan *John*   muintir She**áin** *John's parents*

(b) Add **a** to a noun
fíon (m) *wine*   buidéal fíon**a** *a bottle of wine*

(c) Add **e** to a feminine noun
seachtain *week*   deireadh seachtain**e** *weekend* (lit. *end of the week*)

(d) Replace **(e)ach** with **(a)igh** in masculine nouns
leathanach *page*   bun an leathana**igh** *the bottom of the page*

(e) Replace **(e)ach** with **(a)í** in feminine nouns
báisteach *rain*   móran báist**í** *a lot of rain*

(f) Make the final consonant of a feminine noun broad and add **ach**
an bheoir *the beer*   pionta beor**ach** *a pint of beer*

Most words which end in a vowel do not have a genitive case:
gloine branda   *a glass of brandy*
gloine uisce   *a glass of water*

| cupán caife | *a cup of coffee* |
| leathghloine uisce beatha | *a half-glass of whiskey* |

(See section 9 in Unit 17 for another genitive formation.)

11 Offering and accepting a drink

A common way of offering a drink is to ask the equivalent of *Will you have a drink?* This involves the possessive phrase **tá ... ag** (*has*) which you met in the previous unit, but with future **beidh** instead of **tá**. Compare:

Tá deoch agam cheana.	*I have a drink already.*
An **mbeidh** deoch agat?	*Will you have a drink?*
Beidh.	*Yes.*
Ní bheidh.	*No.*

Note also, using **cad?** or **céard?** (*what?*):

| **Cad/céard** a bheidh agat? | *What will you have?* |
| Beidh pionta agam. | *I'll have a pint.* |

12 Drink measures

Drink is sold by the following measures:

buidéal (m) *a bottle*	**pionta** (m) *a pint*
gloine (f) *a glass*	**leathphionta** (m) *a half-pint*
leathghloine (f) *a half-glass (= a small measure of spirits)*	

13 Leath- (half)

This causes lenition and is joined to the word it modifies:

| gloine *a glass* | leath**gh**loine *a half-glass* |
| lá *a day* | leath**lá** *a half-day* |

14 Aon (any)

The numeral **aon** (*one*) is used in the sense of *any*:

| **Aon** scéal? | *Any news?* |
| An bhfuil **aon** scéal agat? | *Do you have any news?* |

Another way of saying *any* is to put **ar bith** (*at all*) after a word:

An bhfuil scéal **ar bith** agaibh?	*Do you (pl.) have any news?*

It is usual to use either **aon** or **ar bith** when saying that you haven't got something. Notice that **aon** causes lenition:

Níl **aon** charr agam.	*I don't have a car.*
	(lit. *I haven't got any car*)
Níl **aon** phost aige.	*He doesn't have a job.*
	(lit. *He doesn't have any job*)
Níl post **ar bith** aici.	*She doesn't have a job.*

✓ Cleachtadh

1   Sort out each of the jumbled utterances to make a short dialogue:

     a   **Introduction:** mo/Nuala/seo/chol ceathar/a Pheig
     b   **Greeting:** tú/conas/a Nuala/tá
     c   **Response:** a Pheig/orm/bualadh leat/tá/áthas

2   **Líon isteach na bearnaí**; (*c*) and (*d*) involve the optional use of **é** or **í**.

     a   **Seán**   Dia dhuit, a _____!
        Máire   Dia is _____ dhuit, a _____!

     b   **Liam**   _____ tá tú, _____ _____?
        Síle   Go breá, conas _____ _____ féin, a Liam?
        Liam   Tá mé go maith.

     c   **Dónall**   A _____, seo (é) mo chol ceathar Pádraig.
        Tomás   Tá áthas orm bualadh leat, _____ _____.
        Pádraig   Dia dhuit, a _____.

     d   **Áine**   A _____, seo (í) mo chol ceathar Siobhán.
        Siobhán   Conas tá tú, a _____?
        Seosamh   Tá áthas orm bualadh leat, _____ _____.

3   **Sa teach tábhairne.** Líon isteach na bearnaí.

   a   **Eoin**   An mbeidh deoch _____, a Pheadair?

                              _____, go raibh maith agat.

   b   **Diarmaid**   An mbeidh deoch _____?

        Síle   Beidh pionta beorach _____, le do thoil.

        Sean   Agus _____ gloine beorach _____, a Dhiarmaid.

   c   **Ciarán**   An _____ pionta agat, a Phádraig?

        Pádraig   Tá mo charr liom. Beidh _____ beorach agam.

   d   **Pól**   _____ mbeidh deoch eile agat, a Eilís?

        Eilís   Ní _____, go raibh maith agat.

   e   **Eoghan**   An mbeidh _____ agat, a Bhreandáin?

        Breandán   _____ bheidh, go raibh maith agat. Tá mé ag imeacht anois.

4   **Cá bhfuil siad?** (*where are they?*)
Check that you know the meaning of these expressions (you can guess most of them and check them in the **Irish–English vocabulary**). Then match one of them with each sentence.

sa dioscó	sa charr
ar saoire	sa bhaile
sa teach tábhairne	ag an aerfort
in Oifig an Phoist	

   a   Tá siad ag caint agus ag ól.
   b   Tá sé ag cur (*putting, sending*) litreach sa phost.
   c   Tá sé ag scríobh cárta poist.
   d   Tá siad ag féachaint ar an teilifís.
   e   Tá sí ag dul go Meiriceá.
   f   Tá siad ag damhsa.
   g   Tá sé ag tiomáint.

5   **Líon isteach na bearnaí.** The missing words are given below each text on page 65.

   a   Seán is working late and sends a note to Máire, his wife:

> *A Mháire, a stór,*
> *Tá mé ag _____ an nóta seo*
> *mar tá an fón as ord. Beidh mé*
> *ag _____ go dtí a seacht a chlog anocht.*
> *Bhí mé ag _____ le Diarmaid agus*
> *beidh sé ag _____ go Páras amárach.*
> *Tá mé ag _____ an nóta seo le*
> *Máiréad.*
>
> *Seán.*

cur	caint	dul	scríobh	obair

b Pádraig is on holiday and sends a card to Liam (ag seinm (ceoil) = *playing music*).

> CORCAIGH, DÉ MÁIRT
>
> A Liam, a chara,
> Tá mé ag _____ ón óstán. Tá mé ag seisiún sa bheár le cúpla cara
> dom agus tá an ceol go hiontach. Tá muid ag _____ pionta Murphy's
> (Tá sé go deas). Tá muid ag canadh agus ag _____. Beidh grúpa
> ceoil ag seinm níos déanaí. Beidh Síle ag _____ anocht agus beidh
> muid ag _____ go Cill Airne amároch.
>   Slán agus beannacht,
>   Pádraig.

dul	damhsa	ól	scríobh	teacht

6 The genitive case.
Where necessary change the word in brackets to indicate kinship, possession, or quantity:

a bean (Séamas)
b carr (Dónall)
c teach (Máire)
d cupán (tae)

   e mac (Ciarán)
   f gloine (uisce)
   g árasán (Áine)

7   Insert the appropriate form of **le**:

  a
   – Beidh Áine ag teacht amárach.
   ■ An mbeidh tú ag bualadh _____ ?
   – Beidh.
  b
   – Tá Pól ag teacht anocht.
   ■ An mbeidh sé ag fanacht _____ ?
   – Beidh.
  c
   – Beidh Peadar ag caint ar an raidió amárach.
   ■ An mbeidh tú ag éisteacht _____ ?
   – Ní bheidh. Beidh mé ag obair.

Tuiscint

Léigh an comhrá seo agus freagair na ceisteanna (*read this conversation and answer the questions*).

A visitor to the Gaeltacht has called to a hotel looking for a friend. He is addressed by the receptionist (**fáilteoir**). (Some new words are given below.)

Micheál   Dia dhuit.
Fáilteoir   Dia is Muire dhuit.
Micheál   Tá cara dom ag fanacht anseo, is dóigh liom. Séamas Ó Ceallaigh is ainm dó.
Fáilteoir   Níl sé istigh anois.
Micheál   An mbeidh sé ar ais tráthnóna?
Fáilteoir   Beidh, cinnte. Beidh sé anseo ag a sé a chlog.
Micheál   Beidh mé ag ais ag a sé. Micheál Ó Conaill is ainm dom.

istigh *in*	**ag a sé a chlog** *at six o'clock*	
ar ais *back*		

Freagair na ceisteanna seo

a Cad is ainm do chara Mhichíl?
b An bhfuil sé istigh?

5 | SEO DO SHEOMRA
This is your room

In this unit you will learn how to

- welcome somebody to a house
- talk about the different rooms and their location

Tar isteach. (*Come in.*) **Tá fáilte romhat.** (*You are welcome.*) **Go raibh maith agat.** (*Thank you*)
Tá sé fuar/tirim. (*It is cold/dry*). **Tá, cinnte.** (*It is, indeed.*)
Seo do sheomra. (*This is your room.*)
Tá an tae réidh. (*The tea is ready.*)

 ## Comhrá 1

Seán is going to attend a summer language course in the Gaeltacht. Here he arrives at the house where he will be staying. The landlady (**Bean an tí**) comes to the door.

Seán	Dia dhuit, an tusa Bean Uí Bhriain?
Bean an tí	Is mé.
Seán	Is mise Seán Mac Mathúna.
Bean an tí	Dia is Muire dhuit, a Sheáin. Tar isteach. Tá fáilte romhat.
Seán	Go raibh maith agat.
Bean an tí	Conas tá tú? Tá sé fuar tráthnóna.
Seán	Tá, cinnte, ach tá sé tirim.
Bean an tí	Seo do sheomra.
Seán	An-mhaith. Teach breá é seo.

Bean an tí   Is ea. Tá sé sheomra leapa ann. Tá ocras ort, is dócha.
Seán   Tá, cinnte.
Bean an tí   Tá an tae réidh sa chistin.
Séan   Beidh mé ann láithreach. Cá bhfuil an seomra folctha?
Bean an tí   Sin é, ag bun an halla.

Tá sé fuar tráthnóna (m). *It is cold this evening.*	**Tá ocras** (m) **ort, is dócha.** *You are hungry, probably.*
cinnte *indeed*	**réidh** *ready*
ach *but*	**cistin** (f) *kitchen*
tirim *dry*	**Beidh mé ann láithreach.** *I'll be there immediately.*
Seo do sheomra (m). *This is your room.*	
ag bun (m) **an halla** (m) *at the end of the hall*	

Ceisteanna

Answer **is fíor** or **ní fíor** to the following statements:

a Tá se fuar amuigh.
b Tá ocras ar Sheán.
c Tá seacht seomra leapa sa teach.

Comhrá 2

Micheál calls on his aunt, Síle. It is early evening.

Síle   Conas tá tú, a Mhichíl? Tar isteach.
Micheál   Conas tá tú féin, a Shíle?
Síle   Tá mé go han-mhaith.
Micheál   Tá áthas orm faoi sin. Tá tamall ó bhí mé anseo. Tá brón orm.
Síle   An bhfuil ocras ort?
Micheál   Níl. Tá mo dhinnéar ite agam.
Síle   Beidh cupán tae agat mar sin.
Micheál   Beidh sé sin go deas. Tá sé an-fhuar tráthnóna.
Síle   Brioscaí nó píosa císte?
Micheál   Píosa císte.

tú féin *yourself*	**ó** *since*
Tá áthas (m) **orm.** *I am delighted.*	**Tá brón orm** (m). *I am sorry.*
faoi sin *about that*	**ite** *eaten*
tamall (m) *a while, some time*	**briosca(í)** (m) *biscuit(s)*
	píosa (m) **císte** *a piece of cake*

Ceisteanna

a Conas tá aintín Mhichíl?
b An mbeidh dinnéar ag Micheál.
c Cad a bheidh aige?

✳ Pointí eolais

1 An teach *(the house)*

Na seomraí *(The rooms)*

an chistin (f) *the kitchen*	**an staighre** (m) *the stairs*
an seomra (m) **suite** *the sitting room*	**an t-urlár** (m) *the floor*
seomra leapa (m) *bedroom*	**teach dhá urlár** *two-storey house*
an seomra folctha *the bathroom*	**an fhuinneog** (f) *the window*
an leithreas (m) *the toilet*	**an doras** (m) *the door*
an halla (m) *the hall*	**an tine** (f) *the fire*

2 Lóistín (accommodation)

teach (f) **cónaithe** *dwelling house*	**óstán** (m) *hotel*
teach lóistín *guest house*	**brú** (m) *hostel*
teach saoire *holiday home*	

⚙ Gramadach

1 Using sin *(that) to indicate people or things*

You saw in Unit 4 that **seo** is used to present or indicate things which are nearby. **Sin** is used for those which are more distant:

Sin Liam thall.	*That is Liam over there.*
Seo do sheomra.	*This is your room.*
Sin an seomra folctha.	*That is the bathroom.*
Seo do leabasa.	*This is your bed* (**leaba** *bed* + **sa**)
Sin leaba Shéamais.	*That is Séamas's bed.*
Seo an chistin.	*This is the kitchen.*
Sin an seomra suite.	*That is the sitting-room.*

Remember that in some varieties of Irish **é** or **í** will be added after **seo** (*this*) and **sin** (*that*), e.g. Seo **é** do sheomra (**seomra** is masculine), Sin **í** do leaba (**leaba** is feminine). It is sufficient to recognise this practice if you come across it.

2 Another use of seo and sin

The Irish equivalents of *this room, that room,* etc. consist of **an/na** *the* + noun + **seo/sin**. The noun is emphasised in such phrases, never **seo/sin**:

an seomra	*the room*	an seomra seo	*this room*
		an seomra sin	*that room*
		na seomraí seo	*these rooms*
		na seomraí sin	*those rooms*

Seo and **sin** can also follow a pronoun:

Cé hé **seo**?	*Who is this?*	Céard é **seo**?	*What is this?*
Cé hé **sin**?	*Who is that?*	Céard é **sin**?	*What is that?*
Cé hiad **seo**?	*Who are these?*	Céard iad **seo**?	*What are these?*
Cé hiad **sin**?	*Who are those?*	Céard iad **sin**?	*What are those?*

Remember that **é**, **í**, **iad** become **sé**, **sí**, **siad** when following a verb as subject:

Tá **sé** seo go deas.	*This is nice.*
Bhí **sé** sin go maith.	*That was good.*

Seo and **sin** are sometimes used on their own:

Tá áthas orm faoi **seo**.	*I am delighted about this.*
Tá brón orm faoi **sin**.	*I am sorry about that.*

3 How to express 'of the'

In the previous unit you met phrases in which the second word is in the genitive case (another example is **fógra bóthair** *road sign* (lit. *sign of* *road*)). If the second noun is masculine, and preceded by **an** (*the*), a further change is needed: lenition is added after **an**:

barr (*top*) + bóthar (*road*)   barr **an bh**óthair (*the*) *top of the road*
bun (*bottom*) + bóthar (*road*)   bun **an bh**óthair (*the*) *end of the road*

An (*the*) does not lenite **t** or **d**; **l, n, r** are never lenited:

bean (*woman*) + teach (*house*)   bean **an tí** *the woman of the house*
lár (*middle*) + lá (*day*)   lár **an lae** *the middle of the day*

If a masculine noun begins with **s** that becomes **ts** (pron. t) in this construction after **an**:

lár (*middle*) + seomra (*room*)   lár **an ts**eomra *the middle of the room*

Notice that **an** (*the*) is only used once in such phrases, although both words are felt to be definite (*the top, the road*). As many words do not have a genitive case the *of the* relation can be conveyed simply by word order, plus lenition if the second word begins with a consonant other than **t, d**:

bun an halla   *the end* (lit. *bottom*) *of the hall*
barr an staighre   *the top of the stairs*
lár an ghairdín   *the centre of the garden*

4 Prepositions with the article

The prepositions **ag** (*at*) and **i** (*in*) are very important in saying where things are:

ag bun an halla   *at the end of the hall*
ag barr an staighre   *at the top of the stairs*
i do sheomra   *in your room*

The sequence preposition + **an** causes mutation of a following noun, provided that it does not begin with **t** or **d**. In the Official Standard the recommended mutation here is eclipsis:

ag an bhfuinneog   *at the window*
ag an mbanc   *at the bank*
ag an gcoláiste   *at the college*

However, you will encounter (and you may prefer) the Ulster practice of using lenition instead:

ag an fhuinneog	*at the window*
ag an bhanc	*at the bank*
ag an choláiste	*at the college*

Words beginning with **t, d** are not affected:

| ag an teach | *at the house* |
| ag an doras | *at the door* |

When combined with **an** (*the*) the preposition **i** (*in*) takes a quite irregular shape, **sa** (*in the*), which causes lenition:

sa chistin	*in the kitchen*
sa pháirc	*in the field/park*
sa chófra	*in the cupboard*
sa ghairdín	*in the garden*

In addition to words beginning with **l, n, r** (never lenited) those beginning with **t, d, s** are not affected by **sa**:

sa leithreas	*in the toilet*
sa teach	*in the house*
sa dorchadas	*in the dark* (adj. **dorcha** = *dark*)
sa seomra folctha	*in the bathroom* (lit. *room of washing*)

Before vowels and **fh** (which is silent) followed by a vowel, **san** is used:

san oifig	*in the office*
san oíche	*at night*
san fharraige	*in the sea*

Contrast **sa Fhrainc**, *in France*.

5 Location

Here are two important words:

| thíos | *below* | **thíos** an staighre | *downstairs* |
| thuas | *above* | **thuas** an staighre | *upstairs* |

The phrase meaning *next to* is **in aice le** (lit. *in proximity with*). This combines with **an** (*the*) to give **in aice leis an**, which causes eclipsis (like **ag an** in the previous unit):

in aice leis an gcistin	*next to the kitchen*
in aice leis an bhfuinneog	*next to the window*
in aice leis an mbanc	*next to the bank*

But again there is no eclipsis of **t** or **d**:

in aice leis an **teach**	*next to the house*
in aice leis an **doras**	*next to the door*

6 The preposition ar (on)

Most states of mind and physical sensations must be expressed as nouns followed by the preposition **ar** (*on*) (pron. er), so that *Seán is tired* must be turned around as **Tá tuirse ar Sheán** (lit. *tiredness is on Seán*). Note that **ar** (*on*) causes lenition, so **Seán** becomes **Sheán** (pron. hyán). The forms of **ar** (*on*) are:

orm	*on me*	orainn	*on us*
ort	*on you*	oraibh	*on you*
air	*on him*	orthu	*on them*
uirthi	*on her*		

The **ai** in **air** is pronounced **e** instead of **a**.
Using these you can say that you feel cold, hungry, etc:

	fuacht		*I feel cold.*
	ocras		*I am hungry.*
	tart		*I am thirsty.*
Tá	tuirse	orm	*I feel tired.*
	cagla		*I am afriad.*
	brón		*I am sorry.*
	áthas		*I am happy/delighted.*

Tá brón orm (*I am sorry*) can be used to apologise or sympathise over something. This construction is also used for physical ailments:

Tá slaghdán orm.	*I have a cold.*
Tá tinneas cinn orm.	*I have a headache.*
Tá tinneas fiacaile orm.	*I have toothache.*

However certain physical and mental states are expressed using adjectives:

Tá Úna **go maith** arís.	*Úna is well again.*
Tá sé **tinn**.	*He is sick.*
Bhí mé **buartha**.	*I was worried.*
Tá mé **cinnte**.	*I am sure.*

7 An- *(very)*

This causes lenition:

maith   *good*   **an-mh**aith   *very good*
fuar   *cold*   **an-fh**uar   *very cold*

However, there is no lenition if the adjective begins with **t, d**, or **s**:

an-**te**   *very hot*   an-**sásta**   *very satisfied*
an-**dorcha**   *very dark*

8 Ann *(there)*

This literally means *in it*, but often corresponds to English *there*:

Bhí mé **ann** inné.	*I was there yesterday.*
Tá banc agus siopaí **ann**.	*There's a bank and shops there.*

It is also used (with **tá**) to describe the contents or size of a property:

Tá sé sheomra **ann**.	*It has six rooms* (a house). (lit. *there are six rooms in it*)
Tá trí árasán **ann**.	*There are three flats in it* (a building).
Tá céad acra **ann**.	*It is a hundred acres in size* (a farm). (lit. *there are a hundred acres in it*)

9 Cá bhfuil? *(Where is?)*

Cá? (*where?*), like the question marker **an?**, requires the dependent form of **tá**, i.e. **bhfuil**. Here are some examples:

Cá bhfuil an chistin?	*Where is the kitchen?*
Cá bhfuil an leithreas?	*Where is the toilet?*
Cá bhfuil tú ag dul?	*Where are you going?*

Cá bhfuil is often pronounced **cá'il**.

10 The perfect tense

This corresponds to English *I have done*, *I have eaten*, etc. As there is no verb *to have* in Irish the phrase **tá ... agam** is used instead, with the verbal adjective (an adjective formed from a verb, like *eaten*, *closed*). The perfect is not always used in Irish where it would be required in English, but here are some common examples:

Tá an dinnéar **ite** agam.	*I have* eaten *dinner.*
Tá cúpla pionta **ólta** agam.	*I have* drunk *a couple of pints.*
Tá sé **déanta** aige.	*He has* done *it.*
Tá mí **caite** agam anseo.	*I have* spent *a month here.*
Tá an féar **bainte** agam.	*I have* mown *the grass.*

11 The formation of the verbal adjective

There are some distinctive endings. Notice how their form depends on whether the previous consonant is broad or slender (e.g. **ta** after broad and **te** after slender):

déan (*do, make*) + **ta**	déan**ta** (*done, made*)
ól (*drink*) + **ta**	ól**ta** (*drunk*)
bain (*mow, harvest*) + **te**	bain**te** (*mown*)
ith (*eat*) + **te**	i**te** (*eaten*) (**th** + **t** gives **t**)
caith (*spend*) + **te**	cai**te** (*spent*)
fág (*leave*) + **tha**	fág**tha** (*left*)
lig (*let*) + **the**	lig**the** (*let*)
tosaigh (*begin*) + **the**	tosai**the** (*begun*)
bailigh (*collect*) + **the**	baili**the** (*collected*)

✓ Cleachtadh

1 Point these out to a visitor:

a *Nearby*
mo charr (m)
an gairdín (m)
an siopa (m)

b *More distant*
mo theach (m)
an scoil (f)
mo mháthair (f)

2 **Seomraí agus troscán** (*rooms and furniture*)
Complete the word puzzle using the Irish words for the following horizontally. You will find the word for an important room in one of the vertical columns.

a sitting room
b room
c window
d kitchen
e chair

f table
g bed
h hall
i door

3   Cá bhfuil sé? (*where is he?*)

c i an leithreas

4 What are they saying or thinking? Match the pictures and expressions:

a Tá tart orm.   d Tá ocras orm.

b Tá brón orm.   e Tá fuacht orm.

c Tá tuirse orm.   f Tá slaghdán orm.

5 What would you say in these situations?

a You ask somebody if he or she is tired.
b You ask somebody if he or she is hungry.
c You enquire if somebody (a third party) is afraid.
d You ask several people if they are hungry.

Tuiscint 1

Éist leis na fógraí seo ó Raidió na Gaeltachta nó léigh iad. Listen to, or read, these announcements from the Irish-language radio station, in which holiday homes are offered for rent. See how much you can understand before looking at the vocabulary. (**Fógra** = *announcement*.)

Fógra 1

'Tá teach deas á ligean ar cíos don samhradh i gCarna. Trí sheomra leapa atá ann, cistin mhór, seomra suite deas. Tá sé míle ón bhfarraige. Glaoigh ar Shéamas Ó Néill ag (091) 765489.'

teach á ligean ar cíos *a house being let (for rent)*	**deas** *nice*
deas *nice*	**míle** *a mile*
samhradh *summer*	**ón bhfarraige** *from the sea*
mór *big*	**glaoigh ar** *phone*

Fógra 2

'Tá fógra eile anseo agam. Teach mór á ligean ar cíos ag Bríd Bean Uí Dhónaill sa Spidéal. Ceithre sheomra leapa atá sa teach seo. Cistin mhór, seomra suite, seomra folctha thuas an staighre agus leithreas thíos an staighre. Níl sé ach leathmhíle ón trá. Gach eolas ó Bhean Uí Dhónaill ag 091-83142.'

Tá ... agam	I have	**trá**	beach
fógra eile	another announcement	**gach eolas ó ...**	all information
níl sé ach	it is only	from ...	
leathmhíle	half a mile		

Fógra 3

'Anois, teach beag i dTír Chonaill, in aice le Mín an Chladaigh. Dhá sheomra leapa atá ann. Cistin bheag agus seomra suite. Níl sé ach caoga slat ón trá. Gach eolas ó Hiúdaí Phádraig Ó Baoill ag 071-29160.'

| **beag** | small | **slat** | yard (measurement) |
| **in aice le** | beside | | |

a How many bedrooms are there in each house?

   i Séamas Ó Néill.

   ii Bríd Bean Uí Dhónaill.

   iii Hiúdaí Phádraig Ó Baoill.

b Which house is nearest to the beach?

Tuiscint 2

Here is an extract from a brochure outlining the possibilities for accommodation in An Spidéal, Conamara, which is a Gaeltacht area on the west coast (County Galway):

Campáil agus Carabháin

Páirc Saoire an Spidéil, Bóthar na hAbhann, An Spidéal
Co. na Gaillimhe. 091-83372. Tóg campa nó carabhán leat!

Brúnna

Brú an Spidéil. An Spidéal. 091-83555

Óstáin

Óstán na Páirce, An Spidéal. Co. na Gaillimhe. 091-83159

Tithe Saoire (Seallaithe & rl)

Caítlín Uí Chonghaile, Doire an Fhiaidh, Casla. 091-72437, 091-74100.
2 theach ar cíos
Máirín Uí Thuairisg. Lochán Beag, Indreabhán. 091-93218. Seallaí ar cíos.
Tithe Saoire an Spidéil, An Cnoc agus An Spidéal. 01-593138
Tithe Saoire na Páirce. Óstán na Páirce. An Spidéal 091-83159

Tithe Lóistín
(Leaba agus Bricfeasta ó £11 – leathphraghas do pháistí)

Bairbre Ui Churraidhín, "Ard-Aoibhinn", Cnocán Glas, An Spidéal. 091-83179.
6 sheomra (le háiseanna príobháideacha)
Máiréad Uí Neachtain, "Tearmann", Baile an tSagairt, An Spidéal. 091-83214.
4 sheomra
Áine Uí Mháirtín, "Breifne", Sidheán, An Spidéal. 091-83143. 6 sheomra
Máirín Uí Chéidigh, "Cois-Mara". Saile Chúna. An Spidéal. 091-83247. 5 sheomra
Máire Uí Neachtain. "Cois na Coille", Seanabhóinín. An Spidéal. 091-83352.
4 sheomra
Peig Uí Chonchubhair. "Radharc an Chláir", Coilleach. An Spidéal. 091-83267.
4 sheomra
Máire Ní Chonghaile, "An Caladh Gearr", An Cnoc. Indreabhán. 091-93124.
Teach ceann tuí, 3 sheomra le háiseanna.
Sile Uí Mhaoláin, "Doirekyle House", Doire Choill. Casla. 091-72412.
4 sheomra (1 le háiseanna)
Nancy Uí Neachtáin, "Cloch na Scíth", Coilleach. An Spidéal 091-83364.
Teach ceann tuí.
Sally Uí Fhlatharta, "Cois Caoláire", Baile an tSléibhe. An Spidéal. 091-83176.
6 sheomra
Máire Uí Iamáin, Ros a'Mhil, Baile na hAbhann. 91-72158.
4 sheomra. Gar do na báid go hÁrainn

Rátaí speisialta taistil agus bia do Ghrúpaí /Eagraíochtaí
Gach eolas:
Foras na Gaeilge 01-6398400
nó
ó do Ghrúpa Áitiúil

(*From*: Cósta Chonamara Teo/Foras na Gaeilge)

tithe saoire	holiday homes	**seallaí**	chalet
tithe lóistín	houses offering bed	**gar do**	close to
and breakfast		**teach ceann tuí**	thatched cottage
brú(nna)	hostel(s)		

Answer **is fíor** or **ní fíor**:

a There is no campsite.
b There is a hotel.
c There is a reduction for children in B & B.

6 TÁ SÉ GO BREÁ INNIU
It is fine today

In this unit you will learn how to

■ Talk about the weather, a frequent topic of conversation in Ireland given the variable nature of the climate

Tá sé go breá/go dona inniu.	*It's fine/terrible today.*
Is breá/olc an aimsir í.	*It's fine/terrible weather.*
Tá sé le bheith fuar.	*It is expected to be cold.*

Ag caint faoin aimsir (*talking about the weather*). Here are some brief exchanges about the weather. Note what the weather is like in each conversation.

Comhrá 1

- – Tá sé go breá inniu.
- ■ Tá, buíochas le Dia. Tá gá againn leis.
- – Ní raibh báisteach againn le tamall.
- ■ Ní haon dochar é sin.

Buíochas (m) **le Dia.** *Thanks be to God.*
tá gá (m) **againn le** *we need (lit. we have need of)*
Ní raibh báisteach (f) **againn.** *We haven't had rain. (lit. we didn't have rain)*

le tamall *for some time*
dochar (m) *harm*

Comhrá 2

- Is olc an aimsir í.
- Is olc. Tá sé mar seo le seachtain.
- Bhí an-ghála ann aréir.
- Beidh feabhas air an tseachtain seo chugainn, cloisim.

olc *bad*
aimsir (f) *weather*
mar seo *like this*
le seachtain (f) *for the past week*
bhí an-ghála (m) **ann.** *There was quite a gale.*

Beidh feabhas (m) **air...** *It will be better ...*
an tseachtain (f) seo chugainn *next week (lit. this week towards us)*
cloisim *I hear*

Comhrá 3

- Tá sé go dona tráthnóna.
- Tá, ach ní raibh sé go holc ar maidin.
- Tá sé le bheith fliuch arís an tseachtain seo chugainn.

go dona/go holc *bad*
Tá sé le bheith fliuch. (f) *it is (predicted) to be wet.*

an tseachtain seo chugainn *next week (lit. this week towards us)*

Comhrá 4

- Nach breá an lá é.
- Is breá. Is fada ó bhí sé chomh te agus chomh tirim.
- Ní raibh báisteach ann le coicís, beagnach.

Nach breá an lá é?	isn't it a	**chomh te**	so hot
fine day?		**chomh tirim**	so dry
is fada ó ...	It's a long time since	**le coicís** (f)	for a fortnight
... (lit. it's long since)		**beagnach**	almost

Comhrá 5

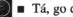
- Tá sé fuar amuigh inniu.
- Tá, go deimhin, ach tá sé breá te istigh anseo.
- Tá sé meirbh anseo, ceart go leor.

amuigh/istigh	outside/inside	**meirbh**	warm, close, humid
tá sé breá te	it is nice and warm	**ceart go leor**	all right (lit. right
(lit. it is fine warm)			enough)

Réamhfhaisnéis na haimsire *(the weather forecast)*

Here are two weather forecasts from Raidió na Gaeltachta (the radio service for Irish-speaking areas). Study the **Pointí eolais** before reading them, and then try to figure out as much as you can.

 12 Eanáir

'Seo Réamhfhaisnéis na hAimsire ó Raidió na Gaeltachta. Tá báisteach ar fud na tíre faoi láthair ach beidh sé ag glanadh san iarnóin. Tá an teocht faoi láthair thart ar chúig chéim Celsius. Beidh corrchith san iarthar anocht, agus beidh an teocht thart ar thrí chéim Celsius. Beidh sé ag éirí fuar san oirthear, agus beidh sioc in áiteanna.'

ó *from*	**ag glanadh** *clearing (lit.*
ar fud na tíre (f) *throughout the*	*cleaning)*
country	**corrchith** (m) *occasional shower*
faoi láthair *at present*	**iarnóin** (f) *afternoon*
thart ar *about*	**ag éirí** *becoming*
céim (f) *degree*	**áit** (f) *place*

Is fíor/ní fíor?

a Beidh báisteach ar fud na tíre san iarnóin.

b Beidh sé tirim san iarthar anocht.

12 Iúil

'Beidh Réamhfhaisnéis na hAimsire againn ar dtús. Tá ceo in áiteanna ar fud na tíre ar maidin ach beidh an ghrian ag teacht amach ar ball. Beidh an teocht timpeall fiche céim Celsius. Beidh sé scamallach sa tuaisceart níos déanaí, agus beidh ceathanna in áiteanna.'

ar dtús *first*	**teocht** (f) *temperature*
timpeall *around*	**níos déanaí** *later*
ar ball *later*	**tréimhse** (f) *spell of time, period*

Is fíor/ní fíor?

a Tá ceo ann ar maidin.

b Beidh an aimsir go breá sa tuaisceart níos déanaí.

✳ Pointí eolais

1 Cineálacha aimsire *(types of weather)*

	Plural	Adjective	
báisteach (f) *rain*			
cith (m) *shower*	ceathanna	**ceathach** *showery*	
ceo (m) *fog*		**ceoch** *foggy*	
ceobhrán (m) *drizzle*		**ceobhránach** *drizzly*	
brádán (m) *drizzle*			
gaoth (f) *wind*		**gaofar** *windy*	
gála (m) *gale*	gálaí		

	Plural	Adjective
stoirm (f) storm	**stoirmeacha**	**stoirmiúil** stormy
grian (f) sun		**grianmhar** sunny
scamall (m) cloud	**scamaill**	**scamallach** cloudy
sioc (m) frost		
sneachta (m) snow		

Some of these words either lack an adjective or their corresponding adjective is rarely used. Instead the genitive case may be used (the various ways in which it is formed here are reviewed at the end of the grammar section):

lá (m) gréine	a sunny day (lit. a day of sun; **an ghrian** the sun)
tréimhsí gréine	sunny spells
lá báistí	a rainy day (lit. a day of rain)
lá seaca	a frosty day (lit. a day of frost)
oíche (f) stoirme	a stormy night (lit. a night of storm)
lá gaoithe	a windy day (lit. a day of wind)

Notice that words ending with a vowel typically do not change:

| lá sneachta | a snowy day (lit. a day of snow) |

2 Teocht *(temperature)*

| **Tá sé te.**   It is hot. | or | **Tá teas ann.**   There is heat. |
| **Tá sé fuar.**   It is cold. | | **Tá fuacht ann.**   There is cold. |

Tá sé timpeall sé chéim Celsius.   *It is six degrees Celsius.*
Tá sé beagnach deich gcéim Celsius.   *It is almost ten degrees Celsius.*

3 Pointí an chompáis (m) *(the points of the compass)*

Look at the compass on page 86: to say *in the north*, etc. use **sa** before consonants and **san** before vowels:

sa tuaiseart (m)   *in the north*   san oirthear (m)   *in the east*
sa deisceart (m)   *in the south*   san iarthar (m)   *in the west*

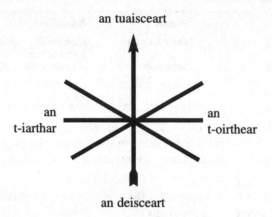

4 Laethanta na seachtaine *(the days of the week)*

The basic names are given on the left here. When referring to a particular one you must use **Dé** before it (notice, however, that **Dé** is already incorporated in the word **Déardaoin**):

Luan	*a Monday*	**Dé** Luain	*on Monday*
Máirt	*a Tuesday*	**Dé** Máirt	*on Tuesday*
Céadaoin	*a Wednesday*	**Dé** Céadaoin	*on Wednesday*
Déardaoin	*a Thursday*	**Dé**ardaoin	*on Thursday*
Aoine	*a Friday*	**Dé** hAoine	*on Friday*
Satharn	*a Saturday*	**Dé** Sathairn	*on Saturday*
Domhnach	*a Sunday*	**Dé** Domhnaigh	*on Sunday*

The distinction involving **Dé** can be seen here:

| Beidh lón againn Luan éigin. | *We'll have lunch some Monday.* |
| Beidh lón againn dé Luain. | *We'll have lunch on Monday.* |

5 Na séasúir (the seasons)

The names of the seasons are given here, along with their genitive forms (all are masculine, so **fómhar** *(autumn)* and **geimhreadh** *(winter)* are lenited after **an** *(of the)*, and **samhradh** has a **t** prefixed to it):

an t-earrach	the spring	tús an earraigh	the beginning of spring
an samhradh	the summer	lár an tsamhraidh	the middle of summer
an fómhar	the autumn	tús an fhómhair	the beginning of autumn
an geimhreadh	the winter	lár an gheimhridh	the middle of winter

6 Na míonna *(the months of the year)*

Eanáir	*January*	Iúil	*July*
Feabhra	*February*	Lúnasa	*August*
Márta	*March*	Méan Fómhair	*September*
Aibreán	*April*	Deireadh Fómhair	*October*
Bealtaine	*May*	Samhain	*November*
Meitheamh	*June*	Nollaig	*December*

The words for September and October mean *mid-autumn* and *end of autumn* respectively. The word for December is the same as that for Christmas. These names are usually preceded by **mí** (*month*), so that one speaks of **Mí Eanáir** *the month of January*, etc. **Mí** requires the genitive case, so the following changes are required.

Mí na Márta	*the month of March*
Mí Aibreáin	*the month of April*
Mí na Bealtaine	*the month of May*
Mí an Mheith**imh**	*the month of June*
Mí Iúil	*the month of July*
Mí **Mh**éan Fómhair	*the month of September*
Mí **Dh**eireadh Fómhair	*the month of October*
Mí na Sam**hna**	*the month of November*
Mí na Noll**ag**	*the month of December*

Gramadach

1 The present, past and future of tá *(is)*

Here is a table showing the various forms of **tá**. You have already met most of them, except for past tense **raibh** (pron. **rev**):

Statement	Negative statement	Question
tá mé *I am*	níl mé *I am not*	an bhfuil mé? *am I?*
bhí mé *I was*	ní raibh mé *I was not*	an raibh mé? *was I?*
beidh mé *I will be*	ní bheidh mé *I won't be*	an mbeidh mé? *will I be?*

The forms **bhfuil** and **raibh** are called 'dependent' forms of **tá**, as their use depends on the presence of **ní** or **an**.

2 Adjectives referring to the weather

The adjectives below are used with **tá** (*is*) to comment on the weather:

		go maith	*good*		
		go breá	*fine*		
		go hálainn	*beautiful*		
		bog	*mild*		
Tá sé	*It is*	fuar	*cold*	ar maidin	*this morning*
		fliuch	*wet*	inniu	*today*
		ceathach	*showery*	tráthnóna	*this evening*
		tirim	*dry*	anocht	*tonight*
		gaofar	*windy*		
		scamallach	*cloudy*		

Bhí sé (*it was*) is used for past time and **beidh sé** (*it will be*) for future time:

> **Bhí sé** fliuch inné.   *It was wet yesterday.*
> **Beidh sé** fuar anocht.   *It will be cold tonight.*

3 Using go with adjectives

You will have noticed that some adjectives require **go**, which is untranslatable, before them. There are only a few of these, but they are quite frequent, and they tend to express approval or disapproval rather than just describing actual conditions. **Go** prefixes **h** to adjectives which begin with a vowel:

maith	*good*		**deas**	*nice*
olc	*bad*		**álainn**	*beautiful*
dona	*bad*		**ainnis**	*awful*

Tá an aimsir	**go** maith.	*The weather is*	*good.*
	go holc.		*bad.*
	go dona.		*bad.*
Tá an lá	**go** deas	*The day is*	*nice.*
	go hálainn.		*beautiful.*
	go hainnis.		*awful.*

The great majority of adjectives stand on their own without **go**, for example:

Tá an tráthnóna **fuar**.	*The evening is cold.*
Tá an oíche **dorcha**.	*The night is dark.*

4 Expressions of time

Some nouns referring to periods of time are given on the left and the corresponding adverbs on the right.

Noun		Adverb	
maidin	*morning*	**ar maidin**	*this morning*
tráthnóna	*evening*	**tráthnóna**	*this evening*
oíche	*night*	**anocht**	*tonight*
		aréir	*last night*
		oíche amárach	*tomorrow night*
lá	*day*	**inniu**	*today*
		inné	*yesterday*
		amárach	*tomorrow*

Tráthnóna is used for any time after 4pm or so, and its meaning overlaps with that of English *afternoon* (it originally meant *noontide*, as shown by the **nóna** part).

5 Adjectives normally follow the noun

You saw in Unit 3 that adjectives are lenited after feminine nouns (unless of course they begin with a vowel, or **l, n, r**). Here are some further examples, describing weather conditions:

Masculine		Feminine	
lá breá	*a fine day*	oíche bhreá	*a fine night*
tráthnóna fuar	*a cold evening*	maidin fhuar	*a cold morning*
sioc trom	*heavy frost*	báisteach throm	*heavy rain*

The word **aimsir** (*weather*) is feminine, so the various kinds of weather include:

aimsir	bhreá	*fine weather*
	bhog	*mild weather*
	fhuar	*cold weather*
	ghránna	*horrible weather*

The expression **Oíche mhaith** (*good night*) is used for saying farewell at night.

6 More ways of expressing 'of the'

In the previous unit you met phrases such as **barr an bhóthair** (*the top of the road*). If the second noun is feminine **an** (*the*) becomes **na**, which does not cause lenition:

an chistin	*the kitchen*	doras **na** cistine	*the door of the kitchen*
an mhaidin	*the morning*	nuacht **na** maidine	*the morning news*
an tsráid	*the street*	barr **na** sráide	*the top of the street*
an tseachtain	*the week*	tús **na** seachtaine	*the beginning of the week*

Na prefixes an **h** to vowels:

aimsir	*weather*	Réamhfhaisnéis na **h**Aimsire	*the weather forecast*
oíche	*night*	lár na **h**oíche	*the middle of the night*

7 Tá *with* ann *(there)*

Some weather states are more usually described by nouns. To say: *there is/will be rain*, etc. you must use **tá** (or future **beidh**) with the adverb of place **ann** *there*. You say (lit.) *is rain there* for *it is raining*. You will hear the following on the weather forecast:

	báisteach throm *heavy rain*		
	ceo *mist*		
Beidh	tréimhsí gréine *sunny spells*	ann	*there*
	gaoth láidir *strong wind*		
	sioc *frost*		

8 Feabhas *(improvement, excellence, etc.)*

(a) **Feabhas** = *improvement*

The noun **feabhas** is normally used, in combination with prepositions, instead of the corresponding verb (**feabhsaíonn** *improves*):

Tá **feabhas** ar an aimsir.	*The weather has improved.* (lit. *There is an improvement on the weather*)
Tá **feabhas** ort.	*You are better* (e.g. as regards health).
Tá sé ag dul **i bhfeabhas**.	*It is improving.* (lit. *It is going into improvement*)
or	
Tá **feabhas** ag teacht air.	*It is improving.* (lit. *An improvement is coming upon it*).

(b) **Ar fheabhas** = *excellent*

Tá an leabhar seo ar **fheabhas**.	*This book is excellent.*

9 Emphasising an adjective

Comments such as *it's a fine day, it's bad weather* are concerned mainly with the quality expressed by the adjective. It would be possible to translate them into Irish as **is lá breá é, is aimsir olc í**, but the adjective is usually brought forward for extra emphasis (in addition **an** is inserted before the noun); this requires the adjective to be preceded by the copula **is**:

Is breá an lá é.	*It's a fine day.*
Is breá an oíche í.	*It's a fine night.*
Is dona an lá é.	*It's a bad day.*
Is maith an aimsir í.	*It's good weather.*
Is olc an aimsir í.	*It's terrible weather.*

Notice how **é** or **í** is used according to the gender of the noun (**é** for masculine, **í** for feminine).

This word order is also used for more general comments:

Is mór an trua é.	*It's a great pity.*
Is ait an rud é.	*It's a strange thing.*
Is bocht an scéal é.	*It's bad news.* (lit. *It's a poor story*)

Adjectives are repeated in answers and in agreements:

Is mór.	*It is.*
Is ait.	*It is.*
Is bocht.	*It is.*

The last of these may be used to sympathise on a bereavement.
The negative **ní** is sometimes used in this way:

Ní maith an rud é.	*It isn't desirable/ideal.* (lit. *a good thing*)
Ní maith.	*It isn't.*

A negative question is formed with **nach**:

Nach breá an aimsir í?	*Isn't it great weather?*
Nach ait an rud é?	*Isn't is a strange thing?*
Nach maith an rud é?	*Isn't it just as well?*

10 Forming adjectives from nouns

There are number of endings for this purpose:

(*a*) **-mhar**

grian (*sun*) + **mhar**	grian**mhar**	*sunny*
gaoth (*wind*) + **mhar**	gao**far**	*windy* (note the spelling change)
ciall (*sense*) + **mhar**	ciall**mhar**	*sensible*

(*b*) **-ach**

scamall (*cloud*) + **ach**	scamall**ach**	*cloudy*
ceobhrán (*drizzle*) + **ach**	ceobhrán**ach**	*drizzly*
cith (*shower*) + **ach**	ceath**ach**	*showery*
compord (*comfort*) + **ach**	compord**ach**	*comfortable*
tábhacht (*importance*) + **ach**	tábhacht**ach**	*important*

(*c*) **-úil** (**-iúil** after a slender consonant)

stoirm (storm) + **iúil**	stoirm**iúil**	*stormy*
lá (day) + **úil**	laeth**úil**	*daily*
cáil (fame) + **iúil**	cáil**iúil**	*famous*

11 More on the use of the genitive

The genitive case is required after **ar fud** (*throughout*), **timpeall** (*around, about*) and **i rith** (*during*):

an tír (*the country*)	**ar fud** na tíre *throughout the country*
an spéir (*the sky*)	**ar fud** na spéire *all over the sky*
an pháirc (*the field*)	**timpeall** na páirce *around the field*
an tseachtain (*the week*)	**i rith** na seachtaine *during the week*

12 Droch- (bad)

This is prefixed to nouns and causes lenition:

drochaimsir *bad weather*	**droch**thalamh *bad land*
drochshamhradh *a bad summer*	**droch**bhia *bad food*

13 S to ts

Feminine nouns beginning with **s** prefix a **t** after **an** (*the*) (including **Cén? what?** = **cé** + **an**).

seachtain (*week*)	an **tseachtain** seo *this week*
	an **tseachtain** seo caite *last week*
	an **tseachtain** seo chugainn *next week*
	(cén **tseachtain**? *what/which week?*)
seanbhean (*old woman*)	an **tseanbhean** *the old woman*
seirbhís (*service*)	an **tSeirbhís** Phoiblí *the Public Service*
súil (*eye*)	an **tsúil** dheas *the right eye*
	an **tsúil** chlé *the left eye*

✓ Cleachtadh

1   Match these pairs of opposites:

a	maidin	**i**	inné
b	amárach	**ii**	oíche
c	lá	**iii**	tráthnóna

2   What can you say about the weather? Here is the weather map for
    tomorrow.

Beidh _____ sa tuaisceart.
Beidh _____ san iarthar.
Beidh _____ san oirthear.
Beidh _____ sa deisceart.

Note

i an tuaisceart – sa tuaisceart
   (*the north – in the north*)

ii Use **Beidh sé** (*it will be*) with adjectives: **beidh sé** fliuch.
   Use **Beidh** (*there will be*) with nouns: **beidh** báisteach sa …

3   **Léigh an téacs seo** (*read this text*):

Cill Airne
Déardaoin

A Mháire,
Tá muid anseo le cúpla lá anuas. Tá
teach ar cíos againn. Tá an aimsir
go dona inniu ach bhí sé go deas
Dé Máirt agus Dé Céadaoin. Bhí
sé tirim agus bhí teas ann. Bhí
muid ag imirt gailf agus ag snámh.
Beidh muid ar ais Dé Sathairn.
Slán agus beannacht,
Deirdre agus Pól

---

ar cios *rented*

What was the weather like in Killarney on each of the days mentioned in the postcard?

4 Match up these expressions with what the weather was like:

a Bhí sioc ann aréir.   i   Bhí sé gaofar.
b Bhí gaoth láidir ann inné.   ii Bhí an aimsir go deas.
c Bhí báisteach ann inné.   iii Bhí an aimsir fuar.
d Bhí tréimhsí gréine ann ar maidin. iv Bhí sé fliuch.

5 Deirdre is just back from a holiday in the sun. Complete her conversation with Niamh:

Niamh   An _____ an aimsir go deas sa Phortaingéil?
Deirdre _____, cinnte. Bhí sé _____ 30 °.
Niamh   Ní _____ baisteach ar bith ann, is dócha?
Deirdre Bhuel, bhí ceathanna ann cúpla oíche ach bhí sé _____ gach lá.

---

ar bith *any*   **gach** *every*
bhuel *well*

---

6 Postcards can be very brief, like the one below. Try to write it out in full to include the verbs **tá** and **bhí**.

```
Dia dhaoibh
Aimsir go hálainn. Bia
go maith. Óstán go
hiontach — clioscó maith.
Ag damhsa aréir. Ag dul
síos ag snámh anois.
Slán
Muireann
```

7 Ná míonna (months)
Put **Mí** before each of these as in the examples.
mar shampla: Aibreán – Mí Aibreáin
                  Meitheamh – Mí an Mheithimh

a Nollaig
b Meán Fómhair
c Bealtaine
d Samhain
e Iúil

8 Position of adjective and agreement with noun.
Put these adjectives with each of the nouns below and make any necessary changes to the adjectives:

adjectives: **breá**, **fuar**
nouns: **lá** (m); **oíche** (f); **tráthnóna** (m); **maidin** (f).

9 Emphasising an adjective.
Make statements as in the example:
mar shampla: lá breá – Is breá an lá é

a lá bog
b oíche bhreá
c maidin fhuar
d tráthnóna breá
e aimsir mhaith

10 Make adjectives from these nouns:

a Regular forms
grian – _____
scamall – _____
stoirm – _____

b Irregular forms
gaoth – _____
cith – _____

Tuiscint

 Réamhfhaisnéis na haimsire (*the weather forecast*)

Here are some weather forecasts which you might hear on the radio. Match each with the appropriate weather map overleaf.

a 'Seo Réamhfhaisnéis na hAimsire. Tá sé fuar tráthnóna sa tuaisceart ach tá sé tirim. Beidh sioc ann anocht. Beidh sé fuar fós maidin amárach ach beidh tréimshí gréine ann. Báisteach níos déanaí sa lá.'

ach but	**níos déanaí** later

b 'Seo Réamhfhaisnéis na hAimsire do chósta theas na hÉireann. Tá ceo ann ar maidin. Beidh sé gaofar níos déanaí agus beidh trémhsí gréine ann. Beidh sé go breá tráthnóna agus beidh sé te. Ceo arís anocht.'

theas southern	**arís** again

7 CÉN T-AM É?
What time is it?

In this unit you will learn how to

■ talk about the activities which make up your daily routine
■ state the times at which you do them

Cén post (m)/**tslí** (f) **bheatha atá agat?** *What is your occupation?*
Cén t-am   a éiríonn   tú?   *What time do you get up?*
**   a thosaíonn**   *begin?*
**   a chríochnaíonn**   *finish?*
Cad/Céard a dhéanann tú?   *What do you do?*

Comhrá 1

People of different occupations are asked by Úna, a researcher, about their daily routine.

Úna   Cén post atá agat?
Niall Is fear poist mé.
Úna   Cén t-am a thosaíonn tú ag obair ar maidin?
Niall Tosaím ag a sé a chlog.
Úna   Tá sé sin luath go leor. Agus cén t-am a chríochnaíonn tú?
Niall Críochnaím ag a dó a chlog.

Cén post atá agat? *What do you work at? (lit. what job do you have?)*	**luath go leor** *fairly early (lit. early enough)*
fear poist *postman*	**Críochnaím ag a dó a chlog.** *I finish at two o'clock.*
Tá sé sin ... *That is ...*	

Comhrá 2

Úna	Cén post atá agat?
Dónall	Is feirmeoir mé.
Úna	Cén t-am a éiríonn tú ar maidin?
Dónall	Éirím ag leath i ndiaidh a sé nó tamaillín roimhe.
Úna	Céard a dhéanann tú ansin?
Dónall	Téim amach agus crúim na ba.
Úna	Cén t-am a chríochnaíonn tú?
Dónall	Ó, bhuel, ní chríochnaím go dtí thart ar a naoi a chlog sa tráthnóna.

Éirím ag leath i ndiaidh a sé. *I get up at half past six.*	**agus crúim na ba** (f) *and I milk the cows*
nó tamaillín (m) **roimhe** *or a little while before*	**Ó, bhuel** *Oh, well*
Céard a dhéanann tú ansin? *What do you do then?*	**ní chríochnaím go dtí** *I don't finish until*
téim amach *I go out*	**... thart ar a naoi a chlog** *... around nine o'clock*

Comhrá 3

Úna	Cén tslí bheatha atá agat?
Siobhán	Is banaltra mé.
Úna	An dtosaíonn tú ag obair go luath?
Siobhán	Déanaim. Tosaím ag a hocht a chlog ar maidin.
Úna	Cén t-am a théann tú abhaile?
Siobhán	Téim abhaile ag a hocht a chlog sa tráthnóna de ghnáth ... ach uaireanta críochnaím ag a ceathair a chlog sa trathnóna.

Cén tslí bheatha stá agat?	**Tosaím ag a hocht a chlog.**
What's your occupation? (lit. What	*I begin at eight o'clock.*
way of life do you have?)	**Ag a hocht a chlog sa**
banaltra (f) *nurse*	**tráthnóna.** *at eight o'clock in*
An dtosaíonn tú ag obair go	*the evening.*
luath? *Do you begin work(ing)*	**de ghnáth** *usually*
early?	**ach uaireanta** *but sometimes*
Déanaim *I do*	

Ceisteanna

a Cén t-am a thosaíonn siad agus cén t-am a chríochnaíonn siad? (*what time do they start and what time do they finish?*):

	Tosaíonn	**Críochnaíonn**
fear poist		
feirmeoir		
banaltra		

b Who works the longest hours?
c Whose hours are sometimes irregular?

An t-am *(the time)*

1 Asking and telling the time

Cén t-am é?	*What time (is) it?*
Tá sé a trí a chlog.	*It is three o'clock.*

In telling the time the numbers from 1 to 10 are preceded by **a** (see Unit 1). This prefixes an **h** to the two numbers which begin with a vowel:

Tá sé a **h**aon a chlog.	*It is one o'clock* (**aon** = 1).
Níl sé a **h**ocht a chlog fós.	*It isn't eight o'clock yet* (**ocht** = 8).
Tá sé beagnach a naoi.	*It is almost nine.*

2 Stating the time at which you do something

 Put **ag** (*at*) before the expression of time:

Téim abhaile **ag** a trí a chlog.	*I go home at three o'clock.*
Éirím **ag** a seacht a chlog.	*I get up at seven o'clock.*

3 Units of time

uair (f) an chloig	*an hour* (lit. *an hour of the clock*)
nóiméad (m)	*a minute*
soicind (m)	*second*

An clog *(the clock)*

The expressions used to state the time precisely are shown here:

a trí a chlog

15:15

ceathrú i ndiaidh a trí

fiche i ndiaidh a trí

leath i ndiaidh a trí

3:45

ceathrú chun a ceathair

a deich chun a ceathair

Tá sé **a** cúig i ndiaidh a trí.	*It is five past three.*
Tá sé ceathrú chun a deich.	*It is quarter to ten.*
Tá sé leath i ndiaidh a sé.	*It is half past six.*

The following expressions are also important:

Beidh mé ann **roimh** a sé.	*I'll be there before six.*
Tá sé i **ndiaidh** a sé.	*It's after six.*
Beidh mé ann **idir** a sé is a seacht a chlog.	*I'll be there between six and seven.*
Bhí mé ann **óna** sé **go dtí** a seacht a chlog.	*I was there from six to seven o'clock.*

In the last example **óna** = **ó** + **a**.

Comhrá 4

 What time is it now?

– Cén t-am é?
■ Tá sé beagnach leath i ndiaidh a hocht.
– Déan deifir. Beidh muid déanach.
■ Tóg bog é. Tá mé beagnach réidh.

beagnach	*almost*	**Tóg bog é.**	*Take it easy.* (**bog** =
déanach	*late*		*soft)*
Déan deifir! (f)	*Hurry up! (lit.*		
Make haste!)			

Comhrá 5

 What time are they meeting Cathal?

– Cén t-am a bheidh muid ag bualadh le Cathal?
■ Ag ceathrú i ndiaidh a hocht.
– Tá sé sin go breá. Tá go leor ama againn.

ag bualadh le	*meeting with*	**go leor ama** (m)	*plenty of time*

⚙ Gramadach

1 How to say past and to with reference to time

To say *five past, ten past, quarter past*, etc. you use one or other of the so-called 'compound prepositions' **i ndiaidh** (you can pronounce this *i nia*) and **tar éis**, which mean *after*. Both are widely used and it is as well to learn and practice each of them.

Tá sé a cúig i ndiaidh/tar éis a ceathair.	*It is five past four.*
Bhí mé ann ag ceathrú i ndiaidh/tar éis a dó.	*I was there at quarter past two.*
Beidh mé ar ais ag leath i ndiaidh a trí.	*I'll be back at half past three.*
Beidh mé anseo go dtí leath tar éis a ceathair.	*I will be here until half past four.*

These compound prepositions are used in other contexts also. The elements **diaidh** and **éis** are originally nouns and therefore a following noun is put in the genitive case if it has one.

i ndiaidh an lóin	*after lunch* (**lón** (m) *lunch*)
tar éis an dinnéir	*after dinner* (**dinnéar** (m) *dinner*)
tar éis na báistí	*after the rain* (**báisteach** (f) *rain*)

You will meet other compound prepositions such as **i rith** *during*, **ar feadh** *during*, and **ar fud** *throughout* in other units. They have the same effect on following nouns as the two dealt with here.

To say *five to, ten to, quarter to*, etc. you use the preposition **chun**:

Tá sé a cúig chun a trí.	*It is five to three.*
Beidh mé anseo go dtí ceathrú chun a cúig.	*I'll be here until quarter to five.*

2 Verbs in the present tense

The endings of the verb in the present tense can be seen clearly in the forms of the verb **téann** (*goes*), given below. Apart from the *I* (first person singular) and *we* (first person plural) forms the ending is **-ann**, to which a pronoun (see Unit 1) is added.

téim	=	té + im	*I go*
téann tú	=	té + **ann** tú	*you go*
téann sé	=	té + **ann** sé	*he goes*
téann sí	=	té + **ann** sí	*she goes*
téann muid	=	té + **ann** muid	*we go*

or

téimid	=	té + imid	*we go*
téann sibh	=	té + **ann** sibh	*you go*
téann siad	=	té + **ann** siad	*they go*

You now meet an ending **-imid**, meaning *we*, which is the traditional literary form and is still used in speech in Munster.

When these endings are added to a verb which ends with a consonant some spelling adjustments are required. If the consonant is preceded by **a/o/u**, an **a** is placed before **im** and **imid**. If, however, the consonant is preceded by **i**, an **e** is placed in front of **ann**. This follows from the spelling rule of '*slender with slender and broad with broad*' (see **Introduction**), and can be seen in the present tense forms of **fágann** (*leaves*) and **cuireann** (*puts, sends*). The vowels added have been capitalised here:

fág**A**im	*I leave*	cuirim	*I put*
fágann tú	*you leave*	cuir**E**ann tú	*you put*
fágann sé	*he leaves*	cuir**E**ann sé	*he puts*
fágann sí	*she leaves*	cuir**E**ann sí	*she puts*
fág**A**imid	*we leave*	cuirimid	*we put*
fágann sibh	*you leave*	cuir**E**ann sibh	*you put*
fágann siad	*they leave*	cuir**E**ann siad	*they put*

The contrast found in English between *I write* (novels) and *I am writing* (this very minute) also occurs in Irish. You have met the second type already, in Unit 4.

scríobhaim	*I write*	tá mé ag scríobh	*I am writing*
téim	*I go*	tá mé ag dul	*I am going*
fágaim	*I leave*	tá mé ag fágáil	*I am leaving*

3 The two verb classes

Irish verbs fall into two different classes according to whether they have an **í** before the ending in the present tense. This **í** becomes **aí** after a broad consonant, as may be seen by comparing the forms of **imíonn** (*goes away*) and **ceannaíonn** (*buys*), given below. Notice also:

í + im	becomes	**ím**
í + imid		**ímid**
í + ann		**íonn**

	Type 1	**Type 2 (í verbs)**	
	fanann (*stays*)	imíonn (*goes away*)	ceannaíonn (*buys*)
I	fanAim	imím	ceannAím
you	fanann tú	imíonn tú	ceannAíonn tú
he	fanann sé	imíonn sé	ceannAíonn sé
she	fanann sí	imíonn sí	ceannAíonn sí
we	fanAimid	imímid	ceannAímid
you	fanann sibh	imíonn sibh	ceanAíonn sibh
they	fanann siad	imíonn siad	ceannAíonn siad

All verbs follow either the Type 1 or Type 2 pattern:

Type 1	déanann *makes/does*	fanann *stays*	itheann *eats*
	cuireann *puts*	fágann *leaves*	léann *reads*
	tugann *gives*	tagann *comes*	creideann *believes*
	ligeann *lets*	téann *goes*	tuigeann *understands*
	faigheann *gets*		

Type 2	éiríonn *gets up*
	oibríonn *works*
	imíonn *goes away*
	bailíonn *collects*
	críochnaíonn *finishes*
	tosaíonn *starts*

4 The negative marker ní and the question marker an

A negative statement is made by putting **ní**, which causes lenition, before the verb, and a question by putting **an**, which causes eclipsis, before it. (See Unit 13 for the past tense forms of these.)

Negative		**Question**	
Ní théim.	*I don't go.*	An dtéim?	*Do I go?*
Ní théann tú.	*You don't go.*	An dtéann tú?	*Do you go?*
Ní théann sé.	*He doesn't go.*	An dtéann sé?	*Does he go?*

Ní théann sí.	*She doesn't go.*	An dtéann sí?	*Does she go?*
Ní théann muid.	*We don't go.*	An dtéann muid?	*Do we go?*
Ní théimid.	*We don't go.*	An dtéimid?	*Do we go?*
Ní théann sibh.	*You don't go.*	An dtéann sibh?	*Do you go?*
Ní théann siad.	*They don't go.*	An dtéann siad?	*Do they go?*

Some examples of questions and answers are given here. There are no equivalents of *yes* and *no* in Irish; one echoes the verb instead. Almost any verb can be replied to by using the appropriate form of **déanann** (*does*) (just as in English one says *I do* or *I don't*).

An itheann tú cáis?	*Do you eat cheese?*
Ithim.	*Yes.* (lit. *I eat*)
Déanaim.	*I do.*
An bhfanann tú in óstán i gcónaí?	*Do you always stay in a hotel?*
Ní fhanaim.	*I don't* (*stay*).
Ní dhéanaim.	*I don't.*
An gceannaíonn tú páipéar nuachta?	*Do you buy a newspaper?*
Ní cheannaím.	*I don't* (*buy*).
Ní dhéanaim.	*I don't.*

5 Forms with pronouns and forms without pronouns

You have seen that one-word verbal forms are used when the subject is *I*, *we*, and two-word forms when other persons are involved:

```
téim    I go
téimid  we go
téann tú/sé/sí/sibh/siad   goes you/he/she/you (pl.)/they
```

This distinction of one-word and two-word forms acquires special importance in answering questions; the pronoun of the two-word form is normally dropped:

An dtéann tú abhaile go luath?	*Do you go home early?*
Téim.	*I go/I do.*
An dtéann tú a chodladh go luath?	*Do you go to bed early?*
Téim.	*I go/I do.*
An dtéann sibh ag obair go luath?	*Do you go to work early?*

Téimid	*We go/We do.*
An dtéann sé ag obair go luath?	*Does he go to work early?*
Téann.	*Goes/Does.*
An dtéann Seán agus Síle libh?	*Do Seán and Síle go with you.*
Téann.	*Goes/Does.*

However, the pronoun can be repeated in an emphatic answer, and it is then given equal stress with the verb:

An dtéann sí ann?	*Does she go there?*
Téann sí.	*She does (indeed).*
An dtéann Seán agus Síle libh?	*Do Seán and Síle go with you?*
Téann siad.	*They do (indeed).*

6 Cén ...? (what ...?)

This is a combination of **cé** (normally = *who?*) and **an** (*the*). The following word shows the normal effects of **an**, according to (*a*) its gender, and (*b*) the kind of sound it begins with:

No effect:	Cén post atá agat? *What is your job?*
	Post (*post, job*) is masculine and begins with a consonant.
T before a vowel:	Cén t-am é? *What time is it?*
	Am (*time*) is masculine and begins with a vowel.
Lenition:	Cén fhuinneog? *What window?*
	Fuinneog is feminine and begins with a lenitable consonant.
T before s:	Cén tslí bheatha atá agat? *What is your occupation?*
	Slí (*way*) is feminine and begins with s.

7 Putting a before verbs

Questions which begin with expressions such as **Cad?/Céard?** (*What?*), **Cé?** (*Who?*) and **Cén t-am?** (*What time*) require the verb to be preceded by **a**, which causes lenition:

Tosaíonn tú ...	*You begin ...*
Cén t-am a thosaíonn tú?	*What time (which) you begin?*
Críochnaíonn tú ...	*You finish ...*
Cén t-am a chríochnaíonn tú?	*What time (which) you finish?*
Déanann tú ...	*You do ...*

Céard a dhéanann tú?   *What (do) you do?*
Cé a bhí leat?   *Who was with you?*

Tá is not lenited, and **a** + **tá** are written **atá**:

Tá post agat, an bhfuil?   *You have a job, do you?*
Cén post atá agat?   *What job (is it which) you have?*

8 Go leor (enough, plenty)

This gives the English word *galore*. It is used in two ways in Irish: Before a noun to mean *enough, sufficient*. Nouns that have a distinct genitive case take that form after **go leor**:

bia	*food*	**go leor bia**	*enough food*
airgead	*money*	**go leor airgid**	*enough money*

After an adjective to mean *fairly*:

Éirím luath go leor.   *I get up fairly early.*
Téim a chodladh déanach go leor.   *I go to sleep fairly late.*
Tá mé tuirseach go leor.   *I am fairly tired.*

9 Expressions of time

(a) These indicate frequency:
uaireanta   *somtimes*
corruair   *sometimes*
anois is arís   *now and again*
ó am go ham   *from time to time*
go minic   *often*
de ghnáth   *usually*

(b) These indicate the sequence in which things are done:
ar dtús   *at first*
ansin   *then*
níos déanaí   *later*

(c) These refer to periods of the day:
ar maidin   *in the morning*
sa tráthnóna   *in the afternoon/evening*
istoíche   *at night*
san oíche   *at night*

10 Nouns ending in -ín

The ending **-ín** means *small*, *little*. It makes the final consonant of a noun slender.

tamall	*a while*	tamaillín	*little while*
capall	*horse*	capaillín	*pony*
fear	*man*	firín	*small man*
bean	*woman*	beainín	*small woman*

It is is often added to names to give familiar forms:

Séan	Séainín
Tomás	Tomáisín

Other words end in **-ín** but are not derived from any more basic word, and do not suggest smaller size:

cailín	*girl*
aintín	*aunt*
gairdín	*garden*
meaisín	*machine*

Some female names end with **-ín**:

Máirín	*Maureen*
Caitlín	*Cathleen*
Eibhlín	*Eileen*

✔ Cleachtadh

1   Cén t-am é i bPáras?
    Nuair atá sé a cúig a
    chlog i mBaile Átha
    Cliath, cén t-am é:

    i bPáras? (+ 1)
    i Moscó? (+ 3)
    i dTokyo? (+ 9)
    i Nua Eabhrac? (–5)

2   Programme signpost
The continuity announcer is looking ahead to the main programmes
of the afternoon and evening. It not necessary to understand
everything – just mark the missing programme times on the screen:
a Na cláir (*the programmes*):

An Aimsir
Séimí agus Páidí
Nuacht
Cúrsaí
Dráma na
Seachtaine

'Dia dhaoibh. Fáilte romhaibh isteach tráthnóna. Seo príomhchláracha an
lae. Beidh clár againn do pháistí ag ceathrú tar éis a trí – Séimí agus Páidí.
Beidh Nuacht againn daoibh ina dhiaidh sin, agus an Aimsir ag ceathrú tar
éis a sé. Beidh an clár polaitíochta "Cúrsaí" ag siúl ag a cúig tar éis a
seacht. Craolfar Dráma na Seachtaine ag fiche tar éis a hocht.'

Fáilte romhaibh tráthnóna.	**páiste** *child*
(You are) welcome this afternoon	**Beidh nuacht againn daoibh.**
príomhchláracha an lae *the*	*We'll have the news for you.*
main programmes of the day	**ar siúl** *on*
Beidh clár againn *We'll have a*	**craolfar** *will be broadcast*
programme	

b Can you work out which programme is:

i   for children?
ii   about current affairs?
iii a play?

3   Match the letters and numbers to make meaningful sentences:

a	Fágaim	**i**	ag leathuair tar éis a seacht
b	Téim	**ii**	ag a naoi a chlog
c	Éirím	**iii**	an teach ag a hocht a chlog

d Oibrím   **iv** ag an deireadh seachtaine
e Tosaím   **v** chuig an siopa roimh dhinnéar
f Ní oibrím   **vi** óna naoi go dtí a cúig a chlog

(deireadh seachtaine = *weekend*)

4 **Gnáthlá Áine** (*Áine's usual day*)
Describe Áine's day in her own words, e.g. Éirím ag a …

5 Ní + lenition. Complete the answers in the negative. Some require the plural form of the verb.

Example: An dtosaíonn tú ag obair go luath ar maidin? Ní thosaím. *Do you start work early in the morning? No.* (lit. *I don't start*)

a An dtéann tú chuig an siopa gach lá?
Ní _____. Téim ann ag an deireadh seachtaine.
b An itheann tú bricfeasta mór gach maidin?
Ní _____.
c An bhfanann sibh istigh san oíche?
Ní _____. Téimid amach minic go leor.
d An dtosaíonn sibh ag a naoi gach maidin?
Ní _____. Tosaímid ag a hocht de ghnáth.
e An gceannaíonn tú páipéar nuachta gach lá?
Ní _____.
f An mbailíonn tú stampaí?
Ní _____.
g An gcreideann tú é sin?
Ní _____.
h An dtuigeann tú an focal sin?
Ní _____ ró-mhaith é.

6 **Obair an lae** (*the day's work*)
Léigh é seo ar dtús (*read this first*):

Peadar is ainm dom. Tá mé i mo chónaí in árasán i mBaile Átha Cliath. Tá mé ag obair in oifig. Éirím ag leath i ndiaidh a seacht ar maidin. Oibrím óna naoi go dtí a cúig a chlog gach lá. Ní théim amach ag am lóin - ithim ceapaire san oifig ag ceathrú chun a haon agus léim an páipéar. Ní oibrím ag an deireadh seachtaine. Téim a chodladh de ghnáth timpeall méan oíche.

Try to complete these from memory:
a Éiríonn Peadar ag _____
b Tosaíonn sé ag obair ag _____
c Oibríonn sé óna _____ go dtí _____
d Itheann sé ceapaire san oifig ag _____
e Téann sé a chodladh de ghnáth timpeall _____

ceapaire	*sandwich*	**de gnáth**	*usually*

7 **An ...?** **Líon isteach na bearnaí thíos** (*fill in the gaps below*). **Ar dtús féach ar ais ar 5** (*first look back at Exercise 5*).

Remember the rules of eclipsis: An dt-
                                           gc-
                                           nd-
                                           mb-
                                           bhf-

a	An _____ tú tae?	Ólaim, cinnte.
b	An _____ tú páipéar nuachta gach lá?	Ceannaím.
c	An _____ tú do dhinnéar sa tráthnóna?	Déanaim.
d	An _____ tú chuig an siopa gach lá?	Téim, de ghnáth.
e	An _____ tú ag obair go luath ar maidin?	Tosáim ag a naoi a chlog.
f	An _____ tú ag an deireadh seachtaine?	Ní oibrím.
g	An _____ tú déanach san oifig?	Fanaim, ó am go ham.

Tuiscint 1

Cuairteoir Dia dhuit.
Bádóir Dia is Muire dhuit.
Cuairteoir Cén t-am a bheidh an bád ag fágáil?
Bádóir Ag a dó a chlog.
Cuairteoir An bhfuil bialann anseo?
Bádóir Tá, gairid don séipéal.
Cuairteoir Maith go leor. Beidh mé ar ais ar ball.

cuairteoir *visitor*	**gairid do** *close to*
bád *boat*	**an séipéal** *the chapel, church*
bialann *restaurant*	**ar ball** *later*

Ceisteanna

When does the next boat leave?
Does the visitor have time for lunch?

Tuiscint 2

This is a notice promoting an Irish-language radio station.
What were the dates and times of transmission when the advert appeared?

```
┌ ─ ─ ─ ─ ─ ─ ─ ─ ─ ┐
│ Raidió na         │
│ Life              │
│ 103FM             │
│                   │
│ ag craoladh ó stiúideo │
│ Bhord na Gaeilge ó 6.30 go │
│ dtí 10.30 gach oíche ón │
│ 19ú Deireadh Fómhair go │
│ dtí 1 Samhain.    │
│        Comharchumann │
│        Raidió Átha Cliath │
└ ─ ─ ─ ─ ─ ─ ─ ─ ─ ┘
```

(from *Saol*, Deireadh Fómhair, 1991)

| **ag craoladh** | *broadcasting* | **comharchumann** | *co-operative* |

8 | CÉ LEIS É SEO?
Who does this belong to?

In this unit you will learn how to

■ talk about your personal possessions (clothes, books, records, etc.)
■ describe other people
■ express likes and dislikes

Cé leis . .?   *Who owns . .?*
Is liomsa é seo.   *This is mine.*
An leatsa é seo?   *Is this yours?*
Is liom.   *Yes.*
Ní liom.   *No.*
Is maith liom ...   *I like ...*
Ní maith liom ...   *I don't like ...*

Comhrá 1

Aoife visits Dónall at his house.

Dónall   Dia dhuit, a Aoife. Tar isteach. Bain díot do chóta.
Aoife   Go raibh maith agat. Is maith liom an seomra seo. Tá sé go
   hálainn.
Dónall   Is breá liomsa é freisin, mar tá solas breá ann.
(Dónall puts on some music)
Aoife   Cé leis na dioscaí agus na téipeanna go léir?

Dónall   Liomsa agus le mo dheirfiúr an chuid is mó díobh. Is léise na
cinn chlasaiceacha. Is le m'athair cuid díobh freisin – na cinn
jazz. Tá tuilleadh i seomra eile.
Aoife   Éisteann sibh le mórán ceoil, mar sin.
Dónall   Éistimid. Is mac léinn ceoil í mo dheirfiúr.
Aoife   Ó, an ea? Ní raibh a fhios agam é sin. Cén uirlis a sheinneann
sí?
Dónall   Seinneann sí an veidhlín go maith, agus an pianó, ar ndóigh.

bain díot *take off*	**an chuid** (f) **is mó díobh** *the*
mar *because*	*greater part of them*
le *with* (here meaning possession –	**cuid díobh** *some of them*
see **Gramadach** on page 120)	**tuilleadh** *more*
diosca (m) *disc*	**uirlis** (f) **(ceoil)** *(musical)*
téip (f) *tape*	*instrument*
le mo dheirfiúr (f) *my sister's (lit.*	**go maith** *well*
with my sister)	**ar ndóigh** *of course*

Is fíor/ní fíor?

a Is maith le deirfiúr Dhónaill an ceol clasaiceach.
b Seinneann sí an pianó.

Comhrá 2

Eibhlín is in a clothes shop, looking for a present for a friend.

Eibhlín	Tá mé ag lorg bronntanais do chara dom.
Freastalaí	Céard atá ar aigne agat?
Eibhlín	Bhí mé ag smaoineamh ar bhlús.
Freastalaí	Cén uimhir agus cén dath?
Eibhlín	Uimhir a hocht, agus rud ar bitt ach uaine, mar ní maith léi éadaí uaine.
Freastalaí	Cén dath atá ar a cuid gruaige?
Eibhlín	Gruaig fhionn atá uirthi.
Freastalaí	Ceann gorm mar sin, nó liath.
Eibhlín	Oireann rudaí gorma di, is dóigh liom.
Freastalaí	Céard a shíleann tú de seo?
Eibhlín	Is maith liom é sin.

---

ag lorg	*looking for*	**a cuid** (f) **gruaige** (f)	*her hair*
bronntanas (m)	*present*	**Gruaig** (f) **fhionn atá uirthi.**	
do chara (m) **dom**	*for a friend of mine*	*She has fair/blond hair.*	
ar aigne (f)	*in mind*	**gorm**	*blue*
ag smaoineamh ar	*thinking of*	**oireann...do**	*suits*
uaine	*green*	**síleann...de**	*thinks of*

Is fíor/ní fíor?

a Caitheann cara Eibhlín uimhir a hocht.
b Tá gruaig liath ar a cara.

Comhrá 3

Caitríona	Tá buachaill nua ag Áine.
Máiréad	An bhfuil? Cén cineál duine é?
Caitríona	Fear breá ard. Tá gruaig dhubh air, agus féasóg.
Máiréad	An bhfuil sé go deas?
Caitríona	Tá sé ciúin, agus an-chúirtéiseach, ach tá sé taitneamhach.
Máiréad	Cén t-ainm atá air?
Caitríona	Niall Ó Ceallaigh is ainm dó.

Máiréad   Cén tslí bheatha atá aige?
Caitríona   Is státsheirbhíseach é. Tá sé ag obair sa Roinn Oideachais.

buachaill (m) *boy (here, boyfriend)*	**taitneamhach** *pleasant*
féasóg (f) *beard*	**státsheirbhíseach** (m) *civil servant*
ciúin *quiet, reserved*	**roinn** (f) *department*
cúirtéiseach *polite, courteous*	**oideachas** (m) *education*

Ceist
Cén cineál duine é Niall?

 # Comhrá 4

 Bean Uí Chonaill   Is maith liom do chuid criostail.
Bean Uí Mhathúna   Go raibh maith agat. Taitníonn gloine go mór liom agus ceannaím píosa anois is arís, ach is le m'iníon cuid díobh.
Bean Uí Chonaill   Conas sin?
Bean Uí Mhathúna   Imríonn sí mórán spóirt, go háirithe leadóg. Is breá léi leadóg agus buann sí duaiseanna criostail ó am go ham.

criostal (m) *crystal, glassware*	**imríonn** *plays*
do chuid criostail *your glassware*	**go háirithe leadóg** *especially tennis*
gloine (f) *glass*	**buann** *wins*
ceannaím *I buy*	**duais** (f) *prize*
anois is arís *now and again*	**ó am** (m) **go ham** *from time to time*
Conas sin? *How is that?*	

Ceist
Cén spórt a imríonn iníon Bhean Uí Mhathúna?

❋ Pointí eolais

1 Baill éadaigh *(items of clothing)*

léine (f) *shirt*		**seaicéad** (m) *jacket*	
blús (m) *blouse*		**geansaí** (m) *pullover*	
cóta (m)**/casóg** (f) *coat/jacket*		**treabhsar/bríste** (f) *trousers*	
(including sports jacket)		**sciorta** (m) *skirt*	
culaith (f) **(éadaigh)** *suit (of*		**gúna** (m) *dress*	
clothes)		**stoca(í)** (m) *stocking(s)*	

2 Dathanna *(colours)*

dearg *red*		**dubh** *black*	
buí *yellow/orange*		**bán** *white*	
uaine/glas *green*		**liath** *grey*	
gorm *blue*		**donn** *brown*	
corcra *purple*		**fionn** *fair (of hair)*	

Glas refers to grass and plants, **uaine** to manufactured things.

Dorcha (*dark*) or **éadrom** (*light*) may be placed before colours:
dorcha donn   dark brown
éadrom gorm   light blue

3 Words describing people

Appearance	**Personality**
ard *tall*	**taitneamhach** *pleasant*
íseal *short*	**gránna** *unpleasant, rude*
ramhar *fat*	**croíúil** *cheerful* (**croí** = *heart*)
tanaí *thin*	**cineálta** *kind*
láidir *strong*	**macánta** *honest, mild-mannered*
lag *weak*	**cúirtéiseach** *polite* (**cúirtéis** = *courtesy*)
	foighneach *patient* (**foighne** = *patience*)
	meabhrach *intelligent* (**meabhair** = *mind*)
	éirimiúil *intelligent*
	cliste *dexterous, smart*
	dáiríre *sincere*
	tuisceanach *understanding, considerate*
	díograiseach *diligent*
	dílis *loyal*
	stuama *level-headed*

Several of the adjectives describing personality have opposites indicated by **mí-** or **neamh-**:

mí-mhacánta *dishonest* **neamh**thuisceanach *inconsiderate*
mí-chúirtéiseach *discourteous* **mí-**fhoighneach *impatient*

Gramadach

1 Is liom *(I own/It's mine)*

The phrase **is le** (lit. *is with*) is used to indicate ownership:

Is le Séan an carr sin. *That car belongs to Seán.*

Le puts an **h** before a word beginning with a vowel:

Is le hÁine an cóta seo. *This coat belongs to Áine.*

When the personal forms of **le** (*with*) are used you have:

Is liom an leabhar sin. *That book is mine.*
Is leat é seo, is dócha. *This is yours, presumably.*
Is leis an rothar. *The bike is his.*
Is léi na leabhair. *The books are hers.*
Is linn an pháirc seo. *This field is ours.*
Is libh iad seo, nach ea? *These are yours, aren't they?*
Is leo an fheirm sin. *That farm belongs to them.*

These personal forms are reinforced to **liomsa, linne, leis-sean, léise, linne, libhse, leosan** when they are being emphasised, or contrasted with one another. This is very often the case. **Is** is optional before these reinforced forms.

(Is) liomsa an leabhar seo. *This book is mine.*
Ní liomsa é. *It isn't mine.*
(Is) liomsa é seo agus is *This is mine and that is yours.*
  leatsa é sin.
(Is) **leis-sean** é. *It is his.*
Ní **léise** iad. *They aren't hers.*
(Is) **linne** an talamh seo. *This land is ours.*

Here is how you ask if somebody owns something.

An **leatsa** an cóta seo? *Is this coat yours?*
Is liom. Go raibh maith agat. *Yes. Thanks.*
Ní liom. Is le Máire é. *No. It's Mary's.*

| An leatsa na bróga dubha? | *Are the black shoes yours?* |
| Ní liom. Is liomsa na cinn bhuí. | *No. The tan ones are mine.* |

2 Cé leis ...? *(whose is ...?)*

You can ask who something belongs to by putting this phrase, which literally means *who with?*, before it:

Cé leis an mála seo?	*Who does this bag belong to?*
Is liomsa é.	*It's mine.*
Ní liomsa é.	*It isn't mine.*

Notice that **cé leis** is also used for *who with* in the literal sense:

Cé leis a raibh tú ag caint?	*Who were you talking to?*
Le cara dom.	*To a friend of mine.*
Leis an sagart.	*To the priest.*

3 How to say 'likes'

An idiom based on the adjective **maith** (*good*) and the preposition **le** (*with*) is commonly used in the sense *to like*. To say, for instance, *Sheila likes music* you use a phrase which literally means *music is good with Sheila*. To form negative statements or questions substitute **ní, an** or **nach** for **is**:

Is maith le Síle ceol.	*Sheila likes music.*
Ní maith le Síle ceol.	*Sheila doesn't like music.*
An maith le Síle ceol?	*Does Sheila like music?*
Nach maith le Síle ceol?	*Doesn't Sheila like music?*

Some related expressions are formed by substituting other words for **maith**:

| Is breá liom é. | *I love it.* (**breá** = *fine*). |
| Is fuath liom é. | *I hate it.* (**fuath** = *hatred*) |

4 Replying to An maith le ...?

Remember that as there is no *yes* or *no* in Irish, a reply echoes the question. However, it drops the reference to the person:

An maith le Síle ceol?	
Is maith.	*Yes.* (lit. *does like*)
Ní maith.	*No.* (lit. *doesn't like*)

An maith leat spórt?
Is maith, cinnte. *Yes, indeed.*
Ní maith ar chor ar bith. *No, (not) at all.*

A more enthusiastic form of reply substitutes **is breá le** (*loves*) for **is maith le** (*likes*). Such a reply takes a longer form:

An maith leat spórt?
Is breá liom é. *I love it.*

This phrase **is breá le** (*loves*) can also be used as a statement is its own right but never in a question or negative sentence.

Is breá liom siúl. *I love walking.*
Is breá liom peil. *I love football.*
Is breá liom ceol. *I love music.*

5 Taitníonn le *(pleases)*

This verb is often used to mean *likes*. (See also section 3, on page 121.)

Taitníonn ceol le Máire. *Máire like music* (or *music pleases Máire*)
Is maith léi ceol. *She likes music.*
Taitníonn spórt go mór liom. *I like sport a lot* (**go mór** *greatly*).
Is maith liom spórt. *I like sport.*
Ní **thaitníonn** spórt liom. *I don't like sport.*
An **dtaitníonn** peil leat? *Do you like football?*

6 The plural forms of adjectives

There are several ways of putting adjectives in the plural form.

(*a*) The most common is to add **-a** after a broad consonant or **-e** after a slender consonant

bán white	**éadaí**	**bána** white	clothes
dubh black		**dubha** black	
gorm blue		**gorma** blue	
daor expensive		**daora** expensive	
deas nice		**deasa** nice	
compordach comfortable		**compordacha** comfortable	
mín smooth, fine		**míne** smooth, fine	
tirim dry		**tirime** dry	

bocht *poor*	**daoine**	**bochta** *poor*	*people*
ciallmhar *sensible*		**ciallmhara** *sensible*	
ciúin *quiet*		**ciúine** *quiet*	

However, **a** or **e** sometimes causes the loss of the previous vowel (e.g. **ir** changes to **re** and **ar** to **ra**):

saibhir *rich*	**daoine**	**saibhre** *rich people*	
láidir *strong*		**láidre** *strong*	
bodhar *deaf*		**bodhra** *deaf*	
ramhar *fat*		**ramhra** *fat*	
folamh *empty*	**tithe**	**folmha** *empty houses*	

(*b*) **-úil** becomes **-úla**

leisciúil *lazy*	**daoine leisciúla** *lazy people*
flaithiúil *generous*	**daoine flaithiúla** *generous people*
áisiúil *useful, handy*	**rudaí áisiúla** *useful things*

(*c*) The great majority of adjectives which end with a vowel do not change

stocaí uaine *green socks*
stocaí fada *long*
stocaí buí *yellow*

7 Irregular plural forms of adjectives

Some adjectives show additional changes in the plural:

álainn *beautiful*	**pictiúir áille** *beautiful pictures*
uasal *noble*	**daoine uaisle** *aristocrats*
íseal *low*	**fallaí ísle** *low walls*
te *hot*	**cístí teo** *hot cakes*
breá *fine*	**laethanta breátha** *fine days*

8 Lenition after masculine nouns in the plural

You have already learnt that feminine nouns lenite a following adjective, except in the plural. Compare these:

an oifig **mhór**	*the big office*
na hoifigí **móra**	*the big offices*

The opposite is true of some masculine nouns, namely those which end in a slender consonant in the plural. These plural nouns lenite adjectives, as shown on the right.

No lenition of adjective	**Lenition of adjective**
an teach mór *the big house*	an bád mór *the big boat*
na tithe móra *the big houses*	na báid **mh**óra *the big boats*

Here are some more examples:

an ceann gorm	*the blue one*	na cinn **gh**orma	*the blue ones*
an fear mór	*the big man*	na fir **mh**óra	*the big men*
an carr beag	*the small car*	na cairr **bh**eaga	*the small cars*

9 Forming adverbs of manner from adjectives

You saw in Unit 6 that some adjectives require **go** before them when they are used with **tá** (is):

Tá sé seo go maith.	*This is good.*
Tá an dinnéar seo go dona.	*This dinner is bad.*

When referring to verbs **go** forms an adverb of manner, describing how an action is done. It puts **h** before a vowel:

Seinneann sí go maith.	*She plays well.*
Canann ...	*...sings...*
Labhrann...	*...speaks...*
Ólann sé go trom.	*He drinks heavily.*
Ní chodlaím go maith.	*I don't sleep well.*
Codlaíonn tú go han-mhaith.	*You sleep very well.*
Tá sé ag obair go dian.	*He is working hard.*

10 De (of)

This preposition causes lenition:

an dara lá de **Bh**ealtaine	*the second (day) of May*
píosa de **dh**ráma	*a portion of a play*
iasacht de **c**harr	*a loan of a car*
lán de **dh**aoine	*full of people*

Remember though that the *of* relation between two nouns must often be shown by putting the second in the genitive case:

| leabhar filíoch**ta** | a book of poetry (**filíocht** = *poetry*) |
| mórán airg**id** | a lot of money (**airgead** = *money*) |

Here are the personal forms:

---

díom *of me*	**dínn** *of us*
díot *of you*	**díbh** *of you*
de *of him/it*	**díobh** *of them*
di *of her*	

Here are some further examples:

ceann **de** na tithe	*one of the houses*
duine **de** mo chairde	*one of my friends* (**cara** = *friend*)
cuid **den** obair	*some of the work* (**den** = **de** + **an** *the*)
Cad a cheapann tú **de**?	*What do you think of it* (or *him*)?
Tá mé tuirseach **díobh**.	*I am tired of them.*
An bhfuil tú cinnte **de** sin?	*Are you sure of that?*

The combination **den** (*of the*) lenites consonants other than **d**, **t** and **s**:

| cuid den cheol | *some of the music* |

Notice that *one of* is **ceann de** with reference to things and **duine de** with reference to people. **De** sometimes corresponds to *off* or *from*:

| Bain **díot** do chóta. | *Take off your coat.* |
| Bain **de** é sin. | *Take that (away) from him.* |

11 Cuid (part, portion)

This is a feminine noun which is followed either by the genitive case:

| **cuid** mhaith **airgid** | *a good amount of money* |

or by **de** (*of*), when the noun is preceded by **an/na** (*the*).

| cuid den airgead | *some of the money* (**den** = **de** + **an**) |
| cuid de **na** daoine | *some of the people* |

Note also **cuid díobh** (*some of them*), which can alternatively be **cuid acu** (*some of them*); **cuid againn** means *some of us*.

The expression for *most of* is **an chuid is mó de** (lit. *the part which is greatest of*):

Tá **an chuid is mó de** na daoine anseo.	*Most of the people are here.*
Tá **an chuid is mó den** obair déanta.	*Most of the work is done.*

Mo chuid (*my portion of*) is used instead of **mo** (*my*) before nouns which refer to an indefinite mass or quantity of something:

ag cur **mo chuid** ama amú	*wasting my time* (**cuireann amú** = *puts astray*)
mo chuid airgid	*my money*
a chuid leabhar	*his books*
a cuid gruaige	*her hair*

The plural forms consist of **ár** (*our*), **bhur** (*your*), **a** (*their*) (all three causing eclipsis), combined with **cuid**:

ár gcuid ama	*our time*
bhur gcuid airgid	*your money*
a gcuid leabhar	*their books*

12 Expressing quantity

Words for quantities put singular nouns in the genitive case:

Tá go leor ama againn.	*We have plenty of time.*
Níl a lán ama againn.	*We don't have a lot of time.*
Tá beagán airgid aige.	*He has a small bit of money.*
Níl mórán airgid agam.	*I don't have much money.*

If a noun forms its plural by making the final consonant slender (e.g. **leabhar** (m) *book*, **leabhair** *books*) or by adding **-a** (**úll** (m) *apple*, **úlla**, *apples*) the basic form is used with plural meaning after quantities:

Tá roinnt leabhar agam.	*I have some books.*
Tá a lán leabhar agam.	*I have a lot of books.*
Tá mórán leabhar agam.	*I have many books.*
Tá tuilleadh leabhar agam.	*I have more books.*

This use of the apparent singular form with plural meaning is called the genitive plural. It is dealt with further in Unit 17.

Otherwise the regular plural form is used:

Tá mórán múinteoirí ann.   *There are many teachers there.*
Tá a lán ranganna agam.   *I have a lot of classes.*

There are three ways of saying *all*, and they follow the noun.

Tá na dioscaí **ar fad** anseo. ⎫
Tá na dioscaí **go léir** anseo. ⎬   *All the discs are here.*
Tá na dioscaí **uile** anseo. ⎭

Recall that this is the usual position for adjectives, and it is not confined to the above:

na leabhair seo   *these books*
na leabhair sin   *those books*
na leabhair eile   *the other books*
na leabhair mhóra   *the big books*

Compare **ar fad**, etc. (*all*) with **gach** (*each, every*) which is put before a singular noun:

Tá **gach** diosca anseo.   *Every disc is here.*
Tá **gach** ceann de na leabhair   *Every one of the books is there.*
  ann.

◢ Cleachtadh

1 Find the word that doesn't fit in each of these lists:

  a dubh, gorm, daor, glas, dearg
  b léine, geansaí, cóta, rud, sciorta

2 Possession
  Líon isteach na bearnaí.

  a A. Cé leis na dioscaí go léir?
      Is _____ Tomás iad.
  b A. An leatsa an chasóg seo?
      _____ _____ Go raibh maith agat.
  c A. An leatsa an mála bán?
      _____ _____ Ceann gorm atá agamsa.

3   Likes and dislikes

Use the information in the grid to make conversations as in the examples below. (✓ = like; ✗ - dislike)

	SPÓRT	CEOL	SIÚL
Proinnsias	✓ (peil)		
Orla		✓ (clasaiceach)	
Dáithí	✗ (leisciúil)		
Cáit			✗ (bacach)

a	– An maith leat sport?
Proinnsias	Is maith, cinnte.
	– Cén sórt spóirt?
Proinnsias	Is breá liom peil.
b	– An maith leat siúl?
Cáit	Ní maith.
	– Cén fáth?
Cáit	Tá mé bacach faoi láthair.

Now imagine the interviews with Orla and Dáithí.

4   Complete this text about what the people above like or don't like:

a   Taitníonn _____ le Proinnsias. Is breá _____ peil.
b   Taitníonn ceol _____ Orla. Is breá _____ ceol clasaiceach.
c   Ní _____ spórt le Dáithí mar tá sé leisciúil.
d   _____ _____ siúl le Cáit mar tá sí bacach faoi láthair.

5   Make likely combinations of nouns and adjectives:

duine   gorm
blús   ard
cóta   bocht
gruaig   folamh
fear   fionn
teach   fada

6 Put these in the plural form:

    a an fear mór
    b an stoca gorm
    c an leabhar fada
    d an bhean leisciúil

7 Using **de**
Reorder these jumbled sentences:

    a chóta díot bain do
    b mé de tá tuirseach
    c tú a shíleann de cad
    d anseo cuid tá de daoine na

8 Using **cuid**
Join up the left- and right-hand columns to make sentences:

a	Beidh cuid	**i**	a chuid airgid sa bhanc.
b	Tá cuid	**ii**	ag cailleadh a chuid gruaige.
c	Tá Pól	**iii**	mo chuid dioscaí.
d	Cuireann Seoirse	**iv**	de na daoine déanach don chóisir.
e	Seo	**v**	díobh anseo cheana.

ag cailleadh	losing	**cheana**	already
déanach	late	**cóisir** (f)	party

⑦ Tuiscint

These are notices about activities in a **Gaeltacht** parish. When and where are the activities on?

a Keep fit classes
b Annual dinner dance
c Cards
d Bingo

Keep fit   San Ionad Pobail oíche Dé Luain an 17ú Feabhra agus gach
oíche Luain ina dhiaidh sin ag 7.00 p.m.

> Beidh an Dinnéar agus Damhsa bliantúil
> in Óstán Highlands
> Oíche Dé hAoine, ag tosú ag 9.00 p.m.
> Ticéid le fáil ó Shadhbh (342161)
> nó ón Athair Ó Gallchóir (32648)
> Beidh bus ar fáil.

Imirt   San Ionad Pobail gach Satharn ag a 8.30 p.m.
chártaí '25'

Bingo   Oíche Dé Domhnaigh san Ionad Pobail ag 8.00 p.m. Fáilte
romhaibh uile.

9 | CÉN CAITHEAMH AIMSIRE A BHÍONN AGAT?
What pastime do you have?

In this unit you will learn how to

■ talk about leisure activities

Bím ag imirt leadóige.	*I (often) play tennis.*
Imrím cluiche leadóige uaireanta.	*I sometimes play a game of tennis.*
An féidir leat ... ?	*Are you able to ... ?*
Is féidir.	*Yes.*
Ní féidir.	*No.*
Cén cineál ceoil?	*What kind of music?*
Cén cineál spóirt?	*What kind of sport?*
Is fearr liom ... ná ...	*I prefer ... to ...*

The secretary of a residential language course asks a number of participants about their pastimes.

Agallamh 1

Rúnaí	Gabh mo leithscéal. An bhfuil nóiméad agat?
Pádraig	Tá.
Rúnaí	Tá mé ag lorg eolais faoi chaitheamh aimsire.
Pádraig	Maith go leor.
Rúnaí	Cén caitheamh aimsire a bhíonn agatsa?
Pádraig	Bím ag imirt gailf agus imrím cluiche leadóige uaireanta.
Rúnaí	An féidir leat snámh?

Pádraig Is féidir.
Rúnaí Tá linn snámha anseo, tá a fhios agat.
Pádraig An-mhaith.
Rúnaí Agus cad is ainm duit?
Pádraig Pádraig Ó Dónaill is ainm dom.

Gabh mo leithscéal (m). *Excuse me. (lit. Take my excuse)*	**Bím ag imirt gailf.** *I (regularly) play golf.*
Tá mé ag lorg eolais (m). *I am seeking information.*	**Agus imrím cluiche leadóige uaireanta.** *And I play a game of tennis sometimes.*
faoi chaitheamh (m) **aimsire** (f) *about pastimes (lit. about spending of time)*	**snámh** (m) *swimming*
Cén caitheamh aimsire a bhíonn agat? *What pastime do you have?*	**linn snámha** *a swimming pool* **tá a fhios agat** *you know* **an-mhaith** *very good*

Agallamh 2

Rúnaí Agus tú féin? Cén caitheamh aimsire a bhíonn agatsa?
Deirdre Bím ag éisteacht le ceol, agus téim ag siúl go minic.
Rúnaí Cén cineál ceoil?
Deirdre Ceol clasaiceach agus ceol traidisiúnta.
Rúnaí An bhfuil tú in ann canadh?
Deirdre Tá, réasúnta maith.
Rúnaí Beidh seans agat canadh ag an Oíche Cheoil mar sin.
Deirdre Maith go leor.
Rúnaí Cathain a théann tú ag siúl?
Deirdre Ag an deireadh seachtaine, nuair a bhíonn an t-am agam.
Rúnaí Agus d'ainm?
Deirdre Deirdre Ní Mháille.

Agus tú féin *And yourself*	**Beidh seans** (m) **agat.** *You'll have a chance (or opportunity).*
Cén caitheamh aimsire a bhíonn agatsa? *What pastime do you have?*	**Cathain a théann tú ag siúl?** *When do you go walking?*
... téim ag siúl go minic ... *I go walking often.*	**nuair a bhíonn an t-am** (m) **agam** *when I have time*
clasaiceach, traidisiúnta *classical, traditional*	**Agus d'ainm** (m), **más é do thoil é?** *And your name, please?*
in ann canadh *able to sing*	

Agallamh 3

Rúnaí	Cén caitheamh aimsire is fearr leat féin?
Máiréad	Bhuel, bím ag féachaint ar an teilifís agus téim chuig na pictiúir anois is arís.
Rúnaí	Feicim. Agus cén sórt cláir a thaitníonn leat?
Máiréad	Is fearr liom cláir ghrinn ná aon sórt eile cláir.
Rúnaí	Agus cén t-ainm atá ort?
Máiréad	Máiréad Nic Gearailt.

Cén caitheamh aimsire is fearr leat féin? *What pastime do you prefer?*
Bhuel, bím ag féachaint ar an teilifís (f) *Well, I watch television*
... agus téim chuig na pictiúir (m) *... and I go to the pictures*
anois is arís *now and again*
Feicim *I see*
Agus cén t-ainm atá ort? *And what's your name?*

Ceisteanna

Tick the pastimes of Pádraig, Deirdre and Máiréad:

	CEOL	NA PICTIÚIR	TEILIFÍS	SPÓRT
Pádraig	_____	_____	_____	_____
Deirdre	_____	_____	_____	_____
Máiréad	_____	_____	_____	_____

Gramadach

1 The present habitual of tá

The English verb *to be* can refer either to something that is happening at the moment of speaking or to something that happens regularly. Therefore the same form *I am* is used in *I am at home now* and *I am (usually/normally) at home on Mondays*. The Irish equivalents of these sentences require two different forms of **tá** (*is*), namely the ordinary present **tá mé** (*I am*) and a special 'habitual' present **bím** (*I regularly am*). You also meet a one-word alternative to **tá mé**:

Táim sa bhaile anois. *I am at home now.*

Bím sa bhaile ar an Luan.	*I am at home on Mondays.*
Bím sa bhaile uaireanta ar an Luan.	*I am sometimes at home on Mondays.*
Bím sa bhaile de ghnáth ar an Luan.	*I am usually at home on Mondays.*
Bím sa bhaile i gcónaí ar an Luan.	*I am always at home on Mondays.*

As you can see, any degree of recurrence over a considerable period of time, be it frequent or infrequent, requires the habitual form. The full set of present habitual forms of **tá**, translated here for convenience as *tends to be*, is as follows:

bím	*I tend to be*	**bímid**	*we tend to be*
bíonn tú	*you tend to be*	**bíonn sibh**	*you tend to be*
bíonn sé	*he tends to be*	**bíonn siad**	*they tend to be*
bíonn sí	*she tends to be*		

Typical uses of these are:

Bím anseo gach lá.	*I am here every day.*
Bím ar saoire i Mí Lúnasa.	*I am on vacation in August (annually).*
Bíonn sé go breá anseo.	*It tends to be fine here.*
Bíonn an aimsir go breá sa Spáinn.	*The weather tends to be good in Spain.*
Bíonn an bia go deas anseo.	*The food is (invariably) nice here.*
Ní **bhíonn** ocras orm ar maidin.	*I don't feel hungry in the morning.*
Bíonn sé tinn go minic.	*He is often sick.*
Bíonn siad déanach i gcónaí.	*They are always late.*
Bíonn céilí anseo ar an Aoine.	*A céilí is held here on Fridays.*
Bíonn Aifreann anseo ar a deich.	*Mass takes place here at ten.*

The distinction between **tá** and **bíonn** is very important in Irish and needs to be mastered. However, the basis for it is not difficult to understand and with practice it sinks in.

2 Using bíonn with the verbal noun: the habitual progressive

Corresponding to **táim/tá mé ag obair** (*I am working*) one may say **bím ag obair** (*I tend to be working, I regularly work*). Further examples are:

Bím ag obair san oíche.	*I work nights.*
Bím ag féachaint ar an teilifís sa tráthnóna.	*I watch television in the evening.*
Bím ag imirt leadóige ar an Satharn.	*I play tennis on Saturdays* (for much of the day).

These can be more literally translated as *I tend to be working at night/watching television in the evening/playing tennis on Saturdays*. The activites involved last a good while. Recurrent events of briefer duration, including single games, are referred to using the simple present form of the verb, which has habitual meaning (as in English):

Féachaim ar an nuacht gach tráthnóna.	*I watch the news every evening.*
Imrím cluiche leadóige gach tráthnóna.	*I play a game of tennis every evening.*
Imrím cluiche leadóige uaireanta.	*I play a game of tennis sometimes.*
Ceannaím páipéar nuachta gach maidin.	*I buy a newspaper every morning.*
Léim an páipéar gach tráthnóna.	*I read the paper every evening.*

3 How to say 'I prefer'

You substitute **fearr** (*better*) for **maith** (*good*) in the phrase for liking (see Unit 8) above (giving the equivalent of *is better with me*). In expressing a preference for one thing over another use **ná** (*than*):

Is **fearr** liom tae ná caife.	*I prefer tea to coffee.*
Is **fearr** liom iománaíocht ná peil.	*I prefer hurling to football.*
Is **fearr** liom siúl ná snámh.	*I prefer walking to swimming.*
Is **fearr** liom drámaí ná scannáin.	*I prefer plays to films.*

4 Faoi *(under, about)*

The basic meaning of this preposition is *under*, but it also means *about*. It is followed by lenition:

eolas **faoi** cheol — *information about music*
eolas **faoi** spórt — *information about sport*

5 Nouns following the verbal noun

A noun which immediately follows the verbal noun appears in the genitive case (if it has one):

galf (m)	*golf*	ag imirt gailf	*playing golf*
peil (f)	*football*	ag imirt peile	*football*
leadóg (f)	*tennis*	ag imirt leadóige	*playing tennis*
iománaíocht (f)	*hurling*	ag imirt iománaíochta	*hurling*
eolas (m)	*information*	ag lorg eolais	*seeking information*
airgead (m)	*money*	ag lorg airgid	*seeking money*
obair (f)	work	ag lorg oibre	*seeking work*
lóistín (m)	*accommodation*	ag lorg lóistín	*seeking accommodation*

(See Unit 4.4.)

6 How to say 'Can you ...?' and 'I can'

The phrase **is féidir le** (lit. *is possible with*) expresses ability:

Is féidir liom tiomáint.	*I can drive.* (lit. *Driving/to drive is possible with me*)
Ní féidir liom canadh.	*I can't sing.*
An féidir leat snámh?	*Can you swim?*
Is féidir.	*Yes.* (lit. *is possible*)
Ní féidir.	*No.* (lit. *isn't possible*)

Notice that **le** is dropped in replies.

A more idiomatic way of asking *Can you swim?* is:

An bhfuil snámh agat? — (lit.) *Do you have swimming?*

This construction is also used in:

An bhfuil ceol agat? — *Can you play music?*

Two simpler expressions meaning *able to* are **ábalta** and **in ann**:

An bhfuil tú **in ann** tiomáint?	*Can you drive?*
Níl mé in ann tiomáint.	*I can't drive.*
Ní raibh mé **in ann** siúl.	*I wasn't able to walk.*
An bhfuil tú **ábalta** snámh?	*Can you swim?*
Níl mé **ábalta** dul ann.	*I can't go there.*

7 Cén cineál ... *(What kind (of) ...)*

This phrase is followed by the genitive case:

ceol	*music*	Cén cineál ceoil?	*What kind of music?*
clár	*programme*	Cén cineál cláir?	*What kind of programme?*
eolas	*information*	Cén cineál eolais?	*What kind of information?*
post	*a job*	Cén cineál poist?	*What kind of job?*
aimsir	*weather*	Cén cineál aimsire?	*What kind of weather?*

Alternative forms of this question are **Cén sórt?** and **Cén saghas?** The three forms belong to different dialects but are used interchangeably by many people who have learnt Irish as a second language (giving a choice like that in English between *What kind/sort/type?*).

8 Stating and asking 'When'

You ask *when?* differently according to whether the clock or the calendar is meant:

Cén t-am a bheidh tú saor?	*When will you be free?*
Ag a haon a chlog.	*At one o'clock.*
Ag am lóin.	*At lunchtime.*
Cathain a bheidh tú ar saoire?	*When will you be on holidays?*
I Mí Iúil.	*In July.*
I gceann seachtaine.	*In a week's time.*

When a statement rather than a question is involved one uses **nuair a**:

Bhí mé ann **nuair a** bhí mé óg.	*I was there when I was young.*
Beidh mé leat **nuair a** bheidh mé saor.	*I'll be with you when I'm free.*
Téim ag siúl **nuair a** bhíonn an t-am agam.	*I go out walking when I have the time.*

9 Putting *a* before the verb (continued)

You saw in Unit 7 that question words such as **cad?** or **céard?** (*what?*) require the verb to be preceded by **a** (+ lenition). You can see above that other words, such as **cathain?** (*when?*), **nuair** (*when*) also require **a**. This **a** also corresponds to *which* and *who* in English relative clauses, as in these examples:

an obair **a** dhéanaim	*the work* which *I do*
an ceol **a** thaitníonn liom	*the music* which *I like*
an duine **a** bhí ann	*the person* who *was there*

A + tá gives **atá**:

an cluiche **atá** ar siúl. *the game which is in progress*

The copula **is** does not change shape in relative clauses:

Is fearr liom an dath sin. *I prefer that colour.*
Sin an dath **is** fearr liom. *That is the colour which I prefer.*

Clauses introduced by **a** in Irish are more frequent than English relative clauses, for two reasons. One is that question words require them, as you have seen. The other is that when a word or phrase is brought to the beginning of the sentence for emphasis (as is very often done) the verb must be preceded by **a**. Compare these:

Cén sort cairr **atá** agat? *What kind of car do you have?*
Carr dearg **atá** agam. *The car I have is a red one.*
Cén cineál tinnis **atá** ort? *What kind of ailment do you have?*
Tinneas cinn **atá** orm. *A headache is what's bothering me.*

Cén dath **atá** ar a casóg? *What colour is her coat?*
Casóg bhán **atá** uirthi. *It's a white coat she is wearing.*
Cé **atá** amuigh? *Who is outside?*
Tomás **atá** amuigh. *It's Tom who is outside.*

10 More on the genitive case

(*a*) Some masculine nouns which form the genitive case by making the last consonant slender also change **ea** to **i**.

fear	*man*	éadach fir	*men's clothing* (lit. *clothes of a man*)
greann	*humour*	clár grinn	*a humorous programme*
		scannán grinn	*a comedy film*
ceann	*head*	tinneas cinn	*a headache*

Mac (*son*) becomes **mic**:

seoladh a **mhic** *his son's address*

(*b*) Feminine nouns ending in **-óg** have **-óige** in the genitive

| leadóg | *tennis* | cluiche leadóige | *a game of tennis* |
| fuinneog | *window* | ag oscailt na fuinneoige | *opening the window* |

(*c*) The word **obair** (*work*) drops its second vowel, e.g. lá **oibre** *a day's work*

11 Verbs with prepositions

Many Irish verbs are accompanied by prepositions, in exactly the same way as English *listen to, look at*. However, the use of prepositions often does not correspond in the two languages. Compare these:

Is maith liom éisteacht **le** ceol.	*I like to listen to music.*
bualadh **le** daoine.	*meet people.*
cabhrú **le** daoine.	*help people.*
Beidh mé ag féachaint **ar** an teilifís.	*I'll be watching television.*
Beidh mé ag freastal **ar** léacht.	*I'll be attending a lecture.*
Beidh mé ag iarraidh **ar** Sheán cabhrú **liom**.	*I'll be asking Seán to help me.*

12 Another way of saying 'What's your name?'

Alongside **Cad is ainm do ...?** there is also **Cén t-ainm atá ar ...?** (lit. *what name is on ...?*)

Cén t-ainm atá ar do chara?	*What is your friend's name?*
Cén t-ainm atá ort féin?	*What is your own name?*

✓ Cleachtadh

1 **Cuir na ceisteanna agus na freagraí le chéile** (*match the questions and answers*):

a An maith leat ceol?

b An maith leat spórt?

c An mbíonn tuirse ort go minic?

d An dtéann tú amach sa tráthnóna de ghnáth?

e An imríonn sibh galf go minic?

f An mbíonn tú anseo gach lá?

g Cén t-am a théann tú abhaile?

i Bíonn.

ii Ní théim.

iii Uair sa seachtain.

iv Thart ar a sé a chlog.

v Ní bhím.

vi Is breá liom ceol traidisiúnta.

vii Ní maith.

2   Cuir na habairtí seo le chéile (*match each sentence on the left with one on the right to make a meaningful combination*):

a   Bíonn ocras mór orm ar maidin.   i   Téim a chodladh.
b   Bíonn tart orm uaireanta.   ii   Téim chuig an dochtúir.
c   Bíonn tuirse orm sa tráthnóna.   iii Ithim bricfeasta mór.
d   Bím tinn ó am go ham.   iv   Ólaim gloine uisce.

3   Líon na bearnaí (*fill the gaps with the correct form of* **bíonn**):

a   Nuair a _____ tart orm, ólaim cupán tae.
b   Nuair a _____ ar saoire, tógaim bog é.
c   Nuair a éirím go luath, _____ tuirse orm.
d   Nuair a _____ saor, téimid chuig na pictiúir.
e   Nuair a thagaim abhaile, _____ an teach fuar.

---

nuair (a) ...   *when ...*   **tógaim bog é**   *I take it easy*
chuig   *to*

---

4   Describe the events illustrated or indicated in the pictures, as in the examples:

Mar shampla

tráthnóna
Bím ag féachaint ar an teilifís sa tráthnóna.

ó am go ham
Téim ag siúl ó am go ham.

a   ar an Satharn   b   c

d   gach tráthnóna   e   gach lá

5   Make interviews with Bríd and Proinsias using the information in the
    chart. The interview with Dónall provides a model:

	Peil	Galf	Ceol clasaiceach	Ceol traidisiúnta	Scannáin ghrinn
Dónall	X		X		
Bríd		X		X	
Proinsias	X				X

    –   Cén caitheamh aimsire a bhíonn agat?
Dónall Bím ag imirt peile. Is maith liom ceol freisin.
    –   Cén sórt ceoil?

Dónall Is fearr liom ceol clasaiceach.

6 **Líon isteach na bearnaí.** (**teacht** = *to come*)

a – An féidir _____ snámh?
  ■ _____ _____ (*can*).
b – An bhfuil tú _____ _____ tiomáint?
  ■ _____ (*can*).
c – _____ féidir leat canadh?
  ■ _____ (*cannot*).
d – An _____ tú in ann teacht?
  ■ _____ (*cannot*).

7 Relative clause
Reorder these jumbled sentences:

a an ceann/thaitníonn/liom/a/seo
b an t-am/de ghnáth/thagann sí/a/sin
c fhionn/uirthi/atá/gruaig
d ghorm/atá/casóg/uirthi
e carr/agam/bán/atá

Tuiscint

Brian phones Máiréad to invite her to go to see a film with him.

Brian Haló, a Mháiréad. Seo Brian. Conas tá tú?
Máiréad Haló, a Bhriain. Táim go maith.
Brian Cogar. Ar mhaith leat dul chuig na pictiúir oíche amárach?
Máiréad Ba mhaith, cinnte. Ó, tá brón orm. Ní bheidh mé saor. Céard faoi Dé Céadaoin?
Brian Tráthnóna Dé Céadaoin? Is ea. Tá sé sin go breá. Feicfidh mé thú ag a hocht a chlog, taobh amuigh.
Máiréad Maith go leor. Beidh mé ann.
Brian Slán go fóill. Go n-éirí leat.
Máiréad Slán.

Ceist

Cathain a bheidh Brian agus Máiréad ag dul chuig na pictiúir?

10 AR MHAITH LEAT CUPÁN TAE?

Would you like a cup of tea?

In this unit you will learn how to

■ offer and accept hospitality

Ar mhaith leat ...? *(Would you like ...?)*
Ba mhaith/Níor mhaith.
Cé acu ab fhearr leat?
Tá sé seo go breá/an-bhlasta.

Comhrá 1

Seán is called to his evening meal by the landlady.

Bean an tí	A Sheáin! Tá an dinnéar réidh.
Seán	Beidh mé ann láithreach.
Bean an tí	Ar mhaith leat anraith?
Seán	Níor mhaith, go raibh maith agat.
Bean an tí	Tá breac úr anseo agam duit.
Seán	Tá sé sin go breá.
Bean an tí	Cad a bheidh agat le hól?
Seán	Beidh gloine uisce agam, le do thoil.
Bean an tí	Seo dhuit.
Seán	Go raibh maith agat. Tá sé seo an-bhlasta.
Bean an tí	An bhfuil do dhóthain agat?
Seán	Tá breis is mo dhóthain agam.
Bean an tí	Tá císte anseo. Ar mhaith leat píosa?

Seán	Ba mhaith, go raibh maith agat.
Bean an tí	Cé acu ab fhearr leat, tae nó caife?
Seán	B'fhearr liom tae, más é do thoil é.
Bean an tí	An maith leat láidir é?
Seán	Láidir go leor.

Ar mhaith leat ...?　*Would you like ...?*

Níor mhaith, go raibh maith agat.　*I wouldn't, thanks.*

Ba mhaith, go raibh maith agat.　*I would, thanks.*

anraith (m)　*soup*

Tá breac (m) **úr anseo agam duit.**　*I have a fresh trout here for you.*

Le hól?　*To drink?*

Tá sé seo an-bhlasta.　*This is very tasty.*

do dhóthain　*enough (for you)*

breis is mo dhóthain　*more than enough (for me)*

Cé acu ab fhearr leat, tae nó caife?　*Which (of them) would you prefer, tea or coffee?*

B'fhearr liom tae.　*I'd prefer tea.*

láidir　*strong*

Is fíor/ní fíor?

a Ólann Seán gloine beorach.
b Ólann sé cupán tae tar éis an bhéile.
c Taitníonn an béile le Séan.

Comhrá 2

Gearóid and Eibhlín are looking at the menu in a coffee shop. The waitress arrives.

Freastalaí	Dia dhaoibh. Céard a bheidh agaibh? Dála an scéil, níl aon phióg úll fágtha. Tá brón orainn.
Eibhlín	Beidh cupán caife agamsa, agus císte seacláide, más é do thoil é.
Freastalaí	Ar mhaith leat uachtar ar an gcíste?
Eibhlín	Ba mhaith. Beagán.
Gearóid	Tae a bheidh agamsa, agus císte seacláide freisin.
Freastalaí	Agus uachtar ar an gcíste?
Gearóid	Gan uachtar, más é do thoil é.
Freastalaí	Tá fáilte romhat. An bhfuil bhur ndóthain bainne ansin?

Eibhlín   Tá.

—

Eibhlín   Tá an císte seo go hálainn. Cá ndéantar é?
Freastalaí   Faighimid é ó bhácús atá in aice linn.

Dála an scéil. *By the way.*
Níl aon phióg úll fágtha.
There is no apple pie left.
císte (m) **seacláide** (f) *chocolate cake*

uachtar (m) *cream*
Cá ndéantar é? *Where is it made?*
bácús (m) *bakery*
in aice linn *near us*

---

a Itheann Gearóid agus Eibhlín pióg úll.
b Ólann Eibhlín agus Gearóid cupán caife.

✳ Pointe eolais

Béilí *(meals)*

The main meals of the day are:

---

béile (m) *meal*
an bricfeasta (m) *breakfast*
an lón (f) *lunch*
an dinnéar (m) *dinner*

an tae (m) *tea (as an evening meal)*
an suipéar (m) *supper (a light snack late in the evening)*

Some other useful words:

---

pláta (m) *plate*
scian (f) *knife*

forc (m) *fork*
spúnóg (f) *spoon*

⚙ Gramadach

1 Ar mhaith leat ...? *Would you like ...?*

Here are the forms with the copula which are used for offering things and replying to offers:

Ar mhaith leat cupán tae?	*Would you like a cup of tea?*
Nár mhaith leat cupán tae?	*Wouldn't you like a cup of tea?*
Ba mhaith.	*Yes.* (lit. *would like*)
Níor mhaith.	*No.* (lit. *wouldn't like*)

(See also Unit 8.)

A fuller form of answer is possible, simiilar to English *I would like that*:

| Ba mhaith liom é sin. | *I would like that.* |
| Ba bhreá liom é sin. | *I would love that.* |

All four forms with the copula given here cause lenition.

2 Will you ...? Won't you ...?

An alternative way of offering things has been dealt with in Unit 4. It is repeated here, with the addition of the negative question form **nach**:

An mbeidh deoch agat?	*Will you have a drink?*
Nach mbeidh deoch agat?	*Won't you have a drink?*
Beidh.	*Yes, I will.*
Ní bheidh.	*No, I won't.*
An mbeidh cupán tae agat?	*Will you have a cup of tea?*
Beidh, le do thoil.	*Yes, please.*

3 Another use of le (with)

Notice the correspondence here between Irish **le** and English *to*:

| Cad a bheidh agat le hól? | *What will you have to drink?* |
| Céard a bheidh agat le hithe? | *What will you have to eat?* |

This **le** is used more widely to refer to things which are to be done:

| Cad atá **le** déanamh agat? | *What do you have to do?* |
| Céard atá **le** ceannach agat? | *What do you have to buy?* |

4 Expressions of quantity

The grammatical relation between measure and measured is mainly shown by word order, so **gloine** is *glass*, **bainne** is *milk* and **gloine bainne** is *(a) glass of milk*. The second word must be in the genitive case if it has one. There is no word corresponding to English *of*. This is the construction you have already met in **máthair Áine** (*Anne's mother*, Unit 4). You can see here how to offer various measures of food and drink, using the question forms in sections **1** and **2**:

Ar mhaith leat	cúpla práta?	*Would you like a couple of potatoes?*
	roinnt prátaí?	*some potatoes?*
	tuilleadh prátaí?	*more potatoes?*
	greim bia?	*a bite to eat?* (lit. *of food*)
	slios aráin?	*a slice of bread?*
	slios bagúin?	*a slice of bacon?*
An mbeidh	braon uisce agat?	*Will you have a drop of water?*
	braon tae agat?	*a drop of tea?*
	gloine uisce agat?	*a glass of water?*
	gloine fíona agat?	*a glass of wine?*
	tuilleadh fíona agat?	*more wine?*
Nár mhaith leat	píosa císte?	*Wouldn't you like a piece of cake?*
	píosa feola?	*a bit of meat?*

5 Dóthain *(sufficiency)*

This noun can be used in a similar way to **go leor** (*enough*):

| Tá **dóthain** bia againn. | *We have enough food.* |
| Tá **dóthain** ama againn. | *We have enough time.* |

However, it is more often preceded by **mo** (*my*), etc. You first met the singular possessive pronouns on page 20 and the plural ones on page 125–6. Here is the full set:

Tá **mo** dhóthain agam.	*I have enough.*
Tá **do** dhóthain agat.	*You have enough.*
Tá **a** dhóthain aige.	*He has enough.*
Tá **a** dóthain aici.	*She has enough.*
Tá **ár** ndóthain againn.	*We have enough.*
Tá **bhur** ndóthain agaibh.	*You have enough.*
Tá **a** ndóthain acu.	*They have enough.*

6 The genitive case of nouns in -án, -ún

These follow the common pattern of making the final consonant of a masculine noun slender:

arán	*bread*	bollóg aráin	*a loaf of bread*
bradán	*salmon*	píosa bradáin	*a piece of salmon*
bagún	*bacon*	slios bagúin	*a slice of bacon*

(See also Unit 4).

7 An- (very)

This is prefixed to adjectives, causing lenition:

blasta *tasty*	becomes	an-bhlasta *very tasty*
milis *sweet*		an-mhilis *very sweet*
fuar *cold*		an-fhuar *very cold*

However **an-** does not cause lenition if the adjective begins with **t, d, s**:

te *hot*	gives	an-te *very hot*
deas *nice*		an-deas *very nice*
searbh *bitter*		an-searbh *very bitter*

Examples:

Tá an císte seo **an**-mhilis.	*This cake is very sweet.*
Tá sé **an**-fhuar inniu.	*It is very cold today.*
Tá an pláta **an**-te.	*The plate is very hot.*

8 Talking about preferences

The idiom for prefers is **is fearr le** (see also Unit 9); *would prefer* is expressed by replacing **is** with **ba**, which causes lenition. Remember that lenition makes **f** silent, so **b'fhearr** is pronounced **beár**:

B'fhearr liom tae.	*I would prefer tea* (to coffee, for instance).
B'fhearr liom arán.	*I would prefer bread* (to cake or biscuits).

Corresponding to **ba** are three forms which end in **r: níor** (negative), **ar** (question) and **nár** (negative question) (see **1**, earlier in this unit). These three forms add **bh** before a vowel or **fh**:

Arbh fhearr leat cupán tae?	*Would you prefer a cup of tea?*
Nárbh fhearr leat …?	*Wouldn't you prefer …?*

| B'fhearr. | *Yes.* (lit. *would prefer*) |
| **Níorbh** fhearr. | *No.* (lit. *wouldn't prefer*) |

Use **ná** (*than*) to separate the things you are choosing between:

B'fhearr liom	tae ná caife	*tea to coffee*
(*I would prefer*)	arán ná císte	*bread to cake*
	beoir ná fíon	*beer to wine*
	iasc ná feoil	*fish to meat*
	sicín ná bagún	*chicken to bacon*

9 Cé acu *(which (of two))*

You can invite a choice between two things offered by using **cé** (*which/who*) and **acu** (*of them*) (third person plural of **ag** (*at*), see page 45):

| **Cé acu** ab fhearr leat, tae nó caife? | *Which would you prefer, tea or coffee?* |
| **Cé acu** ab fhearr leat, pionta nó leathghloine? | *Which would you prefer, a pint or a half-glass of spirits?* |

10 The passive form of the verb

There is a special form of the verb for saying that something is done without specifying who does it. It ends in **-tar** in the present tense (or **-tear** if the preceding vowel is **i** or **e**):

Déan**tar** an cháis seo ar fheirm.	*This cheese is made on a farm.*
Ní dhéan**tar** é níos mó.	*It isn't made any more.*
Múin**tear** teangacha sa scoil seo.	*Languages are taught in this school.*
Ól**tar** mórán tae in Éirinn.	*A lot of tea is drunk in Ireland.*
Ceannaí**tear** go leor díobh.	*Plenty of them are bought.*

If the verb ends with **th** e.g. **ith** (*eats*), **caith** (*spend, consume*) that disappears before the **t(e)ar**:

| I**tear** mórán pasta san Iodáil. | *A lot of pasta is eaten in Italy.* |

The passive form of the verb is often used in notices

| Ná cai**tear** tobac. | *No smoking.* (lit. *Let tobacco not be used*) |

If you want to say *who* does any of the things above you must use an ordinary (active) form of the verb. There is no way in Irish to say a thing is done *by* someone, as in the English passive:

Bean feirmeora a dhéanann an cháis seo. | *A farmer's wife makes this cheese.*

Múineann an scoil seo teangacha. | *This school teaches languages.*

Itheann muintir na hIodáile mórán pasta. | *The people of Italy eat a lot of pasta.*

✓ Cleachtadh

1 **Cuir an comhrá seo san ord ceart** (*put this jumbled dialogue in the right order*):

   a Ba mhaith, go raibh maith agat.
   b Ar mhaith leat siúcra?
   c Níor mhaith, go raibh maith agat.
   d Ar mhaith leat cupán caife?

 2 Listen to, if you have the recording, or read these conversations twice. The first time note whether the offer of food or drink is accepted or refused, the second time note what is offered:

   a Ar mhaith leat gloine fíona?
   Ba mhaith, le do thoil.
   Seo dhuit.
   Go raibh maith agat.

   b Ar mhaith leat anraith?
   Níor mhaith, go raibh maith agat.
   Maith go leor.

   c An mbeidh píosa aráin agat?
   Beidh, go raibh maith agat.

   d Ar mhaith leat tuilleadh sicín?
   Ba mhaith, cinnte. Tá sé go deas.

3 Accept these offers of hospitality by echoing the verb in the answer:

   a Ar mhaith leat deoch?
   b An mbeidh cupán tae agat?

Politely decline these offers:

   c Ar mhaith leat oráiste?
   d Ar mhaith leat tuilleadh prátaí?
   e An mbeidh gloine fíona agat?

4 How would you offer a visitor:

   a a cup of coffee?
   b a drink?
   c more cake?

5 Make comments on the food or drink:

Tá an t-anraith an-	(te)
Tá an tae an-	(milis)
Tá an caife an-	(fuar)
Tá an béile an-	(blasta)
Tá an fíon an-	(deas)

6 How would you ask somebody to state their preference between the choices below? Answer as you wish.

   Mar shampla: Cé acu ab fhearr lcat, bainne nó uisce?
                     B'fhearr liom bainne, le do thoil.

a

b

c

d

7 **a** First study the menu (**biachlár**) below and see how much you can understand or guess. Then check your understanding in the English version in the answer key.

b Next listen to and/or read the dialogue between the waiter and customer and tick the dishes ordered.

c Finally, make up a conversation in which you order from the menu.

BIACHLÁR

Anraith muisiriúin	....
Anraith prátaí	....
Anraith oinniúin	....
Bradán úr le hAnlann Peirsil	....
Sól geal friochta le hAnlann Tartair	....
Leathdhosaen oisrí úra ar leaba oighir	....
Bagún agus cabáiste	....
Sicín rósta agus bagún	....
Prátaí beirithe	....
Sceallóga prátaí	....
Glasraí úra	....
Uachtar reoite	....
Píóg úll le huachtar nó uachtar reoite	....
Císte seacláide	....
Sailéad de thorthaí úra	....
Rogha de cháiseanna feirme na hÉireann	....
Tae nó caife	....

Sa bhialann *(in the restaurant)*

Freastalaí	Dia dhuit.
Custaiméir	Dia is Muire dhuit.
Freastalaí	An bhfuil tú réidh?
Custaiméir	Tá. Beidh anraith muisiriúin agam ar dtús agus ansin ba mhaith liom sicín agus bagún, le do thoil.
Freastalaí	Ceart go leor. Cé acu ab fhearr leat, prátaí beirithe nó sceallóga?
Custaiméir	B'fhearr liom sceallóga, le do thoil.
	* * *
Freastalaí	Ar mhaith leat milseog?
Custaiméir	Ba mhaith. Beidh císte seacláide agam, le do thoil.
Freastalaí	Go breá. Tae nó caife?
Custaiméir	Beidh cupán caife dubh agam.

Tuiscint 1

On page 154 is an extract from an article in a scientific magazine on junk food at school.

a Why is the food in section 1 the best?
b Why are the items in section 3 harmful?
c What is the ideal lunch for a young person at school?

---

roinn (f) *section*
dochar (m) *harm*
clár (m) *chart (here), programme*
is fearr *(which) is best*
fuinneamh (m) *energy*
chomh maith le *as well as*
fíorthábhachtach *very (lit. truly) important*

ag fás *growing*
go dona *bad*
oiread éigin *a certain amount (of)*
Ba chóir go mbeadh ... *There should be ...*
cosúil leis *like it*

(The following document is from An tEolaí (*The Scientist*), Fómhar, 1991.)

Bia	Fuinneamh (Cairai)	Siúcra (%)	Salann (%)
Roinn 1			
Cadbury Wholenut (50 g)	280	48	38
Kit Kat (50 g)	250	51	26
Barra Mars (62 g)	270	69	17
Cnónna Talún KP (25 g)	150	19	50
Roinn 2			
King Crisp (27 g)	150	50	40
Pop Corn (30 g)	140	59	22
Roinn 3			
Lucozade (300 g)	220	19	–
Polo mint (27 g)	100	97	–
Diet Coke (330 g)	1	–	–

I measc na mbianna sa chlár is é an bia i Roinn 1 an bia is fearr, de bhrí go bhfuil próitéiní, mianraí (cailciam, mar shampla) agus vitimíní ann chomh maith leis an bhfuinneamh. Tá na substaintí seo fíorthábhachtach do dhaoine óga atá ag fás. Mar sin tá an bia i Roinn 3 go dona mar nach bhfuil ann (de ghnáth) ach siúcra. Tá an bia i Roinn 2 níos fearr mar tá oiread éigin próitéiní, mianraí agus vitimíní ann, bíodh is nach bhfuil na próitéiní chomh maith leis an bpróitéin sa bhia i Roinn 1.
Ba chóir go mbeadh béile iomlán ag gasúir, cosúil leis an mbéile sa bhosca thíos, trí huaire sa ló.

An lón is fearr ar scoil:
Ceapaire: arán donn, cáis/feoil/ubh, glasraí
Deoch: bainne, sú oráiste
Torthaí: úll, oráiste

Tuiscint 2

Ciarán calls by Micheál's house at midday.

Micheál An bhfuil ocras ort? Tá an lón réidh.
Ciarán Níl ocras mór orm. Cad atá agaibh?
Micheál Tá bradán úr againn.
Ciarán An-deas. Ba bhreá liom píosa bradáin.
Micheál An-mhaith. Tar isteach agus suigh chun boird.

a Does Ciarán stay for lunch?   **b** What is Micheál having for lunch?

Ba bhreá liom ...	*I would love ...*	**chun boird**	*at the table*

11 CÉARD A CHOSNAÍONN SÉ SEO?
What does this cost?

In this unit you will learn

■ the basic language for shopping, including how to express prices and to make comparisons

Céard a chosnaíonn sé? *What does it cost?*
Cé mhéad? *How much?*
Cé mhéad atá ar ...? *How much is ...?*
Tabhair dom ... *Give me ...*
An dtabharfá dom ...? *Would you give me ...?*
Tá/teastaíonn ... uaim. *I want ...*
An nglacann sibh le seiceanna? *Do you accept cheques?*

Comhrá 1

I siopa an ghrósaera (*in the grocer's shop*). The grocer, Liam, knows the customer well.

Liam Conas tá tú inniu, a Thomáis?
Tomás Go breá. Tá feabhas ar an aimsir.
Liam Níl sé ró-fhuar inniu.
Tomás An dtabharfá dom leathphunt bagúin agus dosaen uibheacha, más é do thoil é?
Liam Tá an bagún seo go deas. An bhfuil aon rud eile uait?

Tomás   Céard a chosnaíonn an cháis seo?
Liam   Dhá phunt caoga an punt.
Tomás   Tabhair dom leathphunt, mar sin … agus tá pionta bainne uaim
        freisin.
Liam   Sin uile?
Tomás   Is ea. Cé mhéad é sin?

Tá feabhas (m) **ar an aimsir** (f). *There is an improvement in (lit. on) the weather.*	**An bhfuil aon rud** (m) **eile uait?** *Do you want anything else?*
Níl sé ró-fhuar. *It's not too cold.*	**an cháis** (f) **seo?** *this cheese?*
leathphunt (m) **bagúin** (m) *a half-pound of bacon (or ham)*	**Dhá phunt** (m) **caoga an punt.** *Two pounds fifty a pound.*
dosaen (m) **uibheacha** (**ubh** (f) egg) *a dozen eggs*	**mar sin** *so, therefore*
más é do thoil é *please (lit. if it is your will)*	**Tá pionta** (m) **bainne** (m) **uaim.** *I want a pint of milk.*
Tá an bagún (m) **seo go deas.** *This bacon is nice.*	**Sin uile?** *That's all?*

Is fíor/ní fíor

a   Tá sé fuar amuigh.
b   Ní theastaíonn cáis ó Thomás.
c   Ceannaíonn sé líotar bainne.

Comhrá 2

In the post office.

Tomás   Cé mhéad a chosnaíonn sé cárta poist a chur go Meiriceá?
Síle   Daichead pingin.
Tomás   Tabhair dom dhá stampa daichead pingin mar sin, más é do thoil
        é, agus ceann tríocha pingin.

cárta (m) **poist** (m) **a chur go Meiriceá** *to send a postcard to America*	**Dhá stampa daichead pingin.** *Two forty pence stamps*
daichead pingin (f) *forty pence*	**… agus ceann tríocha pingin.** *… and one for thirty pence.*

a   Cá bhfuil na daoine seo?
b   Céard a theastaíonn ón gcustaiméir?

Comhrá 3

Buying a cap. What size and colour does the customer want?

Aodh	Cé mhéad atá ar na caipíní sin san fhuinneog?
Siopadóir	Sé phunt déag. Cén uimhir a chaitheann tú?
Aodh	Uimhir a seacht, is dóigh liom.
Siopadóir	Cén dath atá uait?
Aodh	Liath, le do thoil. An bhféadfainn é a thriail orm?
Siopadóir	Cuir ort é. Tá scáthán thall ansin.
Aodh	Tá sé seo ró-bheag. An bhfuil ceann níos mó agat?
Siopadóir	Seo ceann seacht go leith. Bain triail as.
Aodh	Tá an ceann seo i gceart.
Siopadóir	An dteastaíonn aon rud eile uait?
Aodh	Ní theastaíonn, go raibh maith agat. An nglacann sibh le seiceanna?
Siopadóir	Glacaimid, agus fáilte.

---

na caipíní sin *those caps*
caipín (m) *cap*
sé phunt déag *sixteen pounds*
Cén uimhir (f) **a chaitheann tú?**
   What size (lit. *number*) *do you wear?*
Uimhir a seacht *size (number) seven*
is dóigh liom *I think* (lit. *it's likely with me*)
Cén dath atá uait? *What colour do you want?*
Liath, le do thoil. *Grey, please.*
An bhféadfainn é a thriail orm? *Could I try it on (me)?*
Cuir ort é. *Put it on.*

Tá scáthán thall ansin. *There's a mirror over there.*
Tá sé seo ró-bheag. *This is too small.*
An bhfuil ceann níos mó agat? *Do you have a bigger one?*
Seo ceann seacht go leith. *This is a seven and a half one.*
Bain triail as. *Try it on (you).*
Tá an ceann seo i gceart. *This one is right.* (lit. *In right*)
An dteastaíonn aon rud eile uait? *Do you want anything else?*
ní theastaíonn *I don't (want)*
Glacaimid, agus fáilte. *We do (accept), gladly.* (lit. *with welcome*)

Ceisteanna

a   An gcaitheann Aodh uimhir a naoi?
b   An bhfuil an caipín ró-bheag?
c   An nglacann an siopa le seiceanna?

✳ Pointe eolais

Quantities of food

bosca (m) box	**mála** (m) bag
buidéal (m) bottle	**próca** (m) jar
dosaen (m) dozen	**punt** (m) pound
canna (m) can	**slios** (m) slice
paicéad (m) packet	

Some of these come in halves also. **Leath** (*half*) causes lenition, so **leathdhosaen** (*half-dozen*), **leathphunt** (*half-pound*).

These require the genitive case (if the following noun has one):

im (m) *butter*	punt ime *a pound of butter*
cáis (f) *cheese*	leathphunt cáise *a half-pound of cheese*
uachtar (m) *cream*	pota uachtair *a tub of cream*
arán (m) *bread*	bollóg aráin *a loaf of bread*
	slios aráin *a slice of bread*
bagún (m) *bacon*	slios bagúin *a slice of bacon*

Note, however, the plural after **dosaen** in **dosaen uibheacha**, *a dozen eggs*.

Remember that nouns ending in **e** or **a** tend not to have a genitive case:

bainne (m) *milk*	pionta bainne *a pint of milk*
	lítear bainne *a litre of milk*
tae (m) *tea*	paicéad tae *a packet of tea*
siúcra (m) *sugar*	punt siúcra *a pound of sugar*

📷 Gramadach

1 An dtabharfá ...? (would you give...?)

This is a polite form of request. The verb **tugann** (*gives*) is quite irregular, and this particular form is pronounced **un dúrfá** (in the south west), **un**

dórhá (in the north), instead of the **un dowrfá** which one would expect from the spelling. The recipient is always indicated by the preposition **do** (*to*):

An dtabharfá an litir seo **do** Mháire?   *Would you give this letter to Mary?*

If the recipient is a pronoun (*me, you,* etc.) the appropriate personal form of **do** must be used. You have met some of these already. The full set is:

dom	*to me*	**dúinn**	*to us*
duit	*to you*	**daoibh**	*to you*
do	*to him*	**dóibh**	*to them*
di	*to her*		

Some examples:

An dtabharfá an litir seo **di**? *Would you give her this letter?*
An dtabharfá pionta bainne **dom**? *Would you give me a pint of milk?*

2 Tabhair dom ... *Give me ...*

This is a less formal alternative to **an dtabharfá**. It is not by any means impolite, however, particularly if one adds **le do thoil** (*please*):

Tabhair an litir seo **do** Mháire.   *Give this letter to Mary.*

Tabhair pionta bainne **dom**, le do thoil.   *Give me a pint of milk, please.*

The personal forms of **do** (**dom, dúinn**, etc.) often come immediately after **tabhair**, especially if whatever is being sought takes several words to express:

Tabhair dom pionta bainne, le do thoil.   *Give me a pint of milk, please.*

Tabhair dom pionta bainne agus mála siúcra, le do thoil.   *Give me a pint of milk and a bag of sugar, please.*

Tabhair di an litir seo.   *Give her this letter.*

3 How to say 'I want ...'

There are two expressions, both of which involve the personal forms of **ó**
(*from*). *I want a cup of tea* can be translated in either of the following
ways:

Tá cupán tae uaim.   lit. *A cup of tea is from me.*
Teastaíonn cupán tae uaim.   lit. *A cup of tea is needed from me.*

As a literal translation suggests the second of these can also mean *I need
a cup of tea.* Here are the personal forms of **ó**:

uaim	*from me*	**uainn**	*from us*
uait	*from you*	**uaibh**	*from you*
uaidh	*from him*	**uathu**	*from them*
uaithi	*from her*		

Here are some further examples, using both **teastaíonn ... ó** and **tá ... ó**:

Teastaíonn milseáin **ó** na leanaí.   *The children want sweets.*

An **dteastaíonn** aon rud eile **uait**?   *Do you want/need anything else?*

An **dteastaíonn** cabhair **uaibh**?   *Do you want/need help?*

Teastaíonn.   *I do (want).*

Ní **theastaíonn**.   *I don't (want).*

Teastaíonn mála siúcra uaim.   *I want a bag of sugar.*

Cad **atá uait**?   *What do you want?*

Céard eile **atá uait**?   *What else do you want?*

An bhfuil aon rud eile **uait**?   *Do you want anything else?*

Tá paicéad tae **uaim**.   *I want a packet of tea.*

The preposition **ó** (*from*) causes lenition:

Teastaíonn cupán tae **ó** Sheán.   *Seán want a cup of tea.*

Clauses containing the verbal noun come after **uaim**, etc.:

Teastaíonn uaim labhairt leat.   *I want to speak to* (lit. *with*) *you.*

| Teastaíonn uaim cóta a cheannach. | *I want to buy a coat.* |

This verb can also be used in the progressive form:

| Tá cupán tae ag teastáil uaim. | *I want a cup of tea.* |
| Tá cabhair ag teastáil uaim. | *I want/need (some) help.* |

4 Eile (*other, else*), uile (*all*)

These must be distinguished carefully. **Eile** is used as follows:

Tabhair dom ceann **eile**.	*Give me another one.*
Beidh cupán **eile** agam.	*I'll have another cup.*
Céard **eile**?	*What else?*
rud **eile**	*another thing, something else*
Aon rud **eile**?	*Anything else?*

Uile has fewer uses. When placed before a noun it causes lenition:

Sin **uile**.	*That's all.*
gach **uile ch**eann	*every single one*
gach **uile dh**uine	*every single person*

5 Ceann (*head*) in the sense of 'one'

This is used as follows:

| Tá **ceann** cile uaim. | *I want another one.* (not *another head*!) |
| B'fhearr liom **ceann** nua. | *I would prefer a new one.* |

Ceann is used to count objects or animals (not people):

ceann amháin one (or *just one*)	**sé cinn** six
dhá cheann two	**seacht gcinn** seven
trí cinn three	**ocht gcinn** eight
ceithre cinn four	**naoi gcinn** nine
cúig cinn five	**deich gcinn** ten

The things counted can be specified using **de** (*of*), which requires lenition:

| trí cinn de bha | *three cows* (lit. *three head of cattle*) |

Note the following:

| **an ceann seo** this one | **na cinn seo** these ones |
| **an ceann sin** that one | **na cinn sin** those ones |

6 Cé mhéad? *(how much?)*

This involves a special form of the word **méid** (m) *amount* and can be used in a number of ways:

Cé mhéad é seo?	*How much is this?*

or

Cé mhéad a chosnaíonn sé seo?	*How much does this cost?*

It is also possible to use **cad?/céard?** *(what?)* with **cosnaíonn** *(costs)*:

Cad a **chosnaíonn** sé seo?	*What does this cost?*

There is another idiomatic construction along the lines of *How much (what) is on it?*:

Cé mhéad atá air?	*How much is it?*
Cad atá orthu seo?	*How much are these?*

7 Counting money

The units of currency are **punt** *(a pound)* and **pingin** *(a penny)*. **Punt** is also a unit of weight, of course. They are counted as follows:

punt	pound	**pingin**	a penny
dhá phunt	two pounds	**dhá phingin**	two pence
trí phunt	three pounds	**trí pingine**	three pence
ceithre phunt	four pounds	**ceithre pingine**	four pence
cúig phunt	five pounds	**cúig pingine**	five pence
sé phunt	six pounds	**sé pingine**	six pence
seacht bpunt	seven pounds	**seacht bpingine**	seven pence
ocht bpunt	eight pounds	**ocht bpingine**	eight pence
naoi bpunt	nine pounds	**naoi bpingine**	nine pence
deich bpunt	ten pounds	**deich bpingine**	ten pence
aon phunt déag	eleven pounds	**aon phingin déag**	eleven pence

Higher numbers do not present any additional difficulties:

dhá phunt déag	twelve pounds
cúig pingine déag	fifteen pence
fiche pingin	twenty pence
caoga punt	fifty pounds
also	
leathchéad punt	lit. *half a hundred pounds*

8 Ró- *(too)*

This lenites consonants (except l, n, r):

daor *dear*	Tá sé seo **ró**dhaor.	*This is*	*too dear.*
trom *heavy*	**ró**throm.		*too heavy.*
mór *big*	**ró**mhór.		*too big.*
beag *small*	**ró**bheag.		*too small.*
tirim *dry*	**ró**thirim.		*too dry.*
éadrom *light*	**ró**-éadrom.		*too light.*

9 Comparison of adjectives

You put **níos** (*more*) before a special form of the adjective:

mór *big*	Tá sé seo **níos** mó.	*This is bigger.*
beag *small*	Tá sé seo **níos** lú.	*This is smaller.*
maith *good*	Tá sé seo **níos** fearr.	*This is better.*
olc *bad*	Tá sé seo **níos** measa.	*This is worse.*
deas *nice*	Tá sé sin **níos** deise.	*That is nicer.*
saor *cheap*	Tá sé sin **níos** saoire.	*That is cheaper.*
daor *dear*	Tá sé sin **níos** daoire.	*That is dearer.*

Further examples:

An bhfuil ceann **níos** éadroime agat?	*Do you have a lighter one.*
Tá ceann **níos** fearr ag teastáil uaim.	*I want a better one.*
Teastaíonn carr **níos** lú uaim.	*I want a small car*

10 Some useful verbs

a   **Díolann** (*sells*)

An ndíolann sibh stampaí?	*Do you sell stamps?*
An ndíolann sibh páipéir nuachta?	*Do you sell newspapers?*
An ndíolann sibh tobac?	*Do you sell tobacco?*
Díolaimid/Díolann.	*We do (sell).*
Ní dhíolaimid/Ní dhíolann.	*We don't (sell).*

b **Glacann le** (*accepts*)

An nglacann sibh le seiceanna?	*Do you take cheques?*
An nglacann sibh le cártaí creidmheasa?	*Do you take credit cards?*
Glacaimid/Glacann.	*We do (accept).*
Ní ghlacaimid/Ní ghlacann.	*We don't (accept).*

✓ Cleachtadh

1 **Tá Páid ag dul ag siopadóireacht.**

> *siúcra   tae*
>
> *bainne   im*
>
> *piseanna   arán*
>
> *12 uibheacha   subh*
>
> *uachtar reoite*

Cad a cheannaíonn sé?

a paicéad _____
  dosaen _____
  buidéal _____
  bloc _____
  mála _____
  canna _____

b **Bí cúramach!** (*Be careful!*) The following change the noun.

  bollóg _____
  próca _____
  punt _____

2   **Tá Liam ag caint leis an ngrósaeir.** (*Liam is talking to the grocer.*)

Liam	Tabhair mála siúcra dom, le do thoil.
Grósaeir	Seo duit. Céard eile?
Liam	An dtabharfá buidéal bainne dom freisin.
Grósaeir	Sin uile?
Liam	Is ea, go raibh maith agat.

a   Practise this dialogue with these: i **canna piseanna + dosaen uibheacha**; ii **bollóg aráin + próca suibhe**.

b   Try it again, this time using **Tá ... uaim** instead of **Tabhair ... dom** and **An dtabharfá ... dom**.

3   **Cé mhéad? Sa siopa éadaigh** – in the clothes shop

Custaiméir	Cé mhéad atá ar an hata seo?
Siopadóir	Ocht bpunt déag, caoga pingin.
Custaiméir	An bhféadfainn ceann acu a thriail?
Siopadóir	Cinnte.

Make up similar conversations using the items below.

a cóta   **b** seaicéad   **c** geansaí   **d** carbhat

4 Níos … Líon isteach na bearnaí.

Examples: Tá an hata seo ró-mhór. An bhfuil ceann níos (beag) agat? níos lú

a Tá an seaicéad seo ródhaor. An bhfuil ceann níos _____ agat?

b Tá an háta seo róbheag _____ _____ _____ ?

c Tá an cóta seo róthrom _____ _____ _____ ?

d Is fearr liom an ceann seo. Tá sé níos (deas).

5 Tá sé ródhaor. Tá Aoife bheag sa siopa bréagán agus tá dhá phunt aici. (*Little Aoife is in the toyshop and has £2.*) **Cad tá ag teastáil ó Aoife?** (*What does she want?*)

Aoife Tá an bhábóg sin an-deas.
Daidí Níl ach dhá phunt agat. Tá sé ródhaor.
Aoife Ach tá an bhábóg sin uaim, a Dhaidí!

Cad tá ródhaor? Níl ach £2 aici (*she has only £2*).

Tá an _____ agus _____ _____ _____ ródhaor

6 Quantities

There are seven expressions of quantity concealed horizontally and five vertically:

s	o	r	p	a	i	c	é	a	d
p	a	b	o	s	c	a	r	b	o
s	m	o	t	p	u	n	t	u	s
m	á	l	a	r	e	n	p	i	l
n	o	l	í	o	t	a	r	d	i
a	d	o	s	a	e	n	ó	é	o
s	u	g	a	r	s	e	c	a	s
t	a	r	u	p	o	t	a	l	s

7 Match the quantity and the food/drink

How many combinations can you make? Watch out for changes in the form of some of the nouns:

braon	uisce
greim	arán
gloine	císte
slios	práta
píosa	bia
cúpla	tae
cupán	bagún
buidéal	fíon
bollóg	bainne

12 CÉARD A RINNE TÚ?
What did you do?

In this unit you will learn how to

■ talk about past events
■ talk about your work experience

Comhrá

Liam asks a colleague, Cathal, how he spent the weekend.

Liam   Céard a rinne tú ag an deireadh seachtaine?

Cathal   Chuamar síos go Dúlainn, i gContae an Chláir.

Liam   Chaith mé seachtain ann cúpla bliain ó shin. Cár fhan sibh?

Cathal   Fuaireamar teach ar cíos in aice na trá.

Liam   Conas a bhí an aimsir?

Cathal   Bhí sé go breá. Thugamar na leanaí chun na trá Dé Sathairn agus chuamar ag tiomáint timpeall na háite maidin inné, tar éis an Aifrinn.

Liam   Tá cúpla bialann an-mhaith ann.

Cathal   Tá. D'itheamar dinnéar an-bhreá oíche Dé Sathairn, i mbialann éisc. Cá raibh tú féin?

Liam   D'fhan mise anseo. Bhí mé ag obair Dé Sathairn. Tháinig ordú tábhachtach isteach an lá roimhe sin.

Céard a rinne tú? *What did you do?*	**na háite.** *We went driving around the place.*
Chuamar síos go ... *We went down to ...*	
i nDúlainn *in Doolin*	**tar éis an Aifrinn** (m) *after Mass*
Cár fhan sibh? *Where did you stay?*	**d'itheamar** *we ate*
	bialann éisc *fish restaurant*
fuaireamar *we got*	**d'fhan mise** *I stayed*
ar cíos (m) *for rent*	**Tháinig ordú** (m) **tábhachtach**
thugamar *we took*	**isteach.** *An important order came in*
chun na trá (f) *to the beach*	
Chuamar ag tiomáint timpeall	**roimhe sin** *before that*

Is fíor/ní fíor

a D'fhan Cathal i dteach ósta.

b Bhí an aimsir go dona.

c D'ith sé béile deas ar an Satharn.

Máirtín, a company executive, describes his training and career. Study the grammar section in this unit before attempting this.

(*Secondary education*) D'fhág mé an mheánscoil sa bhliain naoi déag ochtó a dó.

(*Exam results, university*) Fuair mé torthaí maithe san Ardteist agus dá bhrí sin chuaigh mé ar an ollscoil.

(*Studies*) Rinne mé staidéar ar chúrsaí gnó ansin.

(*First job*) Thosaigh mé ag obair do chomhlacht i gContae Lú i bhfómhar na bliana naoi déag ochtó a cúig, díreach tar éis na céime.

(*Leaves and emigrates*) D'fhan mé ansin ar feadh bliana agus ansin chuaigh mé go Meiriceá. Chaith mé trí bliana ansin.

(*Additional diploma*) Fad a bhí mé ag obair sna Stáit bhain mé teastas sa ríomhaireacht.

(*Quits and comes home*) D'éirigh mé as an bpost sin agus tháinig mé ar ais go hÉirinn.

(*Job applications*) Chuir mé isteach ar chúpla post anseo agust fuair mé tairiscint poist i nGaillimh. Ghlac mé leis sin agus tá mé ag obair ann ó shin.

(*Marriage, buys house*) Phós mé cúpla bliain ó shin agus cheannaíomar teach sa chathair anuraidh.

d'fhág mé *I left*	**chaith mé** *I spent*
meánscoil (f) *secondary school,*	**Bhain mé teastas** (f). *I obtained a*
ollscoil (f) *university*	*diploma.*
fuair me *I got*	**d'éirigh mé as** *I quit, resigned from*
toradh (m) *result*	**chuir mé isteach ar** *I applied for*
dá bhrí sin *therefore*	(lit. *I put in for*)
Rinne mé staidéar (m) *I studied*	**tairiscint** (f) **poist** *a job offer*
(lit. *I did study*)	**ghlac mé leis sin ...** *I accepted*
gnó (m) *business*	*that ...*
thosaigh mé *I began*	**Phós mé.** *I got married.*
comhlacht (m) *company*	**i nGaillimh** *in Galway*
tar éis na céime (f) *after the*	**Cheannaíomar teach** (m). *We*
degree (i.e. *when I graduated*)	*bought a house.* (**cheannaíomar**
d'fhan mé *I stayed*	= **cheannaigh muid**)
chuaigh mé *I went*	**anuraidh** *last year*

Is fíor/ní fíor?

a Chuaigh Máirtín ar an ollscoil.
b Chaith sé dhá bhliain i Meiriceá.
c Tháinig sé ar ais go hÉirinn agus fuair sé post i nGaillimh.

⬛ Gramadach

1 The past progressive

You have already met this way of referring to past events (Unit 4). The past progressive of a verb consists of **bhí + ag + verbal noun**:

  Bhí mé **ag** obair go dian inné.   *I was working hard yesterday.*

Ag + verbal noun can also be used after other verbs.

  Chuaigh mé **ag tiomáint**.   *I went driving.*
  Chaith mé an lá **ag siúl**.   *I spent the day walking.*

2 The simple past tense of Type 1 verbs

To find the simple past tense of a Type 1 verb remove **-(e)ann** from the present tense form, add lenition if the verb begins with a consonant or prefix **d'** if it begins with a vowel. Here are some examples:

pósann *marries* Phós mé anuraidh. *I got married last year.*
cuireann *puts, sends* Chuir mé litir abhaile. *I sent a letter home.*
caitheann *spends* Chaith mé seachtain ann. *I spent a week there.*
buaileann le *meets* Bhuail mé le hEibhlín. *I met Eileen.*
ceapann *thinks* Sin é a cheap mé. *That's what I thought.*
tugann *gives* Thug siad cabhair dom. *They gave me help.*
itheann *eats* D'ith siad dinnéar. *They ate dinner.*
ólann *drinks* D'ól muid deoch. *We had a drink.*

One verb makes its final consonant slender:

siúlann *walks* Shiúil mé abhaile. *I walked home.*

Since lenition makes **f** silent (written **fh**) verbs beginning with **f** are treated as if they began with a vowel:

fanann *stays* **D'fh**an sé istigh. *He stayed in.* (pron. **dan**)
fágann *leaves* **D'fh**ág sé nóta. *He left a note.* (pron. **dág**)
féachann *looks* **D'fh**éach siad orm. *They looked at me.* (pron. **déach**)

Lenition cannot always apply, of course:

scríobhann *writes* Scríobh mé litir. *I wrote a letter.*
leanann *follows* Lean mé iad. *I followed them.*

3 The simple past of Type 2 verbs

Remove **-(a)íonn** from the present tense and replace it with **-(a)igh** and then add lenition, or **d'** before a vowel. This **-(a)igh** is pronounced **í** except before a pronoun when it is pronounced **-a** or **-e**:

ceannaíonn *buys* Cheanna**igh** mé carr nua. *I bought a new car.*
tosaíonn *starts* Thosa**igh** mé in am. *I began on time.*
críochnaíonn *finishes* Chríochna**igh** an rang. *The class finished.*
imíonn *departs* D'im**igh** mé go luath. *I left early.*
éiríonn *gets up* D'éir**igh** mé ag a hocht. *I got up at eight.*
athraíonn *changes* D'athra**igh** an aimsir. *The weather changed.*

Compare the pronunciation of **-igh** in these:

D'imigh Síle abhaile. *Sheila left for home.* (pron. **dimí shíle**)
D'imigh sí ag a naoi. *She left at nine.* (pron. **dime shí**)

4 The ending -(e)amar (we)

In the Irish of Connacht and Ulster we is indicated by **muid**, e.g. **phós muid** (we married), **chuir muid** (we put), **d'imigh muid** (we left). However, in Munster, and in the standard written language, a special ending is used, so **phósamar** (we married), **chuireamar** (we put), **d'imíomar** (we left). You will recall that in the present tense there is also an ending meaning we, e.g. **téimid** (we go).

5 Using the past progressive and simple past

The past progressive form of the verb presents an action as being underway (in progress) over a period of time. (See Unit 4 for present progressive.) These Irish sentences and their English translations correspond both in form and meaning:

Bhí mé **ag ithe** mo dhinnéir.   *I was eating my dinner.*
Bhí mé **ag scríobh** cúpla litir.   *I was writing a couple of letters.*

The simple past just states that something happened:

D'ith mé mo dhinnéar.   *I ate my dinner.*
Scríobh mé cúpla litir.   *I wrote a couple of letters.*

6 The past tense of irregular verbs

Some verbs have past tense forms which differ greatly from the present tense:

déanann *does*   Rinne mé dearmad. *I made a mistake.*
tagann *comes*   Tháinig sé abhaile. *He came home.*
téann *goes*   Chuaigh sí ar ais. *She went back.*
faigheann *gets*   Fuair mé post. *I got a job.*
feiceann *sees*   Chonaic mé é sin. *I saw that.*
deireann *says*   Dúirt mé leo é. *I told it to them.*
cloiseann *hears*   Chuala siad ráfla. *They heard a rumour.*

See also Unit 13.

Munster Irish has simplified the verb 'to do'; the present is **deineann** (*does*) and the past is **dhein**. You may decide that these forms are easier.

7 Some expressions of time

These refer to specific periods of past time:

inné *yesterday*	**arú aréir** *the night before last*
maidin inné *yesterday morning*	**an tseachtain seo caite** *last week*
tráthnóna inné *yesterday evening*	**an mhí seo caite** *last month*
aréir *last night*	**anuraidh** *last year*
arú inné *the day before yesterday*	**an bhliain seo caite** *last year*

These adverbs are also useful:

ó shin *since*	**fós** *yet*
le déanaí *lately*	**cheana** *already* (pron. hana)
fadó *long ago*	**arís** *again*

Ar feadh (*for*) (a period of time) takes the genitive case:

seachtain	*week*	ar feadh seachtaine	*for a week*
mí	*month*	ar feadh míosa	*for a month*
bliain	*year*	ar feadh bliana	*for a year*

8 Tar éis (after)

This is followed by the genitive case:

dinnéar	*dinner*	tar éis an dinnéir	*after dinner*
lón	*lunch*	tar éis an lóin	*after lunch*
Aifreann	*Mass*	tar éis an Aifrinn	*after Mass*
céim	*degree* (f)	tar éis na céime	*after (getting) the degree*

It is also used with the verbal noun to refer to something which has just happened. Compare these:

Bhuail mé leo.	*I met them.*
Táim **tar éis** bualadh leo.	*I have just met them.*
D'éirigh sé.	*He has got up.*
Tá sé **tar éis** éirí.	*He has just got up.*

| D'imigh sí. | *She left.* |
| Tá sí **tar éis** imeacht. | *She has just left.* |

9 Ar *(on) without lenition*

In some set phrases **ar** is used without lenition:

ar muir is ar tír *on sea and on land*	**ar fáil** *available*
ar dualgas *on duty*	**ar buile** *angry*
ar cíos *for rent*	**ar meisce** *drunk*
ar díol *for sale*	**ar siúl** *taking place, underway*

☑ Cleachtadh

1 **Seachtain Phádraigín – léigh an téacs thíos agus cuir na pictiúir san ord ceart** (read the text below and put the pictures in the correct order).

Dé Luain D'éirigh me go luath agus chuaigh mé go Londain ag a sé a chlog. Bhí cruinniú agam ag a naoi a chlog.

Dé Máirt D'fhill mé abhaile déanach sa tráthnóna. Bhí mé antuirseach.

Dé Céadaoin Scríobh mé cuntas ar an gcruinniú i Londain. D'oibrigh mé go dtí a hocht a chlog sa tráthnóna.

Déardaoin Thóg mé lá saor agus d'fhan mé sa bhaile. Ghlan mé an teach agus rinne mé roinnt oibre sa ghairdín.

Dé hAoine Bhí mé ar ais san oifig agus tháinig cuairteoir ón bhFrainc. Bhí cruinniú fada againn.

Dé Sathairn Bhí mé tuirseach agus chaith mé an mhaidin sa leaba.

Dé Domhnaigh Bhuail mé le cara dom agus d'itheamar lón an-deas i mbialann.

2 Find who did what

Léigh na dialanna seo agus pioc amach cé a rinne na rudaí seo a leanas (*study the diaries and find who did the following*):

Cé a:
a fuair rud éigin sa phost?
b cheannaigh rud éigin?
c scríobh rud éigin?
d d'éirigh go déanach?
e d'fhreastail ar rud éigin?
f tháinig abhaile déanach?
g bhí ag obair sa ghairdín?

Pádraig's diary

tráthnóna iontach –	Aoine
sa bhaile ag a 3.00	26
an - tuirseach.	Satharn
D'fhan mé sa leaba	27
ar maidin	
litir chuig Breandán	Domhnach
	28

Seosamh's diary

lón le Gearóid	Aoine
– ró-ghnóthach	12
péire nua bróg –	Satharn
go deas	13
litir ó Ghráinne –	Domhnach
ag teacht Déardaoin	14

Orla's diary

Cárta poist ón bhFrainc	Aoine
– beidh Nathalie ag	29
teacht	
lá deas –	Satharn
ag obair sa ghairdín	30
ag ceolchoirm le	Domhnach
Pól – an-mhaith	31

3 **Líon isteach na bearnaí**

a Choose the appropriate verb from those supplied below and put it in the past tense.

i _____ mé sa bhliain 1970.

ii _____ mé tamall i Sasana.

iii _____ mé le Peadar inné.

iv _____ mé béile an-deas aréir.

v _____ mé litir do Sheán.

vi _____ mé an cárta sa phost.

vii _____ mé nóta.

caitheann/itheann/pósann/scríobhann/fágann/cuireann/buaileann

b

i _____ an choirm cheoil ag a hocht a chlog.

ii _____ mé go luath maidin inné.

iii _____ mé ag a seacht a chlog tráthnóna inné.

iv _____ an aimsir inné.

críochnaíonn/athraíonn/éiríonn/tosaíonn

c

i _____ sé abhaile ag an deireadh seachtaine.

ii _____ sé post nua.

iii _____ sí dearmad.

iv _____ sé liom é.

v _____ mé é sin.

vi _____ siad ar ais go Sasana.

téann/déanann/faigheann/tagann/deireann/cloiseann

4 Use the following grid about weekend activities to make up two more conversations similar to that between Eibhlís and Tríona: **a** Tríona agus Dara; **b** Tríona agus Orla.

	oíche Dé hAoine	Dé Sathairn	Dé Domhnaigh
Eibhlís	dioscó (Bhí Colm ann)	sa bhaile (tuirseach)	Brian (bláthanna)
Dara	na pictiúir (le Noel)	rothar nua	sa bhaile
Orla	sa bhaile	obair (oifig)	(císte deas)

Tríona	An raibh deireadh seachtaine deas agat?
Eibhlís	Bhí, chuaigh mé chuig dioscó oíche Dé hAoine agus bhuail mé le Colm ansin.
Tríona	Feicim. Agus céard a rinne tú Dé Sathairn?
Eibhlís	D'fhan mé sa bhaile Dé Sathairn. Bhí mé an-tuirseach. Ach tháinig Brian Dé Domhnaigh agus thug sé bláthanna dom.
Tríona	An-deas. Bhí deireadh seachtaine an-mhaith agatsa.

---

bláthanna *flowers*

---

5 Put the items in these two lists in order from most recent to most distant:

a **i** an tseachtain seo caite
   ii arú inné
   iii anuraidh
   iv inné
   v an mhí seo caite

b **i** arú aréir
   ii maidin inné
   iii aréir
   iv tráthnóna inné

13 NÍ FHACA MÉ THÚ LE TAMALL
I haven't seen you for a while

In this unit you will learn how to

■ comment further on past events
■ form irregular verbs in the past tense

Comhrá 1

Deirdre and Séamas meet and talk about a friend's recent lottery win.

Deirdre Conas tá tú, a Shéamais? Ní fhaca mé thú le tamall.

Séamas Tá áthas orm tú a fheiceáil. Aon scéal?

Deirdre Bhuaigh Treasa duais mhór sa Chrannchur Náisiúnta.

Séamas Ar bhuaigh? Níor chuala mé faoi sin in aon chor. An raibh tú ag caint léi?

Deirdre Ní raibh. A deartháir a dúirt liom é.

Séamas Céard a rinne sí leis an airgead?

Deirdre Cheannaigh sí carr di féin agus ceann dá muintir.

Séamas An ndearna? An-smaoineamh. Níor cheannaigh mise ticéad riamh. Céard fútsa?

Deirdre Ceannaím ceann gach seachtain, ach níor bhuaigh mé dada fós.

Ní fhaca mé thú. *I haven't see you.* (lit. *I didn't see you*)	**An ndearna?** *Did (she)?*
Bhuaigh Treasa duais (f) **mhór.** *Theresa (has) won a big prize.*	**Níor cheannaigh mise ticéad** (m) **riamh.** *I (have) never bought a ticket.*
sa Chrannchur (m) **Náisiúnta** *in the National Lottery*	**Céard fútsa?** *What about you?*
Níor chuala mé. *I didn't hear.*	**Ceannaím ceann gach seachtain** (f). *I buy one every week.*
a dúirt liom *who told me*	**dada** *anything*
agus ceann (m) **dá muintir** (f) *and one for her parents*	

Is fíor/ní fíor?

a Bhuaigh Treasa an Lotto.

b Cheannaigh sí teach nua dá muintir.

c Ceannaíonn Deirdre ticéad anois is arís.

Comhrá 2

A journalist interviews a young Irishman working in New York.

Iriseoir	Cathain a tháinig tú go Nua-Eabhrac?
Micheál	Trí bliana ó shin.
Iriseoir	Cén fáth ar fhág tú Éire?
Micheál	Níor éirigh liom post a fháil nuair a d'fhág mé an scoil.
Iriseoir	An ea? An ndearna tú an Ardteist?
Micheál	Rinne, ach ní dhearna mé ró-mhaith ann.
Iriseoir	Tuigim. Ar chuir tú isteach ar mhórán postanna?
Micheál	Chuir mé isteach ar roinnt. Ach bhí fonn orm teacht anseo.
Iriseoir	An bhfuair tú post láithreach?
Micheál	Ní bhfuair. Thóg sé tamall uaim.
Iriseoir	Cén cineál oibre a fuair tú?
Micheál	Bhí mé ag obair i mbialann ar dtús. Níor fhan mé ann ach sé mhí.
Iriseoir	Agus ansin?
Micheál	Fuair mé post i ngaráiste ach níor thaitin sé liom.
Iriseoir	Nár thaitin? Cén fáth?
Micheál	Ní raibh an pá ró-mhaith.
Iriseoir	Ní raibh, is dócha. An ndeachaigh tú abhaile ó shin?
Micheál	Chuaigh mé ann ar feadh míosa anuraidh.

Iriseoir   Ar mhaith leat fanacht anseo?
Micheál   Níor mhaith. B'fhearr liom dul abhaile.

Cén fáth? *Why?*	**Bhí fonn** (m) **orm ...** *I was*
Níor éirigh liom *I didn't succeed*	*inclined ...*
post a fháil *to get a job*	**Thóg sé tamall** (m) **uaim.** *It took*
An ndearna tú an Ardteist (f)**?**	*me a while.*
Did you do the Leaving Certiticate?	**ach sé mhí** *only six months*
Rinne. *I did.*	**Níor thaitin sé liom.** *I didn't like it.*
Ní dhearna mé ró-mhaith ann.	**Nár thaitin?** *Didn't it (please you)?*
I didn't do too well in it.	**An ndeachaigh tú abhaile?** *Did*
Ar chuir tú isteach ar ...? *Did*	*you go home?*
you apply for ...?	**ar feadh míosa** (f) *for a month*

Ceisteanna

a   Cén fáth ar tháinig Micheál go Nua-Eabhrac?
b   Cén cineál postanna a bhí aige ann?
c   Cathain a chuaigh sé ar ais go hÉirinn?

  Comhrá 3

Niamh   Cén mhí a théann tú ar do laethanta saoire?
Eibhlís   I Mí Iúil de ghnáth.
Niamh   Ó, an ea. Cá dtéann tú?
Eibhlís   Téim chun na Spáinne de ghnáth, ach chuaigh mé go Páras i
              mbliana.
Niamh   An ndeachaigh? Ní miste athrú anois is arís. Cár fhan tú?
Eibhlís   In óstán beag in aice le lár na cathrach.

laethanta (m) **saoire** (f) *holidays*	**Cár fhan tú?** *Where did you stay?*
i mbliana *this year*	**in aice le** *near, next to*
Cá dtéann tú? *Where do you go?*	**lár** (m) **na cathrach** (f) *the city*
Ní miste athrú (m). *A change is no*	*centre*
harm.	

Ceist

Cár fhan Eibhlís i bPáras?

⚙ **Gramadach**

1 The past tense forms of **an, ní** *and* **nach**

There are distinct past tense forms of **ní** (negative), **an** (question) and **nach** (negative question); these end in **-r** and cause lenition. (See also Unit 7):

	Negative	**Question**	**Negative question**
Present	ní	an	nach
Past	níor	ar	nár

Their use is shown in these examples:

Present	Buailim leis go minic.	*I meet him fairly often.*
	An mbuaileann tú léi?	*Do you meet her?*
	Ní bhuailim leo in aon chor.	*I don't meet them at all.*
	Nach mbuaileann tú leis?	*Don't you meet him?*
Past	Bhuail mé leis cheana.	*I (have) met him already.*
	Ar bhuail tú léi?	*Did you meet her?*
	Níor bhuail mé leo.	*I didn't met them.*
	Nár bhuail tú leis?	*Didn't you meet him?*

Compare the copula forms in **-r** in Unit 10, and see further in Unit 15.

2 Special forms of irregular verbs in the past tense

Verbs which are irregular in the past tense, e.g. **déanann** (*does*) and **rinne** (*did*), are even more irregular when preceded by **an, ní,** etc. They use the ordinary **an, ní, nach** instead of the past tense forms **ar, níor, nár,** and the verb takes a special 'dependent' form. You have already met this pattern with the past tense of **tá** (*is*). These combinations should be learned as units:

Bhí mé / was	**Rinne mé** / did
Ní raibh mé / wasn't	**Ní dhearna mé** / didn't
An raibh mé? Was I?	**An ndearna mé?** Did I?
Nach raibh mé? Wasn't I?	**Nach ndearna mé?** Didn't I?

Chuaigh mé / went	**Chonaic mé** / saw
Ní dheachaigh mé / didn't go	**Ní fhaca mé** / didn't see
An ndeachaigh mé? Did I go?	**An bhfaca mé?** Did I see?
Nach ndeachaigh mé? Didn't I go?	**Nach bhfaca mé?** Didn't I see?

Dúirt mé / said	**Fuair mé** / got
Ní dúirt mé / didn't say	**Ní bhfuair mé** / didn't get
An ndúirt mé? Did I say?	**An bhfuair mé?** Did I get?
Nach ndúirt mé? Didn't I say?	**Nach bhfuair mé?** Didn't I get?

Munster Irish has a simplified pattern for two of these verbs, which you may find convenient:

dhein *did*   níor/ar/nár dhein *didn't do*, etc.
chuaigh *went*   níor/ar/nár chuaigh *didn't go*, etc.

3 The past tense form of cá (where?)

Cá becomes **cár** before regular verbs in the past tense. (Compare **an** in Unit 7 and section **1** of this unit.)

Cá bhfanann tú?	*Where do you stay?*
Cár fhan tú?	*Where did you stay?*
Cá n-imíonn an t-airgead?	*Where does the money go?*
Cár imigh an t-airgead?	*Where did the money go?*

Here again irregular verbs do not use the form with **-r**:

Cá ndeachaigh tú?	*Where did you go?*
Cá bhfuair tú é sin?	*Where did you get that?*

4 Type 1 verbs in final vowel

Type 1 verbs which end in a consonant take no ending in the past tense, for instance **pósann** (*marries*), **phós** (*married*). However those which end in a vowel add **-igh**, like Type 2.

suíonn *sits*	Shuigh mé síos. *I sat down.* (pron. hí)
buann *wins*	Bhuaigh sé duais. *He won a prize.* (pron. vua)
léann *reads*	Níor léigh mé é. *I didn't read it.* (pron. lé)

5 Taitníonn *(pleases)* in the past tense

When **-íonn** is removed to form the past tense of this verb, an **i** is inserted between the consonants. Compare:

| Taitníonn sé liom. | *I enjoy it.* (lit. *It pleases with me*) |
| Thaitin sé liom | *I enjoyed it.* |

Two other verbs which follow this pattern are **imríonn** (*plays*) and **cosnaíonn** (*costs*):

| D'imir mé cluiche gailf inné. | *I played a game of golf yesterday.* |
| An méid a chosain sé orm. | *The amount it cost me.* |

6 Using **thú** *for* **tú** *'you'*

Tú usually becomes **thú** when it is the object of a verb:

Ní fhaca mé thú.	*I didn't see you.*
Ní chloisim thú.	*I can't hear you.*
Feicim anois thú.	*I see you now.*

7 The past tense used instead of the perfect

The past tense is often used in Irish where the perfect would be required in English, especially when referring to individual experiences in the past:

| Chonaic mé an scannán sin. | *I have seen* (lit. *I saw*) *that film.* |
| Chuala mé é sin. | *I have heard* (lit. *I heard*) *that.* |

When the Irish past tense corresponds to the English perfect it is often accompanied by adverbs such as **cheana** (*already*), **riamh** (*never*):

Ní fhaca mé thú le tamall.	*I haven't seen you for some time.*
Níor léigh mé riamh é.	*I have never read it.*
Bhuail mé leo cheana.	*I have already met them.*
Níor bhuail mé riamh léi.	*I have never met her.*
Níor chaith mé tobac riamh.	*I have never smoked.*

8 Verbal noun clauses

These correspond to the English infinitive (the form of the verb preceded by *to*, e.g. *to buy*). When there is no direct object the word order is the same as in English:

Ar mhaith leat	**fanacht** anseo?	*Would you like*	*to stay here?*
	bualadh le Seán?		*to meet Seán?*
	teacht linn?		*to come with us?*
	bheith pósta?		*to be married?*
Tá áthas orm	**bheith** anseo.	*I am pleased*	*to be here.*
	bualadh leat.		*to meet you.*
	cabhrú leat.		*to help you.*
Tá fonn orm	**dul** abhaile.	*I am inclined*	*to go home.*
	imeacht.		*to leave.*
	éirí as.		*to give up.*

When there is a direct object the order is quite different: *I am pleased to see you* becomes lit. *I am pleased you to see*. Notice the lenition after **a**.

Tá áthas orm tú a fheiceáil	*I am pleased to see you.*
Tá fonn orm post a fháil.	*I am anxious to get a job.*
Ba mhaith liom post a fháil.	*I would like to get a job.*
teach a cheannach.	*to buy a house.*
é a thriail.	*to try it.*
greim a ithe.	*to eat a bite.*
braon tae a ól.	*to drink a drop of tea.*

9 Ní ... ach *(only)*

There is no single word for *only* in Irish and the sentence must be made negative. Compare the following.

Chaith mé seachtain ann.	*I spent a week there.*
Níor chaith mé ann ach seachtain.	*I only spent a week there.* (lit. *I didn't spend there but a week*)
Cheannaigh mé ceann amháin.	*I bought one.*
Níor cheannaigh mé ach ceann amháin.	*I only bought one.*

10 Dá *(to his, to her)*

You will recall that *his* is **a** + lenition and *her* is **a** without lenition. A preposition ending with a vowel is separated from these with an **n**. Compare these:

ag + a   Tá carr ag a bhean.   *His wife has a car.*
le + a   Bhí mé ag caint lena mac.   *I was talking to her son.*

However **do** *(to, for)* + **a** *(his/her)* becomes **dá**:

Thug sé **dá** bhean é.   *He gave it to his wife.*
Cheannaigh sí **dá** mac é.   *She bought it for her son.*

11 Go and chun *(to) with place names*

Go is used before place names without **an** *(the)*:

Páras *Paris*   Chuaigh mé **go** Páras. *I went to Paris.*
Sasana *England*   Chuaigh mé **go** Sasana. *I went to England.*
Londain *London*   Chuaigh mé **go** Londain. *I went to London.*
Nua-Eabhrac *New York*   Chuaigh mé **go** Nua-Eabhrac. *I went to New York.*

If the destination begins with **an** *(the)* you must use **chun**, which requires the genitive case.

An Fhrainc *France*   Chuamar **chun** na Fraince. *We went to France.*
An Spáinn *Spain*   Chuamar **chun** na Spáinne. *We went to Spain.*
An Róimh *Rome*   Chuamar **chun** na Róimhe. *We went to Rome.*

Chun is used in various other expressions:

suí chun boird   *to sit down at table*
dul chun na trá   *to go to the beach*

12 Ní miste

This is used to convey the idea of *it would be as well to, it would be no harm*:

Ní miste sin.   *That's no harm/not a bad idea.*

It is often by a verbal noun clause:

Ní miste é a dhéanamh.   *It is as well to do it.*
Ní miste é a rá.   *It is no harm to say it.*

Other forms of the copula are also used with **miste**:

Ar mhiste labhairt leo?   *Would it be as well to speak to them?*
Níor mhiste smaoineamh air.   *It would be no harm to think of it.*

☑ Cleachtadh

1 Líon isteach na bearnaí.
Complete the question with the correct form of the verb and echo the verb in the answer:

Mar shampla:
Ar _____ tú an litir sa phost? Freagra: Chuir.
a (caitheann)
Ar _____ tú tobac riamh?
b (fanann)
Ar _____ tú sa leaba maidin Dé Sathairn?
c (tugann cuairt ar)
Ar _____ tú cuairt ar Mháireád le déanaí?
d (féachann/taitníonn)
Ar _____ tú ar an gcoirm cheoil ar an teilifís aréir?
Ar _____ sé leat?

tugann cuairt ar *visits*		**coirm cheoil** *concert*	

2 Ar/An? Put **ar** or **an** in the question and write out the appropriate response with the correct form of the verb:

a (itheann)
_____ ith tú bricfeasta maith ar maidin?
b (fágann)
_____ fhág sibh an teach go luath ar maidin?
c (déanann)
_____ ndearna tú dearmad (*forgetting*) ar do hata?
d (faigheann)
_____ bhfuair tú na ticéid?
e (téann)
_____ ndeachaigh tú ann?

3 Answer in the negative.

Example: Ar chuir tú an litir sa phost? Níor chuir.

  a Ar bhuail tú le Peadar fós?

  b Ar éirigh tú go luath ar maidin?

  c Ar ól tú uisce beatha riamh?

  d Ar tháinig Séamas fós?

  e An bhfuair tú an seic fós?

  f An ndearna tú dearmad ar an leabhar?

  g An ndeachaigh tú go Luimneach inné?

4 Insert the appropriate forms of **feiceann**:

  a An _____ tú Pádraig le déanaí?

    _____ . Bhí sé anseo inné.

  b An bhfaca tú Máire agus Siobhán?

    Ní _____ mé duine ar bith.

5 **Cuir Nuala i gcomparáid le hEoghan** (*compare Nuala's and Eoghan's day*). Change the verbs to the past tense.

Mar shampla: (éiríonn) _____ Nuala ag a seacht a chlog ach _____ _____ Eoghan go dtí leath i ndiaidh a seacht. (*Nuala* (*gets up*) *at seven o'clock but Eoghan* (*doesn't*) *get up until half past seven.*) This becomes: D'éirigh Nuala ag a seacht a chlog ach níor éirigh Eoghan go dtí leath i ndiaidh a seacht.

  a (**itheann**) – _____ Nuala bricfeasta maith ach _____ _____ Eoghan aon bhricfeasta.

  b (**fágann**) – _____ Nuala an teach ag a hocht a chlog ach _____ _____ Eoghan go dtí a naoi a chlog.

  c (**tosaíonn**) – _____ Nuala ag obair ag ceathrú chun a naoi ach _____ _____ Eoghan go dtí a deich a chlog.

  d (**téann**) – _____ Nuala abhaile ag a sé a chlog ach _____ _____ Eoghan abhaile go dtí a seacht a chlog.

  e (**déanann**) – _____ Nuala dinnéar deas sa tráthnona ach _____ Eoghan dinnéar ar bith.

  f (**faigheann**) – _____ Nuala glaoch teileafóin sa tráthona ach _____ _____ Eoghan glaoch ar bith.

6 Complete the conversations as in the model.

  Mar shampla:

    (**buann** = *wins*)

Statement: Bhí mé ag imirt peile inné.
Question: **Ar bhuaigh** sibh?
Response: **Bhuaigh.**

a **(tagann)**
Tá Siobhán anseo anois.
____ ____ sí le Diarmaid?
____

b **(imíonn)**
Níor fhan muid ródhéanach aréir.
____ ____ sibh roimh mheán oíche?
____

c **(faigheann)**
Beidh lá breithe Sheáin ann amárach.
An ____ tú bronntanas do?

____

d **(déanann)**
Ní fheicim mo scáth fearthainne in áit ar bith.
____ ____ tú dearmad air arís?
____ , is docha.

7 Make short conversations like the following:

- An ndeachaigh tú chuig an taispeántas inné?
– Chuaigh.
- Ar thaitin sé leat?
– Thaitin.

> **taispeántas** *exhibition*

Now use these:
a dioscó
b ag siúl (*walking*)
c an léacht (*lecture*)
d an cluiche peile (*football match*)

8 Join up these to make complete utterances and then match each with one of the functions listed.

Ar mhaith leat – dul abhaile.
Tá áthas orm – post a fháil.

Tá fonn orm   –   bualadh leat.
Ba mhaith liom   –   teacht linn?

a   expressing inclination
b   response when introduced to someone
c   inviting
d   expressing desire

9   Say where you (pl.) went.

Chuamar

a   Páras
b   An Fhrainc
c   Sasana
d   An Spáinn
e   Gaillimh

14 TÁ MÉ AG FOGHLAIM GAEILGE LE DHÁ BHLIAIN ANUAS

I have been learning Irish for the past two years

In this unit you will learn how to

■ talk about your progress in learning Irish
■ cope when you are stuck for a word, or when people talk too quickly

Here are some conversations between Irish speakers (**Gaeilgeoirí**) and people who are learning the language (**foghlaimeoirí**).

Comhrá 1

Gaeilgeoir	Conas tá ag éirí leat sa Ghaeilge?
Foghlaimeoir	Réasúnta maith, ach tá sé mall go leor.
Gaeilgeoir	Cén fhad atá tú á foghlaim?
Foghlaimeoir	Le dhá bhliain anuas.
Gaeilgeoir	Cad é an rud is deacra sa Ghaeilge?
Foghlaimeoir	Tá an litriú deacair go leor agus tá an séimhiú agus an t-urú measartha deacair freisin.
Gaeilgeoir	Agus cad é an rud is fusa?
Foghlaimeoir	Níl aon rud an-fhurasta, i ndáiríre. Bíonn ort oibriú go dian chun teanga a fhoghlaim.

réasúnta, measartha *fairly*	**litriú** (m) *spelling*
Cén fhad atá tú á foghlaim?	**go dian** *hard*
How long are you learning it?	**furasta** *easy*
le dhá bhliain (f) **anuas** *for the*	**Bíonn ort ...** *You have to ...*
past two years	**chun teanga** (f) **a fhoghlaim** *in*
Cad é an rud is deacra/fusa?	*order to learn a language*
What is the most difficult/easy thing?	

Is fíor/ní fíor?

a   Tá an duine seo ag foghlaim Gaeilge le bliain anuas.

b   Tá ag éirí go maith leis sa Ghaeilge.

Comhrá 2

Gaeilgeoir	Conas tá an cúrsa ag teacht ar aghaidh?
Foghlaimeoir	Go han-mhaith. Tá mé an-sásta leis.
Gaeilgeoir	Cén múinteoir atá agat?
Foghlaimeoir	Bíonn beirt mhúinteoirí againn. Is é Seán Ó Néill a bhíonn againn ar maidin agus is í Caitlín Ní Bhriain a bhíonn againn tar éis lóin.
Gaeilgeoir	Tá neart Gaeilge agat. Tá tú ag déanamh go han-mhaith.

ag teacht ar aghaidh *coming*	**ag déanamh go han-mhaith**
along, progressing	*doing very well*
neart *plenty* (lit. *strength*)	

Is fíor/ní fíor?

a   Tá an foghlaimeoir mí-shásta (*dissatisfied*) leis an gcúrsa.

b   Bíonn an múinteoir céanna (*same*) ag an bhfoghlaimeoir an t-am ar fad (*all the time*).

Comhrá 3

Foghlaimeoir	Tá sé go breá ar maidin.
Gaeilgeoir	Tá, ach ní féidir bheith ag brath air. Tá ceobhrán fógraithe i gcomhair an tráthnona.

Foghlaimeoir   Tá brón orm. Níor thuig mé é sin. Cad tá fógraithe?
Gaeilgeoir   Ceobhrán.
Foghlaimeoir   Cén rud é sin?
Gaeilgeoir   Ní bhíonn sé chomh trom le báisteach. *Mist* an focal
                   Béarla air.

Ní féidir bheith ag brath air.	**níor thuig mé** *I didn't understand*
You can't depend on it.	**chomh trom le** *heavy as*
fógraithe *announced, predicted*	

Ceist:
Cén rud nár thuig an foghlaimeoir?

Roinnt frásaí áisiúla
(some useful phrases)

Conas a deireann tú … as Gaeilge?	*How do you say … in Irish?*
Conas a litríonn tú …?	*How do you spell …?*
Cad é an Ghaeilge ar …?	*What is the Irish for …?*
Cad é an focal Gaeilge ar …?	*What is the Irish word for …?*
An bhféadfá labhairt níos moille?	*Could you speak more slowly?*
An bhféadfá é sin a rá arís?	*Could you say that again?*
An bhféadfá é a rá go mall?	*Could you say it slowly?*
An bhfuil Gaeilge agat?	*Do you know* (lit. *have*) *Irish.*
Tá beagán Gaeilge agam.	*I know some Irish.*
Níl ach beagán Gaeilge agam.	*I only know some Irish.*
Labhrann siad ró-thapaidh.	*They speak too fast.*
Tuigim rudaí áirithe.	*I understand certain things.*
Ní thuigim thú/é sin.	*I don't understand you/that.*
Tuigim anois.	*I understand now.*

Roinnt comhairle
(some advice)

Mac léinn   Cad é an tslí is fearr chun staidéar a dhéanamh ar
                theanga?
Léachtóir   Tá rudaí áirithe níos tábhachtaí ná rudaí eile. Tá
                cruinneas tábhachtach ach is í an líofacht an rud is

tábhachtaí. Is é an rud is tábhachtaí ar fad, b'fhéidir, ná an stór focal. Mura bhfuil focail ar eolas agat ní féidir leat mórán a rá.

slí (f) *way, method*	**stór** (m) **focal** (m) *vocabulary* (lit.
staidéar (m) **a dhéanamh ar** *to*	*store of words*)
study	**tá ar eolas** (m) **ag** *knows*
tábhachtach *important*	**mura** *if not*
cruinneas (m) *accuracy* (**cruinn**	
accurate)	

Ceisteanna

a An aontaíonn tusa leis an gcomhairle seo? (aontaíonn le = *agrees with*)
b Cad é an tslí is fearr chun teanga a fhoghlaim, dar leatsa?

An tslí ar fhoghlaim mé Gaeilge *(how I learnt Irish)*

Tá mé ag foghlaim Gaeilge le beagnach trí bliana anuas. Rinne mé cúrsa de chuid Ghael Linn ar dtús i mBaile Átha Cliath, agus d'éirigh go maith liom ansin. 'Tús maith leath na hoibre', mar a deir an seanfhocal. Ina theannta sin chaith mé coicís ar chúrsa sa Ghaeltacht anuraidh. Is iad na rudaí is mó a thaitníonn liom ná léitheoireacht, bheith ag féachaint ar fhístéipeanna agus páirt a ghlacadh i ndrámaí.

cúrsa de chuid *a course organised*	**is iad na rudaí** (m) **... ná.** *The*
by	*things ... namely.*
'Tús (m) **maith leath** (m) **na**	**páirt** (f) **a ghlacadh** *taking part, to*
hoibre (f)**.'** *'A good beginning (is)*	*take part*
half the work.'	**ag féachaint ar fhístéipeanna**
ina theannta sin *along with that*	*watching videos*
(**i dteannta** = *accompanying*)	

Ceisteanna

a Cé mhéad ama a chaith an foghlaimeoir seo sa Ghaeltacht?
b Céard iad na rudaí is mó a thaitníonn leis?

⚙ Gramadach

1 How to say 'the easiest thing', 'the most difficult thing', etc.

These become *the thing which is most easy/difficult* in Irish:

furasta *easy*   an rud is **fusa** *the easiest thing*
deacair *difficult*   an rud is **deacra** *the most difficult thing*

The copula form **is** can mean either *is* or *which is* according to context. Compare these:

Is deacair é a dhéanamh.   *It is difficult to do it.* (**é** = *it*)
Sin an rud **is** deacra a dhéanamh. *That is the most difficult thing*
                                      to do.

On page 163 you met the special adjectival forms needed here in another context. Recall that the most common procedure is to add **e** (which makes a broad consonant slender). Adjectives ending in a vowel are not usually affected. The most common adjectives tend to be irregular:

saor *cheap*	Sin an ceann is	saoire	*That is the cheapest one.*
daor *dear*		daoire.	*dearest.*
deas *nice*		deise.	*nicest.*
maith *good*		fearr.	*best.*
dona *bad*		measa.	*worst.*
mór *big*		mó.	*biggest.*
beag *small*		lú.	*smallest.*
fada *long*		faide.	*longest.*
gearr *short*		giorra.	*shortest.*

2 Is é ... ná

Note the construction of these sentences. **Is** is pronounced **ish** before **é, í, iad, ea**:

Is é an rud a chonaic mé **ná** capall.   *What I saw was a horse.*
Is é an duine a bhí ag caint liom **ná**   *The person who was talking*
  Liam.   *to me was Liam.*

This construction can also be used to express preferences:

Is é an spórt is fearr liom **ná** peil.	*The sport I like best is football.*
Is é an ceol is fearr liom **ná** jazz.	*The music I like best is jazz.*
Is é an rud is fearr liom **ná** luí faoin ngrian.	*What I like best is to lie under the sun.*
Is é an tslí is fearr liom teanga a fhoghlaim **ná** bheith ag éisteacht le téipeanna.	*My favourite way of learning a language is listening to tapes.* (lit. *to be listening*)

3 Tá orm/Bíonn orm *(I must, I have to)*

Tá ar (*has to*) refers to the moment of speaking alone:

Tá orm dul abhaile.	*I have to go home (now).*
Tá orthu imeacht.	*They have to leave (now).*

Bíonn ar refers to recurrent situations.

Bíonn orm éirí go luath.	*I have to get up early (always).*
Bíonn orm mórán staidéir a dhéanamh.	*I have to do a lot of study.*
Bíonn orthu fanacht istigh san oíche.	*They have to stay in at night.*

The past tense is **bhí ar** (*had to*):

Bhí orm bheith istigh go luath.	*I had to be in early.*
Bhí orainn dul abhaile.	*We had to go home.*

4 Another use of is

You learnt in Unit 2 that **is** can be used to classify a person by occupation or nationality, e.g. **Is múinteoir í Máire** (*Mary is a teacher*). It can also be used to identify who fulfills a particular role, e.g. *Mary is the/my teacher*. The order of words will then be: **Is** + pronoun referring to person + person's name + role:

Is í Máire an múinteoir ceoil.	*Mary is the music teacher.*
Is í Niamh an múinteoir Fraincise.	*Niamh is the French teacher.*
Ní hí Máire an múinteoir Fraincise.	*Mary is not the French teacher.*
Is é Brian an múinteoir staire.	*Brian is the history teacher.*

Is é Seán an múinteoir a bhíonn   *Seán is our teacher in the*
  againn ar maidin.   *morning.*
Ba é Liam an múinteoir spóirt.   *Liam was the sports teacher.*

5 Pronouns as object of the verbal noun

The object of the verbal noun comes immediately after it, and is put in the
genitive case if it has one:

Tá siad ag ceannach tí.   *They are buying a house.* (**teach** (m) *house*)

However, if you want to say they *they are buying* it it is not possible
simply to put the pronoun **é** *it* after the verbal noun. Instead **do** +
possessive pronoun is put before the verbal noun (and the construction
means *they are to its buying*):

Tá siad dá cheannach.   *They are buying it.* (**dá** = **do** + **a** *his, its*)

The fused form **dá** from **do** + **a** is commonly reduced to **á** in speech and
this shortened form is now given preference in the Official Standard. We
use it here.

The full set of pronoun objects may conveniently be shown with the
verbal noun **crá** *annoying*.

Tá siad do mo chrá.	*They are annoying me.*
Tá siad do do chrá.	*They are annoying you.*
Tá siad á chrá.	*They are annoying him.*
	(**á** = **do** + **a**)
Tá siad á crá.	*They are annoying her.*
	(**á** = **do** + **a**)
Tá siad dár gcrá.	*They are annoying us.*
	(**dár** = **do** + **ár**)
Tá siad do bhur gcrá.	*They are annoying you.*
Tá siad á gcrá.	*They are annoying them.*
	(**á** = **do** + **a**)

Notice that the vowels of **mo** and **do** are dropped before a vowel, as usual:

Níl siad do m'íoc.   *They aren't paying me.*
An bhfuil siad do d'íoc?   *Are they paying you?*

Notice that **á** is followed by whatever mutation is requried by the gender
of the noun. Compare:

Masculine noun	Tá mé ag déanamh císte.	*I am making a cake.*
(**á** + lenition)	Tá mé á dhéanamh.	*I am making it.*
Feminine noun	Tá mé ag foghlaim Gaeilge.	*I am learning Irish.*
(no lenition)	Tá mé á foghlaim.	*I am learning it.*
Plural noun	Tá mé ag ceannach úll.	*I am buying apples.*
(**á** + eclipsis)	Tá mé á gceannach.	*I am buying them.*

In this last example, **úll** (*apple*) is the basic form with plural meaning in this particular construction (and traditionally called genitive plural in this context). The sentence literally means *'I am at the buying of apples'*. You will meet this again in Unit 17.

6 How to say 'I know'

A number of different expressions are used, one for knowing a person and others for knowing a language or a point of information.

Tá aithne agam ar Sheán.	*I know John.* (lit. *I have acquaintance on John*)
Tá eolas agam ar chúrsaí dlí.	*I know something about legal matters.* (lit. *I have information on legal matters*)
Tá Gaeilge agam.	*I know* (lit. *have*) *Irish.*
Tá a fhios agam faoi sin.	*I know about that.*
Tá a fhios sin agam.	*I know that.*
Tá sé sin ar eolas agam.	*I am aware of that.* (lit. *I have that on knowledge*)

✓ Cleachtadh

1 **a** Cé acu an líne is faide/is giorra?

Is fíor/ní fíor?

Is í líne A an ceann is faide.
Is í líne B an ceann is giorra.

b Cé acu an ceann is mó/is lú?

a

b

c

Is í cearnóg _____ an ceann is _____ .
Is í cearnóg _____ an ceann is _____ .

c Cé acu an ceann is saoire/is daoire?

Is é rothar _____ an ceann is _____.
Is é rothar _____ an ceann is _____.

a   b   c

£280   £250   £290

2 Transform the sentences as in this example:
Tá sé go deas → Sin an ceann is deise. *It is nice → That is the nicest one.*

a Tá sé go maith.
b Tá sé go dona.
c Tá sé furasta.
d Tá sé deacair.

3 Using **ná**. Cuir iad seo san ord ceart.

a an rud / a cheannaigh mé / ná / Is é / gúna dearg
b Tomás / Is é / ná / a chonaic mé / an duine
c is fearr liom / an teanga / ná / Is í / an Ghaeilge

4 Complete the dialogues:

a

Gaeilgeoir	An bhfuil mórán Gaeilge agat?
Foghlaimeoir	(*is learning Irish*)
Gaeilgeoir	Cén fhad atá tú á foghlaim?
Foghlaimeoir	(*six months*)
Gaeilgeoir	Conas tá ag éirí leat?
Foghlaimeoir	(*very well*)

b

Gaeilgeoir	(*asks how learner is getting on*)
Foghlaimeoir	(*fairly well – has a little Irish*)
Gaeilgeoir	(*asks what learner finds most difficult*)
Foghlaimeoir	(*spelling fairly difficult; vocabulary also*)
Gaeilgeoir	(*asks who the teacher is*)
Foghlaimeoir	(*Nuala Ní Bhriain in the mornings; Séamas Ó Cathail in the afternoons*)

5 **Críochnaigh na habairtí seo** (*complete these sentences*):
Is é an tslí is fearr chun:
a focail a fhoghlaim ná …
b líofacht a fháil ná …
c Gaeilge a fhoghlaim ná …
d Gaeilge a chloisint ná …

bheith ag caint	**dul chuig an nGaeltacht**
bheith ag éisteacht le téipeanna	**bheith ag léamh**

6 **Bíonn orm** (*I have to*)
Críochnaigh na habairtí seo:
a Nuair a bhíonn tuirse orm sa tráthnóna, bíonn orm …
b Nuair a bhíonn tinneas fiacaile orm, bíonn orm …
c Nuair a bhíonn a lán oibre le déanamh agam, bíonn orm …
d Nuair nach mbíonn pingin agam, bíonn orm …
e Nuair a bhíonn deacrachtaí agam leis an ríomhaire, bíonn orm …

dul chuig an bhfiaclóir	iasacht airgid a fháil
dul a chodladh go luath	fanacht san oifig déanach
cabhair a fháil	

deacracht (f) *difficulty*	**cabhair** (f) *help*
ríomhaire (m) *computer*	**a lán** *a lot (of)*

7 Transform the sentences below, following this example:
Tá mé ag déanamh císte (m) → **Tá mé á dhéanamh.**

a Tá mé ag ceannach an nuachtáin (m) → Tá mé _____.

b Tá mé ag déanamh suibhe (f) → Tá mé _____.

c Tá mé ag cur bronntanais (m) sa phost → Tá mé _____ sa phost.

d Tá mé ag cur litreach (f) sa phost → Tá mé _____ sa phost.

e Tá mé ag foghlaim focal nua → Tá mé _____.

f Tá mé ag díol leabhar → Tá mé _____.

subh (f) *jam*	**bronntanais** *present*
ag díol leabhar *selling books*	**ag foghlaim focal** *learning words*

8 Self-assessment:
Conas tá ag éirí leat?

	Go han-mhaith	**Réasúnta maith**	**Go dona**
Labhairt			
Tuiscint			
Léamh			
Scríobh			
Gramadach			
Stór focal			
Fuaimniú			

labhairt *speaking*	**fuaimniú** *pronunciation*
stór focal *vocabulary*	**réasúnta** *reasonably*

Tuiscint

This is an extract from a brochure on Irish courses. To whom are these courses of interest?

Cúrsa Coicíse do Mhúinteoirí Bunscoile/Meánscoile
Iúil 20–31 1992

Cúrsa d'Fhoghlaimeoirí Gaeilge ó Thíortha Eile
Iúil 17 – Lúnasa 14 1992

Bróisiúir agus Eolas le fáil ó:
Áras Mháirtín Uí Chadhain,
An Cheathrú Rua,
Co. na Gaillimhe
091–95101/95038 Facs: 091–95041

(*From: Saol*, Aibreán, 1992)

15 RUGADH I gCORCAIGH MÉ
I was born in Cork

In this unit you will learn how to

■ describe past events, including people's life histories

Rugadh mé. *I was born.*
Tógadh mé. *I was bought up.*
D'fhreastail mé ar... *I attended...*
Bronnadh céim orm. *I was awarded a degree.*

Comhrá 1

This is part of an interview for a job in **Raidió na Gaeltachta**. The applicant, Eibhlín, is being asked about her childhood and education.

Ceist   Cad as duit?
Eibhlín   Rugadh i gCorcaigh mé ach tógadh i Luimneach mé. Is ann a chuaigh mé ar scoil.
Ceist   Agus d'fhreastail tú ar an ollscoil i Luimneach, nach ndearna?
Eibhlín   D'fhreastail.
Ceist   Cén chéim a bhain tú amach?
Eibhlín   Bronnadh BA orm trí bliana ó shin.

tógadh … mé. *I was brought up.*	**Cén chéim** (f) **a bhain tú amach?** *What degree did you obtain?*
Is ann. *It's there.*	
d'fhreastail tú ar an ollscoil (f) *you attended university*	**Bronnadh BA orm.** *I was awarded a BA.*

Ceisteanna

a Cá rugadh Eibhlín agus cár tógadh í?
b Cathain a bronnadh a BA uirthi?

Comhrá 2

A **garda** (*policeman*) questions a woman whose garden shed has been broken into.

Garda	Cén t-am a thit sé seo amach?
Bean	Timpeall a haon a chlog ar maidin.
Garda	Conas a thug tú faoi deara é?
Bean	Chuala mé glór amuigh sa ghairdín agus chuaigh mé síos an staighre.
Garda	Cé mhéad acu a bhí ann?
Bean	Chonaic mé beirt, ach ní fhaca mé i gceart iad. Bhí sé dubh dorcha.
Garda	Ar las tú an solas?
Bean	Las. D'imigh siad leo ansin.
Garda	Ar goideadh mórán?
Bean	Níor goideadh aon rud, ach briseadh fuinneog.
Garda	An ndearnadh damáiste ar bith eile?
Bean	Ní dhearnadh, go bhfios dom.

Cén t-am (m) **a thit sé seo amach?** *What time did this happen?*	**Ar las tú an solas?** *Did you put on the light?*
Conas a thug tú faoi deara é? *How did you notice it?*	**D'imigh siad leo ansin.** *They cleared off then.*
glór (m) *a sound*	**Ar goideadh mórán?** *Was much stolen?*
síos an staighre (m) *downstairs*	
Cé mhéad acu? *How many of them?*	**briseadh fuinneog** *a window was broken*
I gceart *properly*	**damáiste** *damage*
Bhí sé dubh dorcha. *It was really dark.* (lit. *black dark*)	**go bhfios dom** *to my knowledge* (lit. *as far as knowledge to me*)

Ceisteanna

a Céard a rinne an bhean nuair a chuala sí na gadaithe? (**gadaí** = *a thief*)
b Céard a ghoid siad?
c An ndearna siad aon damáiste?

Dhá phíosa staire
(*Two items of history*)

These are brief accounts of the lives of two famous Irishmen. Try reading
these in conjunction with the grammar section before looking at the
translations that follow them.

 ## Dónall Ó Conaill

*(Daniel OConnell, the Liberator, whose campaign for Catholic
Emancipation led to legislation at Westminster in 1829.)*

B'as Ciarraí é Dónall Ó Conaill. Rugadh é sa bhliain seacht déag
seachtó a cúig (1775). Ba dhaoine saibhre iad muintir Uí Chonaill.
Chuaigh Dónall ar an ollscoil, agus bhain sé amach céim dlí. Rinneadh
abhcóide de. Chuaigh sé le polaitíocht níos déanaí. Bhí sé i gcoinne
Acht an Aontais, agus d'oibrigh sé go dian chun saoirse na gCaitliceach
a bhaint amach. Toghadh é go Westminster sa bhliain 1828. Tugadh
saoirse iomlán do Chaitlicigh sa bhliain 1829. Cailleadh an Conallach
in 1847. Bhí cáil air ar fud na hEorpa faoin am sin.

*Daniel OConnell was from Kerry. He was born in the year 1775. The
OConnells were wealthy people. Daniel went to university and took a
degree in law. He was called to the bar (lit. made an advocate). He became
involved in politics later. He was against the Act of Union, and worked
hard to achieve Catholic Emancipation. He was elected to Westminster in
the year 1828. Complete freedom was given to Catholics in 1829.
OConnell died in 1847. He was famous throughout Europe by that time.*

 ## Éamonn de Valera

*(Born in New York of Irish–Spanish parentage, mathematician and
politician,* **Taoiseach** *(Prime Minister) for twenty-two years, President
from 1959–1973.)*

Saolaíodh i Nua-Eabhrac é sa bhliain 1882. Ba Spáinneach é a athair. B'Éireannach í a mháthair. Tugadh go hÉirinn é nuair a bhí sé an-óg, agus tógadh é i dteach a sheanmháthar i gContae Luimnigh. Bhain sé amach céim sa mhatamaitic, agus ceapadh ina ollamh é. Ghlac sé páirt thábhachtach in Éirí Amach na bliana 1916. Bunaíodh Saorstát Éireann i 1922 agus as sin amach bhí de Valera chun tosaigh i bpolaitíocht na tíre. Bhí sé ina Thaoiseach ar feadh breis is fiche bliain, idir 1932 agus 1959. Toghadh ina Uachtarán ansin é. Fuair sé bás i 1975.

He was born in New York in the year 1882. His father was Spanish. His mother was Irish. He was brought to Ireland when very young and brought up in his grandmother's house in Co. Limerick. He obtained a degree in mathematics and was appointed a professor. He took an important part in the 1916 Rising. The Irish Free State was founded in 1922 and from then on de Valera was to the forefront in the politics of the country. He was Taoiseach (Prime Minister) for more than twenty years, between 1932 and 1959. He was then elected President. He died in 1975.

📻 Gramadach

1 The past passive form of the verb

The passive (i.e. that form which does not specify the doer of the action) ends in **-adh** in the past tense (or **-eadh** if the preceding vowel is **i** or **e**). You are recommended to pronounce this **-adh** as **-uv**, with a weak vowel. There is no lenition for regular verbs. Here are some examples:

bronnann	*awards*	**Bronnadh** duais orm.	*I was awarded a prize.*
tógann	*raises, builds*	**Tógadh** i 1900 é.	*It was built in 1900.*
ceapann	*appoints*	**Ceapadh** stiúrthóir nua.	*A new director was appointed.*
déanann	*does*	**Rinneadh** go maith é.	*It was done well.*
goideann	*steals*	**Goideadh** mo rothar.	*My bicycle was stolen.*
briseann	*breaks*	**Briseadh** an fhuinneog.	*The window was broken.*
casann ar	*meets*	**Casadh** orm é uair amháin.	*I met him once.*

The more common meaning of **ceapann** is *thinks*. Three verbs have special meanings in the past passive; these are **beireann** (*bears*) (with irregular past **rug** (*bore*), **tógann** (*raises, lifts, builds*) and **cailleann** (*loses*):

Rugadh in Éirinn mé.   *I was born in Ireland.*
Tógadh i Sasana mé.   *I was brought up in England.*
Cailleadh anuraidh é.   *He died last year.* (lit. *was lost*)

The last sentence here could also be:

Fuair sé bás anuraidh   (lit. *He got death*)

Type 2 verbs have **-íodh** instead of **-adh** (remember that they also have **-onn** for **-ann** in the present tense):

bunaíonn *founds*   **Bunaíodh** in 1150 é.   *It was founded in 1150.*
                    Saolaíodh in Albain é.   *He was born in Scotland.*

Saolaíodh is a common alternative to **rugadh**.

2 The passive in Irish and English

An important difference between the use of the passive in Irish and in English is that it is not usual to indicate an agent with passive verbal forms in Irish. If you want to say by whom something was done you must use an active sentence instead. Compare these:

Díoladh an teach sin inné.   *That house was sold yesterday.*
Cheannaigh cara dom é.   *A friend of mine bought it.*
Cara dom a cheannaigh é.   *It's a friend of mine who bought it.*

As the second sentence specifies who did the buying it isn't possible to use **ceannaíodh** (*was bought*). The second of the two Irish versions will normally be preferred, as the identity of the buyer is significant. That significance is conveyed by bringing the buyer to the beginning of the sentence, and appending the rest of the sentence to it in the form of a relative clause (see Unit 9 and 4 on page 207).

3 An?, ní, ar?, níor with the past passive

The past passive of regular verbs is *not* subject to lenition after verbal prefixes (see Unit 13). Compare:

Ar **gh**oid siad rud ar bith?   *Did they steal anything?*
Níor **gh**oid.   *No.* (lit. *Didn't steal*)
with

Ar goideadh rud ar bith?	*Was anything stolen?*
Níor goideadh.	*No.* (lit. *wasn't stolen*)

Irregular verbs stand apart. To make up for their irregularity of form, as it were, they use the same preverbs in all tenses. Compare these:

An ndéantar go minic é?	*Is it done often?*
Ní dhéantar.	*No.* (lit. *isn't done*)
An ndearnadh aon rud faoi?	*Was anything done about it?*
Ní dhearnadh.	*No.* (lit. *wasn't done*)

These simplified forms are used in Munster:

Ar deineadh aon damáiste?	*Was any damage done?*
Níor deineadh.	*No.* (lit. *wasn't done*)

4 Using the front of the sentence for emphasis

The normal word order of Irish is verb–subject–object–adverbs, e.g.:

Chaith mé bliain i Meiriceá uair amháin.	*I spent a year in America once.*

Greater emphasis may be placed on some part of the sentence by bringing it up to the front, in which case it is often preceded by **is**. The remainder of the sentence is then turned into a relative clause, and **a** (causing lenition) is placed before the verb. Compare these:

Chaith mé bliain i Meiriceá.	*I spent a year in America.*
Is i Meiriceá **a ch**aith mé bliain.	lit. *It's in America that I spent a year* (i.e. and not in Britain, for instance).
Bliain **a ch**aith mé i Meiriceá.	lit. *It's a year I spent in America* (and not six months).
Mise **a ch**aith bliain i Meiriceá.	*It's me who spent a year in America* (and not my brother, for instance).

Here are some other examples:

Is i Luimneach a tógadh mé.	lit. *It's in Limerick I was reared.*
Is ann a chuaigh mé ar scoil.	lit. *It's there I went to school.*

This kind of fronting, with or without **is**, is very common in Irish and you will meet further examples in later units.

5 Moving pronouns around

When the object of a verb is a pronoun there is a tendency for that pronoun to come at the end of the sentence (provided the sentence is fairly short). This freedom of position does not extend to nouns (except by means of the fronting just described in section **4**):

Rugadh Seán i Meiriceá.	*Seán was born in America.*
Rugadh é i Meiriceá.	*He was born in America.*
or	
Rugadh i Meiriceá é.	
Tógadh mé i gCorcaigh.	*I was brought up in Cork.*
or	
Tógadh i gCorcaigh mé.	

6 The past tense of the copula

Ba is used in the past tense instead of **is**. It causes lenition:

Present	Is múinteoir é.	*He is a teacher.*
Past	**Ba** mhúinteoir é.	*He was a teacher.*
Present	Is Meiriceánach é a hathair.	*Her father is American.*
Past	**Ba** Mheiriceánach é a hathair.	*Her father was American.*

Ba becomes **b'** before a vowel. Remember that **f** is made silent by lenition. As the **fh** is not pronounced the word is treated as beginning with the following vowel:

B'Éireannach é.	*He was Irish.*
B'fheirmeoir mór é.	*He was a big (i.e. prosperous) farmer.*

When placed before an adjective **ba** is more likely to mean *would*. Compare:

Is maith liom cupán tae ar maidin.	*I like a cup of tea in the morning.*
Ba mhaith liom cupán tae anois.	*I would like a cup of tea now.*
Ba bhreá liom bualadh leo.	*I'd love to meet them.*

Ba mhaith and **ba bhreá** are dealt with in Unit 9.

7 Translating 'any'

There are two ways of saying *any*. One is to put **aon**, literally *one*, before the word. The other is to put **ar bith** after it:

Ní fhaca mé **aon** duine.   *I didn't see anybody.*
or
Ní fhaca mé duine **ar bith**.

Níor cheannaigh mé **aon** rud.   *I didn't buy anything.*
or
Níor cheannaigh mé rud **ar bith**.

8 Using acu to mean 'of them'

This is a form of the preposition **ag** (*at*). It indicates possession in sentences like (see Unit 3):

Tá teach mór **acu**.   *They have a big house.*

However **acu**, along with the other plural forms **againn** and **agaibh**, are also used in counting people, as follows:

duine againn	one of us	**beirt againn**	two of us
duine agaibh	one of you	**beirt agaibh**	two of you
duine acu	one of them	**beirt acu**	two of them

The other personal numbers can also be used here, i.e. **triúr** (*three* people), **ceathrar** (*four* people), etc. (see Unit 4):

You can enquire about numbers of people or things as follows:

Cé mhéad acu a bhí ann?   *How many of them were there?*
Cé mhéad acu atá uait?   *How many of them do you want?*
Cé mhéad agaibh a chuaigh ann?   *How many of you went there?*

9 Verbs with prepositions or adverbs

As you saw in Unit 9 the meaning of certain verbs can be altered, either greatly or slightly, by adding another word:

baineann *extracts*	**baineann amach** *achieves*
titeann *falls*	**titeann amach** *happens*
imigh *go away*	**Imigh leat!** *Clear off!*
tugann *gives*	**tugann faoi deara** *notices*
téann *goes*	**téann le** *devotes oneself to*

10 Ar siúl *(underway, on)*

This is used in various ways:

Cuir an solas ar siúl.	*Put the light on.*
Tá an teilifís ar siúl.	*The television is (switched) on.*
Tá an nuacht ar siúl.	*The news is on (being broadcast).*
Céard atá ar siúl?	*What's up?*
Céard atá ar siúl agat?	*What are you doing?*
Céard atá ar siúl thall ansin?	*What's going on over there?*
Níl aon rud ar siúl anseo.	*There is nothing happening here.*

11 *The various uses of* le *(with)*

You have met some of these already:

Cé a bhí **leat**?	*Who was with you?*
Bhí Máire **liom**.	*Máire was with me.*
Bhuail mé **le** Seán.	*I met Seán.*
Beidh mé ag caint **leat** arís.	*I'll be talking to you again.*
Is maith **liom** caife.	*I like coffee.*
Is cuma **liom** faoi.	*I don't care about it.*

Here are some additional uses which you have met in this unit:

Imigh **leat**!	*Go away!*
D'imigh sé **leis**.	*He cleared off.*
Chuaigh sí **le** polaitíocht.	*She got involved in politics.*
Chuaigh sé **le** dlí.	*He began studying law.*
Ollamh **le** dlí.	*A professor of law.*

12 Adding -ach *to surnames*

The usual way of referring to somebody by surname is to make an ordinary noun of the name by adding **ach**.

Bhí an Conall**ach** anseo.	*O'Connell was here.*
an Brian**ach**	*O'Brien*

an Gearalt**ach**   *Fitzgerald*

For example:

Toghadh an Gearalt**ach** ina   *Fitzgerald was elected*
Thaoiseach i 1982.   *Taoiseach in 1982.*

✓ Cleachtadh

1 Cuir isteach an briathar ceart (*choose the correct verb from the list below*) (**díolann** = *sells*; **cuireann scéala chuig** = *sends word to*).

   a _____ an fhuinneog.
   b _____ an teach.
   c _____ in Éirinn ach _____ i Sasana mé.
   d _____ mo rothar inné.
   e _____ scéala chuige.
   f _____ anuraidh é.
   g _____ stiúrthóir nua.
   h _____ céim orm sa bhliain 1998.
   i _____ an t-ospidéal sa bhliain 1908.

cailleadh	**ceapadh**	**díoladh**
goideadh	**bunaíodh**	**cuireadh**
briseadh	**tógadh**	
rugadh	**bronnadh**	

2 Answer the following questions in the negative (**chucu** *to them*):

   a Ar goideadh rud ar bith? Níor _____
   b Ar briseadh rud ar bith?
   c Ar ceapadh aon duine sa phost?
   d Ar díoladh an teach sin fós?
   e Ar cuireadh scéala chucu?
   f An ndearnadh aon rud faoi?

3 Cui iad seo san ord ceart:

   a Meiriceá /is / mé /bliain /a /i /chaith/
   b tógadh /a /gCorcaigh /mé / is /i/
   c mé /a /chuaigh /i /ar /nGaillimh /scoil /is
   d in /mé /a /rugadh /is /Éirinn
   e is /a /inné /chucu /scéala /cuireadh

4 Replace the emboldened words with a pronoun:

Mar shampla: Rugadh **Peadar** i Sasana. – Rugadh é i Sasana *or* Rugadh i Sasana é.

  a Tógadh **Sinéad** i nGaillimh.
  b Cailleadh **Sean** anuraidh.
  c Ceapadh **Diarmaid** ina stiúrthóir cúpla mí ó shin.
  d Díoladh **an teach** le déanaí.
  e Briseadh **an fhuinneog** ar maidin.

5 Here is an extract from a newspaper showing events that occurred on certain dates in the past (24/25 October)

24

1945   Cuireadh na Náisiúin Aontaithe ar bun.
1957   Fuair an dearthóir **Christian Dior** bás.
1967   Bhain Zambia neamh-spleáchas amach agus toghadh **Kenneth Kaunda** mar Uachtarán na tíre.

25

1400   Fuair **Geoffrey Chaucer** bás.
1825   Rugadh an cumadóir **Johann Strauss** i Vín.
1881   Rugadh **Pablo Picasso** i Malaga.
1961   Cuireadh an iris *Private Lives* i gcló den chéad uair riamh.

(*From: Anois, 19–20 Deireadh Fómhair, 1991*)

  a Cathain a rugadh Picasso?
  b Cathain a cuireadh na Náisiúin Aontaithe ar bun?
  c Cathain a fuair Chaucer bás?

aontaithe	*united*	**cumadóir**	*composer*
cuireann ar bun	*founds*	**neamhspleáchas**	*independence*
faigheann bás	*dies*	**uachtarán**	*president*
dearthóir	*designer*		

6 Cuir iad seo san aimsir chaite (*change these to the past tense*) (**ar fad** = *indeed* here):

   a Is garda é.
   b Is Eireannach í.
   c Is dochtúir é a athair.
   d Is feirmeoir mór é a uncail.
   e Is bean an-deas ar fad í.

7 a Cuir ceisteanna leis na freagraí seo (*find questions for these answers*):

Mar shampla: Tá triúr againn ag dul go Corcaigh. – Cé mhéad agaibh atá ag dul go Corcaigh?

   i Tá beirt againn ag dul ann.
   ii Tá duine acu ag teacht inniu.
   iii Tá cúigear acu ann.

b Freagair na ceisteanna seo. The number of people is indicated in brackets.

   i Cé mhéad acu a tháinig? (*2*)
   ii Cé mhéad agaibh atá ag imeacht anois? (*4*)
   iii Cé mhéad acu atá anseo anois? (*6*)

8 Complete these sentences with the correct words from the box that follows:

   a Bhain mé céim _____ .
   b Imigh _____ .
   c Téann sé _____ .
   d Ar thit aon rud _____ ?
   e Thug mé é sin _____ .
   f Cad tá _____ ?
   g Is cuma _____ .

liom	amach	léi	faoi deara	ar síul	leat	amach

9

Séamas Ó Súilleabháin
b. 1968 Ennis
1970–1990 Limerick
father Irish; mother English
Qualifications: BSc (Chemistry)
University of Limerick 1990
Work experience: industrial chemist New York 1990–92

Is tusa Séamas. Céard a deireann tú?

_____ mé sa bhliain 1968 in Inis ach _____ mé i Luimneach. Ba _____ é m'athair agus _____ Shasanach í mo _____. Bhain mé _____ céim sa cheimic in Ollscoil Luimnigh sa _____ 1990. Chuaigh mé go Nua Eabhrac agus _____ mé dhá bhliain ag obair _____ cheimiceoir. Níor thaitin sé _____ agus _____ mé ar ais anseo. Tá cónaí orm i _____ anois agus taitníonn sé go mór liom.

If you need help here are the missing words but in jumbled order:

| ba | amach | rugadh | mar | Corcaigh | tógadh |
| Éireannach | bliain | tháinig | máthair | liom |

Tuiscint

Rugadh James Joyce ar an dara lá de Mhí Feabhra, 1882. D'fhág sé Baile Átha Cliath sa bhliain 1902. Chaith sé an chuid is mó dá shaol thar lear agus níor tháinig sé ar ais ach cúpla uair. Bhí breis is 200 seoladh aige i rith a shaoil, ach chaith sé tréimhsí fada i dtrí áit. Sin iad Trieste (1904–1915), Zürich (1915–1920) agus Páras (1920–1939). Fuair sé bás i Zürich i 1941 agus cuireadh ann é. Scríobh sé mórán leabhar, ina measc leabhar gearrscéalta (*Dubliners*), trí úrscéal (*A Portrait of the Artist as a Young Man*, *Ulysses* agus *Finnegans Wake*), dráma agus roinnt filíochta. Thóg sé seacht mbliana déag *Finnegans Wake* a scríobh. Tá an t-úrscéal sin an-chasta. Ní bhfuair sé mórán airgid as na leabhair. Dá bhrí sin bhí fadhbanna airgid aige i gcónaí. Foilsíodh an leabhar cáiliúil *Ulysses* ar a lá breithe sa bhliain 1922. Cuireadh cosc air i Meiriceá go dtí 1933 agus sa Bhreatain go dtí 1934. Níor cuireadh cosc riamh air in Éirinn, ach ní raibh sé ar fáil i mórán siopaí. Tá sé ar fáil ar fud an domhain anois. (from *Mahogany Gaspipe* (abridged), Bord na Gaeilge)

thar lear	*overseas*	**úrscéal**	*novel*
breis is	*more than*	**casta**	*complicated*
i rith	*during*	**fadhb**	*problem, difficulty*
tréimhse	*period*	**foilsíonn**	*publishes*
cuireadh	*was buried*	**Cuireadh cosc air.**	*It was banned.*
gearrscéal	*short story*	**ar fáil**	*available*
Thóg sé	*It took*	**domhan**	*world*

a Líon isteach an achoimre (*summary*) seo ar shaol James Joyce:

Rugadh é i _____ sa _____ 1882.
Foilsíodh *Ulysses* sa bhliain _____ .
Cuireadh cosc air i _____ agus sa _____ .
_____ Joyce _____ i Zürich.
Níor _____ cosc ar *Ulysses* in Éirinn.

b Can you guess what **úrscéal** means?

c James Joyce ag caint: Tar éis an téacs thuas a léamh arís, líon isteach na bearnaí sa chuntas gairid seo ina bhfuil James Joyce ag caint faoina shaol (*after reading the text above again, complete the following short text where James Joyce talks about his life*):

_____ mé sa bhliain 1882 i mBaile Átha Cliath. _____ mé an tír i 1902, agus _____ mé tréimhse in Trieste, i bPáras agus in Zürich. _____ mé filíocht, dráma agus cúpla leabhar. _____ mé 17 mbliana ag scríobh *Finnegan's Wake*. _____ *Ulysses* sa bhliain 1922. Cuireadh cosc air i Meiriceá agus sa Bhreatain ar dtús ach _____ in Éirinn air. Ba _____ liom leagan Gaeilge a fheiceáil lá éigin.

leagan	*version*

16 LEAN ORT LEATHMHÍLE
Keep going half a mile

In this unit you will learn how to

■ ask and understand directions
■ indicate proximity and distance

Cá bhfuil ...? *Where is ...?*
Lean ort/ar aghaidh. *Keep going.*
Téigh síos an bóthar sin. *Go down this road.*
ar deis/ar clé *on the right/on the left*
Cas faoi chlé/faoi dheis. *Turn left/right.*
Ná cas. *Don't turn.*

Comhrá 1

Séan   Gabh mo leithscéal. Cá bhfuil cónaí ar Mháirtín Ó Gallchóir?

Fear   Lean ort leathmhíle eile agus cas faoi chlé ag an gcrosaire. Téigh síos an bóthar sin píosa. Tá roinnt tithe ann. Níl mé cinnte cén ceann. An dara ceann, b'fhéidir. Cuir ceist ar dhuine éigin thíos ann.

Gabh mo leithscéal (m) *Excuse me.*	**píosa** (m) *a bit*
	roinnt *some*
Cá bhfuil cónai ar...? *Where does ... live?*	**cén ceann** *which one*
	an dara ceann *the second one*
Lean ort. *Keep going.* (lit. *follow on you*)	**cuir ceist** (f) **ar** *enquire of* (lit. *put a question on*)
cas faoi chlé *turn left*	**éigin** *some*

Ceist Looking at the map below which direction would you take to Máirtín Ó Gallchóir's house?

▶ Comhrá 2

Síle   Gabh mo leithscéal. Tá mé ag lorg teach Thomáis Uí Cheallaigh.

Bean   An máistir scoile, an ea?

Síle   Is ea. Sin é atá uaim.

Bean   Tá tú imithe thairis. Téigh ar ais an bóthar seo arís. Ná cas ag an chéad chrosaire. Cas faoi dheis ag an dara crosaire agus ní bheidh sé i bhfad uait ansin.

Sin é atá uaim. *That's who I want.*	**Ná cas.** *Don't turn.*
Tá tú imithe thairis. *You have gone past it.*	**an chéad chrosaire** (m) *the first crossroads*
Téigh ar ais. *Go back.*	**i bhfad uait** *far from you*

Ceist Looking at the map below which direction would you take to Tomás Ó Ceallaigh's house?

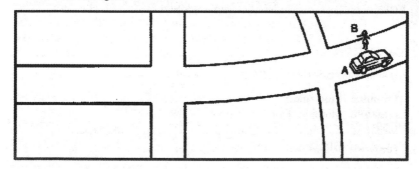

Comhrá 3

Pádraig   Gabh mo leithscéal. An tusa Bean Uí Bhaoill?
Bean   Ní mé. Tá sí ina cónaí trasna an bhóthair. An bhfeiceann tú an
             doras buí os do chomhair amach? Sin é an teach.
Pádraig   Go raibh maith agat.
Bean   Tá fáilte romhat.

---

trasna an bhóthair (m)   *across*   **buí**   *yellow*
  the road   **os do chomhair amach**
An bhfeiceann tú?   *Do you see?*   *opposite you*

Ceist
How would you recognise Bean Uí Bhaoill's house?

Comhrá 4

Deirdre   Cá bhfuil Oifig an Phoist, le do thoil?
Bean   Tá sé díreach trasna na sráide ón séipéal.
Deirdre   An mbíonn sé ar oscailt ag am lóin?
Bean   Bíonn, chomh fada agus is eol dom. Níl sé i bhfad uait, ar aon nós.

---

díreach trasna   *directly across*   **i bhfad uait**   *far from you*
ar oscailt   *open*   **ar aon nós**   *anyway*
chomh fada agus is eol dom
  as far as I know

Ceist
An mbíonn Oifig an Phoist dúnta ag am lóin?

Comhrá 5

Ag ceannach peitril.

Tiománaí   Líon suas í.
Freastalaí Maith go leor. Tá sé go han-bhreá.
Tiománaí   Tá, cinnte. An nglacann sibh le cártaí creidmheasa?
Freastalaí Glacann, gan amhras.

Tiománaí An bhfuil mé ar an mbóthar ceart go Leitir Ceanainn?
Freastalaí Tá. Deich míle soir ón áit seo atá sé. Cas faoi chlé ag an gcrosaire roimh an séipéal. Lean ort go mall. Bí ag faire amach don chomhartha bóthair.

líon *fill*		**roimh an séipéal** (m) *before the church*	
An nglacann sibh le? *Do you accept?*		**bí ag faire amach do** *be looking out for*	
cárta (m) **creidmheasa** (m) *credit card*		**comhartha** (m) **bóthair** (m) *road sign*	
deich míle soir *ten miles east*			

Ceisteanna

a An bhfuil an tiománaí i bhfad ó Leitir Ceanainn?
b Cé na treoracha a thug an freastalaí dó?

Gramadach

1 *Giving directions and instructions*

There are special 'imperative' forms of the verb, which can be found as follows:

a Remove the present tense ending **-ann** from a Type 1 verb to get the singular form. Add **-(a)igí** to this to get the plural form.

casann	*turns*	Cas faoi chlé.	*Turn left.*
		Cas**aigí** faoi dheis.	*Turn* (pl) *right.*
déanann	*does*	Déan i gceart é.	*Do it properly.*
		Déan**aigí** arís é.	*Do* (pl) *it again.*
cuireann	*puts*	Cuir sa phost é.	*Put it in the post.*
		Cuir**igí** ansin é.	*Put* (pl) *it there.*
leanann	*follows*	Lean an carr sin.	*Follow that car.*
		Lean**aigí** ar aghaidh.	*Keep going* (pl)

b Remove **-(a)íonn** from the present tense of a Type 2 verb and add **-(a)igh** in the singular and **-(a)ígí** in the plural (note the two **í**s)

tosaíonn	*begins*	Tosaigh arís.	*Start again.*
		Tos**aígí** arís.	*Start* (pl) *again.*
ceannaíonn	*buys*	Ceannaigh ceann eile.	*Buy another one.*
		Ceann**aígí** milseáin.	*Buy* (pl) *some sweets.*

2 Some expressions of direction

faoi chlé	*to the left*	Cas faoi chlé.	*Turn left.*
faoi dheis	*to the right*	Cas faoi dheis.	*Turn right.*
ar aghaidh	*ahead*	Lean ar aghaidh.	*Go ahead, continue.*
		Díreach ar aghaidh.	*Straight ahead.*
ar ais	*back*	Téigh ar ais.	*Go back.*
thairis	*past it*	míle thairis	*a mile beyond it*
roimhe	*before it*	díreach roimhe	*just before it*

Díreach (*direct, straight*) is also used as an ordinary adjective, e.g. **líne dhíreach** (*a straight line*).

These expressions are also useful.

ar thaobh do láimhe deise	*on your right-hand side*
ar thaobh do láimhe clé	*on your left-hand side*

These literally mean *on the side of your right/left hand*; as a result the word **lámh** is in the genitive case (corresponding to *of* in English).

3 Two special groups of verbs

Type 1 verbs which end in a vowel, e.g. **té + ann** (*goes*), **suí + onn** (*sits*) add **-igh** in the singular form of the imperative and **-igí** in the plural:

téann	*goes*	Té**igh** ar ais.	*Go back.*
		Té**igí** ar aghaidh.	*Continue* (pl) *on.*
suíonn	*sits*	Su**igh** síos.	*Sit down.*
		Su**igí** ansin.	*Sit* (pl) *there.*

Type 2 verbs which end in **-ir, -il, -in, -im** do not add **-igh**:

freagraíonn	*answers*	Freaga**ir** an cheist.	*Answer the question.*
ceanglaíonn	*ties, binds*	Ceanga**il** le chéile iad.	*Tie them together.*
seachnaíonn	*avoids*	Seacha**in** é sin.	*Avoid that.*
foghlaimíonn	*learns*	Foghla**im** i gceart é.	*Learn it correctly.*

The plural forms of these are **freagraígí, ceanglaígí, seachnaígí, foghlaimígí**.

The verb **insíonn** (*tells*) is like this:

insíonn	*tells*	Inis an fhírinne.	*Tell the truth.*
		Ins**ígí** dóibh é.	*Tell* (pl) *it to them.*

4 How to say 'don't'

If you want to tell somebody *not* to do something you put **ná** before the imperative form of the verb. It prefixes **h** to vowels:

Ná téigh suas ansin.	*Don't go up there.*
Ná déan dearmad air.	*Don't forget it.*
Ná déanaigí é sin arís.	*Don't* (pl) *do that again.*
Ná **h**imigh go fóill.	*Don't leave just yet.*
Ná **h**imígí anois.	*Don't* (pl) *leave now.*

Prohibitions in public notices use the passive form of the present tense:

Ná caitear tobac. *No smoking.* (lit. *Let tobacco not be smoked*)
Ná dúntar an doras seo. *Let this door not be closed.*

An alternative is to use **cosc** (*prohibition*) – with **ar** (*on*), causing lenition:

Cosc ar thobac.	*Tobacco prohibited.*
	(lit. *Prohibition on tobacco*)
Cosc ar pheil.	*Football prohibited.*

5 Irregular imperative forms

Some verbs are irregular in the imperative:

deireann	*says*	Abair le Máire é.	*Tell it to Máire.*
		Abraigí léi é.	*Tell* (pl) *it to her.*
tagann	*comes*	Tar isteach.	*Come in.*
		Tagaigí liom.	*Come* (pl) *with me.*
tugann	*gives*	Tabhair dóibh é.	*Give it to them.*
		Tugaigí dom é.	*Give* (pl) *it to me.*
tá	*is*	Bí ciúin.	*Be quiet.*
		Bígí ciúin.	*Be* (pl) *quiet.*
		Ná bí dána.	*Don't be naughty.*
		Ná bígí buartha.	*Don't be worried.*

Bí is used to give instructions with the progressive form of the verb:

Bí ag faire amach don teach.	*Be on on the lookout for the house.*
	(lit. *Be looking out*)
Bí ag cabhrú liom.	*Give me a hand* (lit. *Be helping me*)

Bígí ag léamh tamall.	*Spend some time reading.*
	(lit. *be reading a while*)
Ní bí ag caint!	*Don't be talking!*

6 Near and far

The expressions for these are given below. They involve the prepositions **do** (*to*), **ó** (*from*) and **le** (*with*), which combine with **an** (*the*) as follows:

do + an → **don**   + lenition
ó + an → **ón**   + eclipsis
le + an → **leis an** + eclipsis

Cóngarach do (*near to*)

Tá sé **cóngarach do** Bhéal Feirste.	*It is near to Belfast.*
Tá sé **cóngarach don** bhanc.	*It is near to the bank.*
Tá sé **cóngarach d'**oifig an phoist.	*It is near to the post office.*
Tá sé **cóngarach duit**.	*It is near to you.*

In aice le (*next to*) (lit. *in proximity with*)

Tá sé in aice le hoifig an phoist.	*It is next to the post office.*
Tá sé in aice leis an mbanc.	*It is near to the bank.*
Tá sé in aice leat.	*It is near to you.*

I bhfad ó (*far from*) (lit. *in length from*)

Tá sé i bhfad ó Chontae na Mí.	*It is far from County Meath.*
Tá sé i bhfad ón gcoláiste.	*It is far from the college.*
Tá sé i bhfad ón áit seo.	*It is far from this place.*
Tá sé i bhfad uait.	*It is far from you.*

7 Trasna (across)

This puts a following noun in the genitive case if it has one. (See Unit 4 for the forms):

an bóthar (m)	*the road*	**trasna** an bhóthair	*across the road*
an tsráid (f)	*the street*	**trasna** na sráide	*across the street*
an fharraige (f)	*the sea*	**trasna** na farraige	*across the sea*
an pháirc (f)	*the field*	**trasna** na páirce	*across the field*

8 Os comhair *(opposite)*

This requires the genitive case of nouns (See Unit 4 for the forms):

os comhair an dorais	*facing the door* (**doras** (m) *door*)
os comhair an bhainc	*facing the bank* (**banc** (m) *bank*)
os comhair an tséipéil	*facing the church* (**séipéal** (m) *chapel, church*)
os comhair na fuinneoige	*facing the window* (**fuinneog** (f) *window*)

It puts a pronoun in the possessive form, e.g. *me* becomes *my*:

os **mo** chomhair (amach)	*facing me*
os **do** chomhair (amach)	*facing you*
os **bhur** gcomhair (amach)	*facing you* (pl)

9 Thar *(past, beyond, across)*

This refers to both space and time:

Téigh **thar** an mbanc.	*Go past the bank.*
Bhí sé **thar** am agat.	*It was high time for you.* (lit. *past time*)
Chuaigh muid **thar** an abhainn.	*We crossed the river.*

These are the personal forms:

tharam	*past me*	**tharainn**	*past us*
tharat	*past you*	**tharaibh**	*past you*
thairis	*past him/it*	**tharstu**	*past them*
thairsti	*past her*		

Here are some examples:

Chuaigh siad **tharam** ar an mbóthar.	*They went past me on the road.*
Ná téigh **thairis** sin.	*Don't go past that* (or *any further*).

10 More about the verbal adjective

Corresponding to almost every verb is an adjective formed from it. Its formation was described in Unit 5 (section 11). Here are some examples of the verbal adjective used with **tá** (*is*):

déanann	*does*	**Tá** sé **déanta** cheana.	*It is already done*
			(or *it has already been done*).
dúnann	*closes*	**Tá** an **siopa** dúnta.	*The shop is closed.*
scríobhann	*writes*	**Tá** sé **scríofa** anseo.	*It is written here.*
críochnaíonn	*finishes*	**Níl** sé **críochnaithe.**	*It isn't finished* (or *it hasn't been finished*).

Notice that some of these can be translated into English two ways.

Some verbs, like **imíonn** (*goes, leaves*) and **éiríonn** (*gets up*), do not take an object. When the verbal adjective of such verbs is combined with **tá** the meaning is similar to that of the English perfect:

Tá tú imithe thairis.	*You have gone past it.*
	(lit. *You are gone ...*)
Tá sé imithe abhaile.	*He has gone home.*
	(lit. *He is gone ...*)
Tá siad tagtha.	*They have arrived.*
	(lit. *They are arrived*)
Tá mé éirithe.	*I am up.* (lit. *I am risen*)

11 The ordinal numbers – 'first', 'second', etc.

An chéad (*the first*) is followed by lenition. The other ordinal numbers end in a vowel and add **h** before a vowel which follows them:

an chéad cheann	*the first one*	**an chéad uair**	*the first time*
an dara ceann	*the second one*	**an dara huair**	*the second time*
an triú ceann	*the third one*	**an triú huair**	*the third time*
an ceathrú ceann	*the fourth one*	**an ceathrú huair**	*the fourth time*

The others are: **cúigiú** (*fifth*), **séú** (*sixth*), **seachtú** (*seventh*), **ochtú** (*eighth*), **naoú** (*ninth*), **deichiú** (*tenth*).

These are also used with reference to time and dates:

an triú lá de Mhárta	*the third (day) of March*
an dara lá déag de Dheireadh Fómhair	*the twelfth (day) of October*
an triú lá as a chéile	*the third day running*

12 Some more examples of the genitive case in -e (feminine nouns)

sráid	street	trasna na sráide	across the street
lámh	hand	ar thaobh do láimhe clé	on your left-hand side
áit	place	timpeall na háite	around the place
ceist	question	freagra na ceiste	the answer to the question
scoil	school	máistir scoile	schoolmaster
oifig	office	doras na hoifige	the office door
tír	country	teanga na tíre	the language of the country

(See also Unit 4.)

13 Street names

These often involve the genitive case:

Pádraig	Patrick	Sráid Phádraig	Patrick Street
Ó Conaill	O'Connell	Sráid Uí Chonaill	O'Connell Street
stáisiún	station	Bóthar an Stáisiúin	Station Road
caisleán	castle	Plás an Chaisleáin	Castle Place
An Pháirc	The Park	Ascaill na Páirce	Park Avenue

✓ Cleachtadh

1 Give directions to the following places on the map:

a an séipéal   c an banc
b oifig an phoist   d an scoil

2 Practise these guided dialogues:

a **A** Asks where Ruairí Ó Laoire lives.
   B Tells **A** to continue on for a mile and to turn right at the crossroads.
   A Thanks **B**.

b **A** Attracts **B**'s attention. Indicates she is looking for Neasa Nic Con Iomaire's house.
   B Tells **A** to turn left at the church, to continue on for half a mile.
   A Thanks **B**.

3 Can you guess where the following might be heard or seen? Choose from the suggestions that follow:

a **Encouraging:** Buail an liathróid, a Phóil, buail í!
b **Persuading:** Cuir aithne ar Ghaeltacht Dhún na nGall.
c **Instructing:** Cuir isteach an t-ubh, an salann agus an siúcra agus measc iad go láidir.
d **Ordering:** Ná bígí ag caint!
e **Requesting:** Ná caith tobac.

i recipe **ii** public office **iii** tourist brochure
iv classroom **v** football match

4 **Ullmhaigh do pháiste don ospidéal** (*prepare your child for hospital.*)
Below are extracts from a brochure offering advice to a parent. Before reading them try to imagine:

a What a parent might say to help prepare the child.
b What preparations a parent might make for his or her own comfort while staying with the child. Then study the extracts to see which of the suggestions you anticipated.

a
Ullmhaigh do Pháiste Don Ospidéal
Labhair faoin ospidéal mar áit shona ina gcabhraíonn dochtúirí agus banaltraí le sláinte a fheabhsú.

Déan mar a iarrann dochtúirí agus banaltraí.

Mínigh x-ghathanna, instealladh, tástáil fola etc. Inis an fhírinne!

b
Duit Féin
Caith éadaí éadroma – (bíonn ospidéil an-mheirbh).

Beir leat rud éigin leis an am a mheilt.

Beir leat airgead don teileafón.

Smaoinigh ar dhaoine eile, ná déan torann istoíche.

Ná tabhair bia nó deoch d'aon pháiste gan chead.

(*From* Aonad Cothú Slainte, An Roinn Sláinte. Health Promotion Unit, Department of Health)

labhraíonn *speaks*
sona *happy*
banaltra (f) *nurse*
iarrann *asks*
míníonn *explains*
instealladh (m) *injection*
tástáil (f) **fola** *blood test*
fírinne (f) *truth*
éadrom *light*
meirbh *sultry, warm*
beireann *brings*
am a mheilt *to pass the time*
torann (m) *noise*
cead (m) *permission*

ULLMHAIGH DO PHÁISTE DON OSPIDÉAL

5 Near and far.

Peadar describes where he lives. Insert **cóngarach / in aice le / i bhfad**:

Tá mé i mo chónaí ar an Sráid Mhór. Tá mo theach _____ an mbanc.
Tá sé _____ don séipéal ach tá sé _____ ón gcoláiste.

6 The verbal adjective

Find the verbs from which these adjectives are formed. Then complete the sentences with the adjectives:

scríofa	dúnta	críochnaithe	déanta	imithe

Mar shampla: scríofa – scríobhann

a Tá sé _____ cheana.
b Tá mé _____ anois.
c Tá tú _____ thairis.
d Tá an siopa _____ .
e Tá an litir _____ .

cheana	_already_

7 Ordinal numbers

a **Féach ar an léarscáil.** Look at the map and say where the street/ road/avenue is:

Sráid an Chaisleáin

Ascaill an Phiarsaigh

Sráid Mhór

Bóthar an Stáisiúin

Tá tú anseo

    Is é Sráid _____ _____   an _____ ceann ar clé.
    Is é Bóthar _____ _____   an _____ ceann ar _____ .
    Is é Ascaill _____ _____   an _____ ceann ar _____ .

b Cén dáta é inniu?

    Is é inniu an _____ lá _____ .

8 The genitive case in **-e**
   Remove the brackets:
   a Chuaigh mé trasna na (**sráid**).
   b Is máistir (**scoil**) é Pól.
   c Tá teachtaireacht duit ar dhoras na (**oifig**).
   d Thiomáin mé timpeall na (**áit**).
   e Feicfidh tú Oifig an Phoist ar thaobh do (**lámh**) clé.

---

teachtaireacht (f)   *message*

Tuiscint

How many of the following can you find on the map on page 230:

post office	golf course
police station	church
theatre	hotel

(*From*: Féile Náisiúnta Drámaíochta, 1990)

17 TÁ A OIFIG THUAS AN STAIGHRE
His office is upstairs

In this unit you will learn how to

■ talk about appointments and travel arrangements
■ enquire about location within a building (directions and location are dealt with in more detail than in Unit 16)

Comhrá 1

A visitor (**cuairteoir**) to an office of Údarás na Gaeltachta asks the porter (**doirseoir**) what floor the director's office is on.

Cuairteoir	Gabhaim pardún agat. Cén t-urlár a bhfuil oifig an stiúrthóra air?
Doirseoir	An bhfuil coinne agat leis?
Cuairteoir	Tá. Fuair mé litir uaidh.
Doirseoir	Tá a oifig thuas an staighre. Téigh suas chuig an tríú hurlár. Cas faoi chlé agus téigh síos an pasáiste. Tá a ainm scríofa ar an doras – oifig tríocha a naoi.
Cuairteoir	Go raibh míle maith agat.

Gabhaim pardún agat. *Excuse me.*		**uaidh** *from him*		
Cén t-urlár (m)**?** *What floor?*		**chuig an tríú hurlár** *to the third floor*		
a bhfuil oifig (f) **an stiúrthóra** (m) **air** *which the director's office is on*		**pasáiste** (m) *corridor*		
coinne (f) *appointment*		**scríofa ar an doras** (m) *written on the door*		

Ceist

Cá bhfuil oifig an stiúrthóra?

Comhrá 2

Cuairteoir Cá bhfuil leithreas na bhfear, le do thoil.
Doirseoir Téigh síos an staighre ansin, agus beidh sé díreach romhat.

leithreas (m) **na bhfear** (m) *the men's toilet*		**díreach romhat** *directly in front of you*	

Comhrá 3

Peadar, who publishes Irish-language books in Dublin, is asked by his secretary about his travel plans for the week.

Rúnaí Cá mbeidh tú ag dul an tseachtain seo?
Peadar Beidh mé ag dul ó dheas go Port Láirge Dé Céadaoin agus siar go Maigh Eo Déardaoin.
Rúnaí An mbeidh tú ag teacht aniaró Mhaigh Eo oíche Déardaoin?
Peadar Ní bheidh. Tá sé i gceist agam fanacht ann thar oíche agus teacht aniar maidin Dé hAoine.
Rúnaí Beidh cruinniú agat ag a dó Dé hAoine.
Peadar Cé leis?
Rúnaí Le hAodh Ó Baoill.
Peadar Cé hé sin arís?
Rúnaí An duine a raibh tú ag caint leis ar an bhfón inné.
Peadar Ó, is ea. Is cuimhin liom.

ag dul ó dheas go   going down
  (lit. south) to
siar go   over (lit. west) to
ag teacht aniar ó   coming back
  from
Tá sé i gceist agam   I intend
fanacht ann thar oiche (f)   to stay

there overnight
cruinniú (m)   meeting
Cé leis?   With whom?
An duine (m) a raibh tú ag caint
  leis.   The person you were talking to.
Is cuimhin liom.   I remember.

Ceisteanna

a Cá mbeidh Peadar ag dul Déardaoin?
b Cathain a bheidh sé ag teacht ar ais?

Pointí an chompáis
(*points of the compass*)

This diagram shows the various forms of *north, south, east* and *west*.

⬛ Gramadach

1 Direction and location

You have already met several words for directions; notice that they all begin with **s**. There are corresponding words for location, which begin with **th**. The words for *north* (**ó thuaidh**) and *south* (**ó dheas**) do not make this distinction. The word for *over* (direction) is very often the exceptional **anonn**.

	Direction	Location
up	suas	thuas
down	síos	thíos
west	siar	thiar
east	soir	thoir
over	sall/anonn	thall

Here are some examples:

Téigh **suas** ansin.	*Go up there.*
Téigh **síos** ansin.	*Go down there.*
Téigh **anonn/sall** ansin.	*Go over there.*
Fan **thuas** ansin.	*Stay up there.*
Fan **thíos** ansin.	*Stay down there.*
Fan **thall** ansin.	*Stay over there.*

In Irish *upstairs* and *downstairs* become *up the stairs* and *down the stairs*:

Téigh **suas an staighre**.	*Go upstairs.*
Tá an oifig sin **thuas an staighre**.	*That office is upstairs.*
Ná téigh **síos an staighre**.	*Don't go downstairs.*
Tá m'árasán **thíos an staighre**.	*My apartment is downstairs.*

Irish placenames are often accompanied by a reference to where the speaker stands relative to them. When **siar** (*west*) and **soir** (*east*) are used in this way they can be left untranslated or rendered as *over*. The following might be said by somebody in Dublin:

ag dul siar go Gaillimh	*going to Galway*
Tá sí thiar i nGaillimh	*She is (over) in Galway.*

2 North and south

These do not distinguish between direction and location.

Ó dheas (*south*)

Beidh mé ag dul **ó dheas** go Corcaigh. *I'll be going (south) to Cork.*
Bhí me **ó dheas** i gCorcaigh.   *I was down in Cork.*

Ó thuaidh (*north*)

Beidh mé ag dul **ó thuaidh** go Doire. *I'll be going (north) to Derry.*
Beidh mé **ó thuaidh** i nDoire.   *I'll be up in Derry.*

3 Reverse direction

The direction words on page 234 have special forms beginning with **an**, which are used when you are talking about coming from that particular direction:

anuas *from above*	Tar anuas as sin! *Come down from there!*
	Thit sé anuas orm. *It fell down on me.*
aníos *from below*	Tar aníos as sin! *Come up from there.*
aniar *from the west*	ag teacht aniar ó Ghaillimh *coming from Galway*
	ag siúl aniar an bóthar *walking along the road* (from the west)
anoir *from the east*	ag siúl anoir an bóthar *walking along the road* (from the east)
anall *from yonder*	ag teacht anall ó Shasana *coming from (over in) England*

The use of these **an** forms will seem difficult at first. Here is a rhyme about the four winds which will help you to understand the idea – notice that **aduaidh** (*from the north*) begins, exceptionally, with **ad**:

An ghaoth aduaidh, bíonn sí crua	*The north wind tends to be hard*
An ghaoth anoir, bíonn sí tirim	*The east wind tends to be dry*
An ghaoth aniar, bíonn sí fial	*The west wind tends to be generous* (i.e. to crops)
An ghaoth aneas, bíonn sí tais	*The south wind tends to be damp*

Notice the use of **bíonn** instead of **tá**, as this is something regular, and of **sí** referring to the feminine noun **an ghaoth** (*the wind*).

4 Other uses of the directions

Direction is often indicated when referring to buildings or institutions, especially in the countryside:

Tá an siopa thoir ag an gcrosaire.	*The shop is (east) at the crossroads.*
Tá mé ag dul siar chuig an tábhairne.	*I'm going over* (lit. *west*) *to the pub.*

5 Go/chuig (to)

The most basic word meaning *to* is **go**, which puts an **h** before vowels. It is used especially with many placenames (ones which do not begin with **an** *the*) and in some expressions of time.

Beidh mé ag dul go Dún na nGall.	*I'll be going to Donegal.*
Fáilte go Baile Átha Cliath.	*Welcome to Dublin.*
Tá mé ag dul go Meiriceá.	*I am going to America.*
Chuaigh mé go hÁrainn.	*I went to Aran* (in Galway Bay).
Beidh siad ag teacht go hÉirinn.	*They will be coming to Ireland.*
Bhí mé amuigh go maidin.	*I was out until morning.*

However, another form **chuig** is used before nouns preceded by **an** (*the*) or by a possessive pronoun:

Tá mé ag dul chuig an mbanc.	*I am going to the bank.*
Chuaigh mé chuig an dochtúir.	*I went to the doctor.*
Téigh anonn chuig d'athair.	*Go over to your father.*

Notice the eclipsis on **banc** and compare **ag an mbanc** *at the bank*. Nouns beginning with **d** (or **t**) are not eclipsed after preposition + **an** (*the*).

6 Roimh (before, in front of)

You have already met this preposition with reference to both time and place:

roimh a sé a chloig	*before six o'clock*
roimh Cháisc	*before Easter*
roimh an dinnéar	*before dinner*
díreach **roimh** an séipéal	*just before the church*

These are the personal forms of **roimh**:

romham	in front of me	**romhainn**	in front of us
romhat	in front of you	**romhaibh**	in front of you
roimhe	in front of him	**rompu**	in front of them
roimpi	in front of her		

Here are some example:

Bhí slua ann **romham**.	*There was a crowd there before me.*
Beidh an doras díreach **romhat**.	*The door will be straight ahead.*
Beidh mé **romhat** ag an stáisiún.	*I'll be waiting for you at the station.*
Bhí timpist **romhainn** ar an mbóthar.	*There was an accident ahead of us on the road.*
Cuireadh dinnéar breá **romhainn**.	*A fine dinner was set before us.*
an leathanach **roimhe** sin	*the preceding page* (lit. *before that*)

These forms are also used in the idiom for *welcoming*:

Tá fáilte **romhat**.	*You are welcome.* (lit. *there is a welcome before you*)
Cuireadh fáilte mhór **romhainn**.	*We were given a great welcome.*
Beidh fáilte **rompu** má thagann siad.	*They will be welcome if they come.*

7 How to say the person 'to whom' I was talking

The usual relative (*who, which*) clause begins with **a** + lenition:

Sin an bhean **a ch**ónaíonn in aice linn.	*That is the woman who lives next to us.*
Sin an bhean **a ch**ónaigh in aice linn.	*… who lived next to us.*

This is called a direct relative clause. There is also an indirect relative clause, which you find, for instance, if the relation between the main clause and the relative clause is a prepositional one such as *in which, to whom, with whom*. Indirect relative clauses begin with **a** + eclipsis in the present and future tenses and with **ar** + lenition in the past tense. They also end with a personal form of a preposition, e.g. **ann** (*in it*), **léi** (*with her*), **air** (*on him/it*).

Compare the direct (*a*) and indirect (*b*) examples here:

(*a*) Sin an duine a chónaíonn **ann**.	*That is the person who lives there.*
(*b*) Sin an teach a gcónaím **ann**.	*That is the house in which I live.*
(*a*) Sin an bhean a labhair.	*That is the woman who spoke.*
(*b*) Sin an bhean ar labhair mé **léi**.	*That is the woman to whom I spoke.*
(*a*) Sin an teach a chonaic mé.	*That is the house I saw.*
(*b*) Sin an teach ar fhéach mé **air**.	*That is the house at which I looked.*

Another peculiarity of indirect relative clauses is that the verb must be in the dependent form, if there is one. This can be shown with the verb **tá** (*is*). You will recall that **tá** has the dependent forms **bhfuil** in the present tense and **raibh** in the past tense. Compare these:

Tá mé	chun bualadh leis.	*I am going to meet him.*
Sin an fear a **bhfuil** mé	chun bualadh leis.	*That's the man I am going to meet.*
Bhí me	chun bualadh leis.	*I was going to meet him.*
Sin an fear a **raibh** mé	chun bualadh leis.	*That's the man I was going to meet.*
Bhí tú	ag caint léi.	*You were talking to her.*
Sin an bhean a **raibh** tú	ag caint léi.	*That's the woman you were talking to.*

Here are some further examples of indirect relative clauses:

an duine a bhfuil coinne agam **leis**	*the person I have an appointment with*
an post ar chuir sí isteach **air**	*the job which she applied for*
an post ar ghlac sí **leis**	*the job which she accepted*
an bhean a raibh lón agam **léi**	*the woman I had lunch with*
an clár a raibh mé ag féachaint **air**	*the programme I was watching*
na daoine ar bhuail mé **leo**	*the people I met*

The indirect relative clause is also used to express the idea of *whose*, for which there is no simple word in Irish:

| Sin an bhean a gcónaíonn a mac in aice linn. | *That is the woman whose son lives next to us. (lit. that her son lives next to us)* |
| Sin an bhean ar chónaigh a mac in aice linn. | *That is the woman whose son lived next to us. (lit. that her son lived next to us)* |

8 How to express 'of the' in the plural

The article **na** becomes **na** + eclipsis:

| na cailíní *the girls* | scoil **na g**cailíní *the girls' school* |
| na buachaillí *the boys* | scoil **na m**buachaillí *the boys' school* |

Masculine nouns which form their plural by making the final consonant slender use the basic form instead after **na** + eclipsis (the 'genitive' plural):

| na fir *the men* | leithreas **na bh**fear *the men's toilet* |
| na focail *the words* | innéacs **na bh**focal *the index of words* |

The basic form of such words is used with plural meaning even when there is no article:

liosta focal *a list of words*

Words both masculine and feminine which form their plural with **-a** likewise use the basic form as a genitive plural:

úll (m) *apple*	úlla *apples*	crann úll *apple tree*
		cáca/císte úll *an apple tart*
cloch (f) *stone*	clocha *stones*	carn cloch *a heap of stones*

9 The genitive case of nouns in -óir, etc.

(See also Unit 2.)

The **r** becomes broad and **a** is added:

óir → **óra**

| stiúrthóir *director* | oifig an stiúrthóra *the director's office* |
| feirmeoir *farmer* | teach an fheirmeora *the farmer's house* |

úir → **úra**

dochtúir *doctor*   teach an dochtúra   *the doctor's house*

éir → **éara**

péintéir *painter*   carr an phéintéara   *the painter's car*
búistéir *butcher*   siopa an bhúistéara   *the butcher's shop*

✅ Cleachtadh

1 Cuir isteach: **suas** or **thuas, síos** or **thíos**:

   a Téigh _____ an staighre.
   b Fan _____ ansin.
   c Tá an bosca _____ ansin.
   d Tá m'oifig _____ an staighre.
   e Suigh _____ ansin agus lig do scíth.

> **lig do scíth**   *rest your limbs* (lit. *let your tiredness*)

2 **Seo fógra a bhíonn i mbusanna dhá urlár** (*this notice is to be found in double-decker buses*):

   Áit suí thuas   28
   Áit suí thíos   29
   Áit seasaimh 14
   Iomlán   71

   a How many seats are there in the upper deck?
   b How many seats are there in the lower deck?
   c How many can stand (in the lower deck)?

3 **Tá tú i mBaile Átha Luain** (points of the compass)

With the aid of the map say **a** where you were, and **b** where you went, as in the example.

Gaillimh:
   a Bhí mé thiar i nGaillimh.
   b Chuaigh mé siar go Gaillimh.

Béal Feirste

Cathaire na Mart

Gaillimh

Tá tú anseo

Baile Átha Luain

Baile Átha Cliath

Corcaigh

4 Go/chuig (*to*) Líon isteach na bearnaí.

a Fáilte _____ Luimneach.
b Tá mé ag dul _____ An Tulach Mhór (*Tullamore*).
c Chuaigh mé suas _____ an stiúrthóir.
d An bhfuil tú ag dul _____ Ard Mhaca?
e Tá Caitlín imithe _____ an siopa.

5 Roimh (*before, in front of*).
Tá Méadhbh in Oifig an Phoist. Tá deifir uirthi ach tá slua mór ann.
Líon isteach na bearnaí. *Méadhbh is in a hurry but there is a queue at the post office.*

Méadhbh   Gabh mo leithscéal ach tá an-deifir orm.
Custaiméir Téigh _____, má tá deifir ort.
Méadhbh   Go raibh míle maith agat.
Custaiméir Tá fáilte _____ .

slua (m) *crowd*	**deifir** (f) *hurry*

6 Rewrite the sentences as in the example, i.e. without the relative pronoun.

Mar shampla:
Sin an bhean a chonaic mé inné.
– Chonaic mé an bhean sin inné.

a Sin an carr a cheannaigh mé.
b Sin an fear a chónaíonn in aice liom.
c Sin an teach a gcónaím ann.
d Sin an fear ar bhuail mé leis.
e Sin an bhean a raibh tú ag caint léi.

Tuiscint

Tá an tOireachtas ar siúl i gCluain Dolcáin, ceann de bhruachbhailte Bhaile Átha Cliath. Seo an clár don Luan agus eolas faoi bhusanna go Cluain Dolcáin (*here is the programme for Monday and information about the bus service to and from Clondalkin, a suburb of Dublin, where the Oireachtas (an Irish-speaking cultural festival) is taking place*).

Dé Luain 21/10/91

10.00am	(go dtí 12.30pm) **Lá na nÓg** – Ollphuball
2.00pm	(go dtí 3.30pm) **Ceolchoirm** do dhaltaí meánscoile
6.00pm	**Sólaistí, tae agus caidreamh** – Áras Chrónáin
7.00pm	**Ceisteanna agus freagraí** – Ollphuball
	Cathaoirleach – Cathal Mac Coille
9.00pm	**Oíche Cheoil**.

Busanna ag freastal ar an gCeantar
ó Lár na Cathrach go rialta: Busanna 51, 68, 69
Ó Thamhlacht: Bus 76

Bus Speisialta ó Óstán Green Isle
go lár na cathrach ag 2.00 AM an dá dheireadh
seachtaine, Aoine, Satharn, Domhnach agus
Oíche Dé Luain – 21/10 / 91. £1.50.

Seirbhís Tacsaí
Westside Taxis (01)574000

---

a Cén t-am a thosaíonn an choirm cheoil agus cén t-am a chríochnaíonn an choirm cheoil?
b Cá dtéann an bus ó Óstan Green Isle?

18 BUAILFIDH MÉ LEAT AG A HOCHT
I'll meet you at eight

In this unit you will learn how to

■ talk about future events
■ make plans and appointments
■ express intentions

Comhrá 1

Liam phones Máire to ask her to go to a film with him.

Liam Haló, a Mháire, seo Liam.

Máire Á, Dia dhuit, a Liam. Ní fhaca mé thú le tamall. Bhí mé ag smaoineamh ort. Cé chaoi a bhfuil tú?

Liam Níl gearán ar bith agam. Cogar, ar mhaith leat dul chuig an scannán nua seo tráthnóna éigin?

Máire Cinnte. Ba mhaith an smaoineamh é sin. Beidh mé saor beagnach gach oíche an tseachtain seo, ach ní féidir liom dul amach oíche Dé hAoine. Beidh cuairteoirí againn.

Liam Céard faoin Satharn, mar sin?

Máire Maith go leor. Cá mbuailfidh mé leat?

Liam Ag geata an choláiste, ag a hocht. Céard faoi sin?

Máire An-mhaith.

Liam	An mbeidh tú ag tiomáint?
Máire	Ní bheidh. Rachaidh mé isteach ar an mbus.
Liam	Feicfidh mé thú ansin.

Bhí me ag smaoineamh (m) **ort.**
I was thinking about you.
Níl gearán (m) **ar bith agam.**
I have no complaints.
cogar (m)   listen (lit. *a whisper*)
scannán (m)   *film*
**Ba mhaith an smaoineamh é
sin.** *That would be a good idea*
cuairteoirí (m)   *visitors*

Cá mbuailfidh mé leat?   *Where
will I meet you?*
Céard faoi sin?   *What about that?*
**Rachaidh mé isteach ar an
mbus** (m).   *I'll take the bus.* (lit. *I'll
go in the bus*)
Feicfidh mé thú ansin.   *I'll see
you there.*

Is fíor/ní fíor?

a Ba mhaith le Máire dul chuig an scannán le Liam.
b Beidh sí saor oíche Dé hAoine.
c Buailfidh sí leis ag a seacht a chlog.

Comhrá 2

Pádraig tells a colleague from another section of the company about a
forthcoming meeting and asks if he will be able to attend.

Pádraig	Beimid ag bualadh leis an dlíodóir amárach. An féidir leat bheith ann?
Éamann	Is féidir, gan amhras. Cad a bheidh ar siúl?
Pádraig	Táimid chun an mhonarcha nua a phlé.
Éamann	An mbeidh Tomás i láthair?
Pádraig	Cuirfidh mé scéala chuige. Labharfaidh mé leis na cuntasóirí freisin.
Éamann	Cén t-am a bheidh an cruinniú ag tosú?
Pádraig	Díreach i ndiaidh an lóin. Ag a dó a chlog.

Is fíor/ní fíor?

a Is féidir le hÉamann bheith ag an gcruinniú.
b Beidh an cruinniú ag tosú ag a naoi ar maidin.

dlíodóir (m) *lawyer*	**Cuirfidh mé scéala** (m) **chuige.**
An féidir leat bheith ann? *Can you be there?*	*I'll send word to him.*
Cad a bheidh ar siúl? *What will be happening?*	**Labharfaidh mé leis na cuntasóiri freisin.** *I'll speak to the accountants also.*
Táimid chun an mhonarcha (f) **nua a phlé.** *We are going to discuss the new factory.*	**Díreach i ndiaidh an lóin** (m). *immediately after lunch.*

Léitheoireacht (*reading*)

Here are two passages referring to future events.

a Read through them and see how much you can understand before consulting the translations that follow.

b Find the verbs in the future tense. Study the grammar sections 2, 3 and 4 below, and divide the verbs into 3 groups – Type 1 verbs, Type 2 verbs and irregular verbs.

Réamhfhaisnéis na haimsire (*weather forecast*)

Ceist: *What will the weather be like in the west tomorrow?*

Beidh sé scamallach ar fud na tíre maidin amárach. Tosóidh sé ag cur báistí san iarthar roimh mheán lae, agus leathfaidh an bháisteach seo soir i rith an lae. Stopfaidh an bháisteach amach sa lá, agus éireoidh sé fuar i dtús na hoíche. Beidh sioc in áiteanna i lár na tíre. Tiocfaidh feabhas ar an aimsir ón lá amárach amach.

scamallach *cloudy*	**i dtús** (m) *at the beginning*
amach sa lá (m) *later* (lit. *out*) *in the day*	**sioc** (m) *frost*
	feabhas (m) *improvement*

Fógra raidió (*radio announcement*)

Ceist: *What will be the subject of the Taoiseach's speech tomorrow?*

Beidh láthair oidhreachta nua á oscailt amárach i Ros Muc, agus tá an Taoiseach le bheith ann. Buailfidh sé le hionadaithe pobail ina dhiaidh sin agus tabharfaidh sé óráid thábhachtach uaidh faoi pholasaí Gaeilge an Rialtais. Beidh sé ag teacht isteach anseo chugainn sa tráthnóna le haghaidh agallaimh. Rachaidh an t-agallamh sin amach ag a seacht a chlog, tar éis na Nuachta.

taoiseach (m) *prime minister*	*community representatives*
cuairt (f) *visit*	**óráid** (f) *speech*
láthair (f) **oidhreachta** (f)	**tugann...naidh** *delivers*
heritage centre	**rialtas** (m) *government*
ionadaithe (m.pl) **pobail** (m)	**agallamh** (m) *interview*

Aistriúchán 1 (translation 1)

It will be cloudy throughout the country tomorrow morning. It will start raining in the west before midday, and this rain will spread east in the course of the day. The rain will stop later in the day, and it will become cold at the beginning of the night. There will be frost in places in the centre of the country. The weather will improve from tomorrow on.

Aistriúchán 2

A new heritage centre will be (being) opened tomorrow in Ros Muc, and the Taoiseach is to be there. He will meet with community representatives afterwards and he will make an important speech about the Irish-language policy of the Government. He will be coming in here to us in the afternoon for an interview. That interview will go out at seven o'clock, after the News.

Gramadach

1 Referring to future time

There are two ways of referring to future events, the future progressive and the simple future tense.

The future progressive of a verb is formed by using its verbal noun with **beidh** (*will be*). It refers to an event in progress in the future. The Irish sentences that follow and their English translations correspond closely in both form and use:

Beidh tú ag bualadh leo.	*You'll be meeting them.*
Beidh mé ag scríobh chuige.	*I'll be writing to him.*
An **mbeidh** tú ag teacht ar ais?	*Will you be coming back?*
Beidh muid ag éirí ag a hocht.	*We'll be getting up at eight.*

Remember that the verbal noun doesn't always correspond closely to the verb, as in the case of **ag teacht** (*coming*) (**tagann** *comes*). As we saw in Unit 4 some nouns denoting activities can be used in this construction:

Beidh mé ag obair amárach.	*I'll be working tomorrow.*
Beidh mé ag caint leat arís.	*I'll be talking to you again.*

The simple future just states that something will happen, without any indication of whether it is momentary or lengthy. It has special endings – **-f(a)idh** for Type 1, **-(e)oidh** for Type 2 – which are attached directly to the verb:

Ní oibreoidh sé.	*It won't work.*
Buailfidh mé leat ag a hocht.	*I'll meet you at eight.*
Scríobhfaidh mé chugat.	*I'll write to you.*
Tiocfaidh mé ar ais.	*I'll come back.*
Éireoidh muid ag a hocht.	*We'll get up at eight.*

2 Forming the future tense

Remove **-ann** from the present tense of a Type 1 verb and replace it with **-faidh** (after the vowels **a, o, u**) or **-fidh** (after the vowels **i, e**). This is pronounced **hí**.

Present		**Future**	
fan**ann**	*stays*	fan**faidh**	*will stay* (pron. fanhí)
cuir**eann**	*puts/sends*	cuir**fidh**	*will put/send* (pron. cuirhí)

Before a pronoun **-f(a)idh** is pronounced **ha** or **he**, with an obscure vowel. Compare these:

Fan**faidh** Síle anseo.	*Sheila will stay here.*
(pron. fanhí shíle)	
Fan**faidh** sí anseo.	*She will stay here.*
(pron. fanha shí)	

Here are some examples of other verbs in the future (note that **faidh = ha** or **he** before pronouns):

Déan**faidh** mé é sin duit.	*I'll do that for you.*
	(pron. dénha mé)
Feic**fidh** mé thú ag a seacht.	*I'll see you at seven.*
	(pron. fece mé)
An gcuir**fidh** tú glaoch orm.	*Will you call (i.e. phone) me.*
	(pron. guirhe tú)
Fan**faidh** muid in óstán.	*We'll stay in a hotel.*
	(pron. fanha mwid)
Scríobh**faidh** siad chugainn.	*They'll write to us.*
	(pron. scrífa shíud)
Fág**faidh** mé nóta duit.	*I'll leave a note for you.*
	(pron. fáca mé)

If a Type 2 verb ends in **-aíonn** in the present replace that with **-óidh**. If it ends in **-íonn** substitute **-eoidh**. This is pronounced **óí**.

Present	**Future**
tos**aíonn** *begins*	tos**óidh** *will begin* (pron. tosóí)
im**íonn** *goes away*	im**eoidh** *will go away* (pron. imyóí)

The **-(e)oidh** is pronounced **ó** before a pronoun.

Tosóidh an obair amárach.	(pron. tosóí)	*The work will start tomorrow.*
Tosóidh siad amárach.	(pron. tosó shíud)	*They will start tomorrow.*

Here are some examples:

Ceannóidh mé cóta nua.	*I'll buy a new coat.* (pron. kyanó mé)
Imeoidh mé ag a deich.	*I'll leave at ten.* (pron. imyó mé)
Aithneoidh tú iad.	*You'll recognise them.* (pron. ahnyó tú)
Críochnóidh muid go luath.	*We'll finish soon.* (pron. kríchnó mwid)
Cabhróidh siad leat.	*They'll help you* (pron. kowró shíud)

3 An? *and* ní *with the future tense*

Negative **ní** and the question marker **an** are the same in the future as in the present tense:

ceannaíonn *buys*	**An** gceannóidh tú é? *Will you buy it?*
	Ní cheannóidh. *No.* (lit. *Won't buy*)
fanann *stays*	**An** bhfanfaidh tú ann? *Will you stay there?*
	Ní fhanfaidh. *No.* (lit. *Will not stay*)
tagann *comes*	**An** dtiocfaidh tu linn? *Will you come with us?*
	Ní thiocfaidh. *No.* (lit. *Won't come*)

4 Irregular forms in the future tense

A few verbs show additional changes in the future:

tagann *comes*	tiocfaidh	*will come* (pron. tyucuí)
téann *goes*	rachaidh	*will go* (pron. rachuí)
tugann *gives*	tabharfaidh	*will give* (pron. túrhí)
itheann *eats*	íosfaidh	*will eat* (pron. ísí)
deireann *says*	déarfaidh	*will say* (pron. dérhí)
beireann ar *catches*	béarfaidh ar	*will catch* (pron. bérhí)

Here are examples of some of these. Remember to shorten the final vowel before a pronoun.

Rachaidh mé abhaile go luath.	*I'll go home early.*
Ní thabharfaidh siad pingin duit.	*They won't give you a penny.*
Ní íosfaidh mé tuilleadh de.	*I won't eat any more of it.*
Déarfaidh siad leat é.	*They'll tell you.*
Béarfaidh na gardaí ort.	*The guards (police) will catch you.*

The verb **tugann** (*gives*) is used in an idiom meaning *to visit* (resembling *to pay a visit to*). Here are some examples in the future tense:

Tabharfaidh an Taoiseach cuairt ar Chonamara.	*The Taoiseach will visit Connemara.*
Tabharfaidh mé cuairt oraibh.	*I'll visit you.*

5 The verb faigheann (gets) in the future tense

This verb has two forms – dependent (after **an, ní**, etc.) and independent – in the future tense:

An bhfaighidh tú ar ais é?	*Will you get it back.* (pron. un wy tú)
Gheobhaidh.	*Yes.* (lit. *Will get*) (pron. yóí)
Ní bhfaighidh.	*No.* (lit. *Will not get).* (pron. ní wyí)

Notice that the form used after preverbs is the same as the present, but it shows eclipsis instead of lenition after **ní** – remember **ní bhfuair mé** (*I didn't get*).

6 The future passive

In Type 1 verbs this is formed by adding **-far** (**-fear** after **i, e**) instead of **-faidh**. The **f** in **-far** is pronounced **f** (unlike that in **-faidh**):

Scríobh**far** chuici.	*She will be written to.*
Déan**far** socruithe ar leith.	*Special arrangements will be made.*
Dún**far** an oifig go luath.	*The office will be closed early.*
Cuir**fear** foirm chugat gan mhoill.	*A form will be sent to you without delay.*
Ní fheic**fear** arís é.	*He/It won't be seen again.*
Bronn**far** na duaiseanna anocht.	*The prizes will be presented tonight.*

The irregular verbs follow this pattern:

Tabharfar breis airgid dúinn.	*We'll be given more money.*
Gheobhfar ceann eile.	*Another one will be got.* (pron. yófar)
Ní bhfaighfear in am é.	*It won't be got on time.* (pron. wyfar)
Déarfar leat é.	*You'll be told (it).*
Béarfar orainn.	*We'll be caught.*

The passive corresponding to **beidh** (*will be*) is **beifear** (*one will be*):

Beifear ag caint leat faoi.	*Somebody will be talking to you about it.*

Type 2 verbs add **-far** to the **ó** (or **eo**) which marks this class of verbs in the future:

Osclófar an doras ag a hocht.	*The door will be opened at eight.*
Baileofar iad.	*They will be collected.*
Tosófar chomh luath agus is féidir.	(lit.) *One will begin as soon as possible.*
Críochnófar ag a naoi.	(lit.) *One will finish at nine.*

7 The preposition chuig (to, towards)

Here are the person forms:

chugam	towards me	**chugainn**	towards us
chugat	towards you	**chugaibh**	towards you
chuige	towards him	**chucu**	towards them
chuici	towards her		

Some examples:

Tar anseo **chugam**.	*Come here to me.*
Tá sé **chugainn**.	*Here he comes.* (lit. *He is towards us*)
Beidh sí **chugainn** go luath.	*She'll be joining us shortly.*
Cuirfidh mé scéala **chuige**.	*I'll send word to him.*
Scríobh **chuige**.	*Write to him.*
Cuir cárta **chucu**.	*Send them a card.*

Both **do** and **chuig** can be used with the same verb to give different shades of meaning:

Tabhair **dó** é seo.	*Give this to him.*
Tabhair **chuige** é seo.	*Take this to him.*
Scríobh litir **dó**.	*Write a letter for him.*
Scríobh litir **chuige**.	*Write a letter to him.*

The form **chugainn** preceded by **seo** (*this*) gives a phrase meaning *next*:

an tseachtain **seo chugainn**	*next week* (lit. *this week towards us*)
an bhliain **seo chugainn**	*next year* (lit. *this year towards us*)

8 Expressing intentions

The preposition **chun** (*towards*) followed by the verbal noun expresses an intention:

Tá mé **chun** dul abhaile anois.	*I am going to go home now.*
Tá mé **chun** fanacht anseo.	*I am going to stay here.*
Tá mé **chun** bualadh le Deirdre.	*I intend meeting Deirdre.*

Notice the difference in word order here:

Tá mé **chun** scríobh chucu.	*I am going to write to them.*
but	
Tá mé **chun** litir a scríobh.	*I am going to write a letter.*
Tá mé **chun** é a scríobh síos.	*I am going to write it down.*

In the second two examples the verbal noun has a direct object, and this must be placed *before* it. Here are some other examples:

Tá Bríd **chun** teach a cheannach.	*Bridget is going to buy a house.*
Tá mé **chun** an leabhar sin a léamh.	*I am going to read that book.*

This is the normal order of verbal noun clauses, which you have met before. Compare:

Ní féidir liom post a fháil.	*I can't get a job.*
Is maith liom peil a imirt.	*I like to play football.*

9 Using ba *with adjectives*

The copula (basic form **is**) is used to bring an adjective to the beginning of the sentence for emphasis. Remember these examples from Unit 6:

lá breá *a fine day*	Is breá an lá é.	*It's a fine day.*
aimsir olc *bad weather*	Is olc an aimsir í.	*It's bad weather.*

Note **é** here because **lá** is masculine and **í** because **aimsir** is feminine.

The past tense form **ba** lenites, giving:

Ba bhreá an lá é.	*It was a fine day.*
B'olc an aimsir í.	*It was bad weather.*

Ba can also mean *would be*, according to context. Here is an example of how this works:

Cheannaigh mé bronntanas do Mháire.	*I bought a present for Mary.*

Ba dheas an smaoineamh é sin.	*That was a nice idea.*
Ceannóidh mé bronntanas di.	*I'll buy her a present.*
Ba dheas an smaoineamh é sin.	*That would be a nice idea.*

Some further examples of **ba** + adjective:

Ba mhaith an smaoineamh é.	*It was/would be a good idea.*
Ba mhór an chabhair é.	*It was/would be a great help.*
Ba mhór an trua é.	*It was/would be a great pity.*

The last example is a very common expression but there is no basic phrase **trua mór** (*great pity*) corresponding to it.

10 Some expressions of time

(*a*) **Díreach** (*just, immediately*)
This word is used in various ways:

Tosóimid **díreach** ag a naoi.	*We'll begin at nine on the dot.*
Beidh mé **díreach** chugat.	*I'll be with you straight away.*
Tá sé **díreach** imithe amach.	*He has just gone out.*
díreach ina dhiaidh sin	*immediately after that*

(*b*) Some adverbs and adverb phrases

go luath shortly	**amach sa bhliain** later in the year
sul i bhfad before long	
chomh luath agus is féidir as soon as possible	**ina dhiaidh sin** afterwards (lit. after that)
amach sa lá later in the day (lit. out in the day)	**ar ball** later
	níos déanaí later

(*c*) The prepositions **ó** (*from*), **go dtí** (*up to*) and **idir** (*between*) are used as follows (note that the first uses an **n** to combine with **a**):

óna dó **go dtí** a trí a chlog	*from two to three o'clock*
idir a dó is a trí a chlog	*between two and three o'clock*

11 Avoidance of double article

Here are some examples illustrating the rule that in a phrase noun + article + noun, the first noun is understood to be definite (*the ...*) although **an** (*the*) is not used. You have met this rule before (Unit 5), in phrases such as **bean an tí** (*the landlady*). Here are some more examples:

geata an choláiste	*the gate of the college*
bun an bhóthair	*the end* (lit. *bottom*) *of the road*
barr an bhóthair	*the top of the road*
lár an lae	*the middle of the day* (**lá** = *day*)
lár na cathrach	*the city centre* (**cathair** = *city*)
tús na hoíche	*the beginning of the night*
lár na hoíche	*the middle of the night*
polasaí an rialtais	*government policy (the policy of the government)*

Here are some examples in context:

Feicfidh mé thú i lár na cathrach.	*I'll see you in the city centre.*
Buailfidh mé leat ag bun an bhóthair.	*I'll see you at the end of the road.*

12 The plural of nouns in -í and -ú

There are many nouns which end in **-aí** and refer to occupation. In the plural they end in **-aithe** instead:

ionadaí	*representative*	ionad**aithe**
rúnaí	*secretary*	rún**aithe**
amhránaí	*singer*	amhrán**aithe**
gadaí	*thief*	gad**aithe**

Verbal nouns in **-ú** (or **-iú**) end in **-(u)ithe**:

socrú	*arrangement*	socr**uithe**
síniú	*signature*	sín**ithe**
cruinniú	*meeting*	cruinn**ithe**

The basic meaning of **socrú** and **síniú** is *arranging* and *signing* respectively:

ag socrú rudaí   *arranging things*
ag síniú litreacha   *signing letters*

☑ Cleachtadh

1 Beidh sé ag …
Study Michael's diary and say what he will be doing tomorrow. Use the
future progressive:
Dialann Mhichíl (*Michael's diary*)

Luan	
4	
6.45	traein go Gaillimh
9.30	bualadh le duine faoin bpost nua
11.30 – 12.15	an tuarascáil nua a phlé
2.00	achoimre a scríobh ar an tuarascáil
c.4.00	siopadóireacht - bronntanas a cheannach d'Aoife
5.00	traein abhaile

achoimre (f)   *summary*   **tuarascáil** (f)   *report*
plé   *discuss*

Mar shampla: Beidh Micheál ag dul ar an traein go Gaillimh ag
ceathrú chun a seacht.
Beidh sé ag bualadh le hÁine ó leath tar éis a naoi
go dtí leath tar éis a deich.

The verbs you will need (in order of appearance) are:

téann	buaileann	labhrann	pléann	scríobhann
	ceannaíonn	tagann		

2 The simple future: now describe Michael's plans for tomorrow's trip to Galway using the simple future form of the verbs listed in the box.

Mar shampla: Rachaidh sé ar an traein go Gaillimh.

3 Common irregular verbs
Insert the future form of the verbs in brackets:

a – Tá peann uaim.
   • Fan nóiméad agus (**faigheann**) mé ceann duit.

b – Níl pingin agam. Cad (**deireann**) mé le mo bhean chéile?
   • (**Tugann**) mé iasacht airgid duit.

c Céard (**itheann**) muid anocht?
   • Is cuma liomsa. Níl ocras orm.

d – Tá mé ag dul chuig na pictiúir le Niamh. An (**tagann**) tú linn?
   • (**Tagann**), cinnte.

e – Tá mé an-tuirseach. Ní bheidh mé ag dul chuig an gcruinniú anocht.
   • Ceart go leor. (**Téann**) mise ann agus (**deireann**) mé leat cad a tharlóidh.

4 Answer in the negative:

a • An bhfanfaidh tú le Seoirse anocht?
   – Ní _____ .

b • An gceannóidh tú carr nua?
   – Ní _____ .

c • An íosfaidh tú ceapaire?
   – Ní _____ .

d • An dtiocfaidh sé amárach?
   – Ní _____ .

e • An bhfaighidh tú ar ais é?
   – Ní _____ .

5 Seo trí theachtaireacht a ghlac an rúnaí nuair a bhí Pádraig as an oifig (*the three messages on page 257 were taken for Pádraig when he was out of the office*).

a Cathain a bheidh an cruinniú ar siúl?
b Cé a bheidh ann go cinnte? (*Who will definitely be there?*)
c Cén duine nach mbeidh ag an gcruinniú? (*Who won't be at the meeting?*)
d Cé a chuirfidh glaoch ar Phádraig.

| **cáipéis** (f) | *document* | **cruinniú** (m) | *meeting* | **glaoch** (m) | *call* |

Chuig/To: Pádraig

Ó/From:

Dáta/Data: Dé Luain

Am/Time:

TEACHTAIREACHT/MESSAGE:

3.25 p.m.   Ghlaoigh Muiris Ó Súilleabháin. Beidh sé ag an
             gcruinniú ach beidh sé déanach. Tabharfaidh sé
             na cáipéisí duit ag an gcruinniú.

3.45 p.m.   Ghlaoigh Orla Ní Bhriain ort. Tá sí ag lorg
             eolais faoin gcruinniú Déardaoin. Glaofaidh sí
             ort maidin amárach.

4.05 p.m.   Leithscéal ó Sheán de Búrca. Ní bheidh sé in
             ann teacht chuig an gcruinniú. Cuirfidh sé nóta
             chugat an tseachtain seo chugainn.

6   The future passive. Insert the appropriate forms of the verbs in brackets.
    (This text outlines the time arrangements for a local **Feis Cheoil** which
    is a popular competitive event for traditional singing and dancing.)

> Beidh an Fheis Cheoil ar siúl ar an tríú lá déag sa halla mór.
> (**Cuireann**) fógra sna nuachtáin. (**Osclaíonn**) an halla ag a haon a
> chlog agus (**tosaíonn**) ag a dó a chlog. (**Críochnaíonn**) thart ar a
> cúig agus (**bronnann**) na duaiseanna díreach ina dhiaidh sin.

7 Using **chun** to express intention. Say in Deirdre's own words that she is going to do these things at the weekend.

Example: ag imirt gailf le Neasa – Tá mé chun galf a imirt le Neasa.

a ag bualadh le Pól.
b ag déanamh siopadóireachta
c ag scríobh litreach chuig Pól
d ag dul chuig na pictiúir le hOrla

8 Réalteolas Isidora
You can probably guess what kind of text this is. Léigh an téacs agus freagair na ceisteanna seo a leanas.

a Who will manage to do a lot of work this summer?
b Who will be rewarded for hard work?
c Who is going to increase his or her standing in some people's estimation?

AN SCAIRP
SCORPIO

**Deireadh Fómhair
24–Samhain 22**
An samhradh seo beidh seans agat do stádas* a ardú go mór. Beidh daoine ag brath* go mór ort – ná lig síos iad, agus déanfaidh tú maitheas duit féin!

NA h-éisc
PISCES

**Feabhra 20 –
Márta 20**
Tá tréimhse* an-taitneamhach romhat a Phisces! Is duine cruthaitheach* tú, agus éireoidh leat obair mhór a dhéanamh an samhradh seo. Ach bí cúramach, mar tá an grá san aer! Ná lig dó tú a chur ar strae!

AN MHEá
LIBRA

**Meán Fómhair 24 –
Deireadh Fómhair 23**
Tá tú ag obair an-chrua na laethanta seo. Ná stop anois, mar tá an lá mór sin ag teacht agus gheobhaidh tú do luach saothair*. Ach ansin beidh saoire ag dul duit. Glac sos ar feadh seachtaine nó dhó.

(*From: Mahogany Gaspipe*, Samhradh, 1991)

réalta (f) *star*	**cruthaitheach** *creative*
eolas (m) *knowledge*	**éiríonn le** *succeeds*
stádas (m) *status*	**cúramach** *careful*
ardaíonn *raises*	**grá** (m) *love*
brathann *depends*	**crua** *hard*
ligeann (síos) *lets (down)*	**luach** (m) **saothair** *reward*
tréimhse (f) *period*	**saoire** (f) *holiday*
taitneamhach *pleasant*	**glacann** *takes*
sos (m) *brief rest*	

9 **Ba** + adjective. Turn each of the sentences below into a sentence beginning with **ba**. The pronouns required are given in parentheses.

Example: rud maith → Ba mhaith an rud é.

   a lá breá **(é)**
   b rud iontach **(é)**
   c cabhair mhór **(é)**
   d aimsir olc **(í)**
   e smaoineamh maith **(é)**

10 Expressions of time. Match up the Irish and English equivalents:

a	i ndiaidh an chruinnithe	**i**	next week
b	tar éis na nuachta	**ii**	as soon as possible
c	an tseachtain seo chugainn	**iii**	soon
d	sul i bhfad	**iv**	after that
e	go luath	**v**	after the news
f	díreach tar éis na nuachta	**vi**	after the meeting
g	ina dhiaidh sin	**vii**	before long
h	chomh luath agus is féidir	**viii**	immediately after the news

11 Complete the expressions following the examples.

Example: (**1**) lón – i ndiaidh an lóin; **2** bóthar – bun an bhóthair

   a dinnéar – i ndiaidh an _____
   b Nuacht – tar éis na _____
   c oíche – lar na _____
   d coláiste – geata an _____
   e bóthar – barr an _____
   f cathair – lár na _____

Tuiscint

Bainisteoir
Ghlór na nGael

Táthar ag lorg iarratas don phost Bainisteoir Ghlór na nGael. Duine fuinniúil a ghlacfaidh páirt iomlán i bhforbairt Ghlór na nGael agus a chuirfidh pleananna An Choiste Stiúrtha i gcrích atáthar a lorg. Tá líofacht i labhairt agus i scríobh na Gaeilge riachtanach. Ceapfar an bainisteoir ar chonradh 5 bliana agus socrófar tuarastal taobh istigh de raon leathan ag brath ar cháilíochtaí agus ar thaithí.

Ba chóir iarratais ar an bhfoirm oifigiúil móide C.V. a sheoladh chuig an seoladh thíos lena shroichint roimh 29 Samhain 1991.

An Rúnaí,
Coiste Stiúrtha Ghlór na nGael,
Áras na Comhdhála,
86 Sráid Ghardnar Íochtar,
Baile Átha Cliath 1.

Comórtas náisiúnta é Glór na nGael chun pobail a ghríosadh leis an nGaeilge a chur chun cinn ina gceantair féin.

(*From: Sunday Tribune*, 17 November 1991)

a What kind of text do you think this is?
b What kind of person would be interested in it?
c What does it tell us about *Glór na nGael*?
d How many verbs can you find in the future tense?

19 | CEAPAIM GO BHFUIL AN BANC DÚNTA
I think the bank is closed

In this unit you will learn how to

■ report what you have heard
■ express opinions
■ express probability

Read these two dialogues in conjunction with Part 1 of the **Gramadach**.

Comhrá 1

Dónall tells a colleague that he is going to the bank. She has heard that it is closed.

Dónall	Tá mé ag dul anonn chuig an mbanc.
Úna	Dúirt duine éigin go bhfuil sé dúnta inniu.
Dónall	Cén fáth?
Úna	Is cosúil go bhfuil siad ar stailc.
Dónall	An mbeidh sé oscailte amárach?
Úna	Is dóigh liom go mbeidh. Tabharfaidh mé iasacht airgid duit, más maith leat.
Dónall	Go raibh maith agat. Níl uaim ach fiche punt.
Úna	Seo duit.
Dónall	Gheobhaidh tú ar ais amárach é, má bhíonn an banc oscailte.

duine (m) **éigin** *somebody*	**iasacht** (f) **airgid** (m) *a loan (of*
anonn *over*	*money)*
is cosúil go *It appears that*	**má** *if*
is dóigh liom *I suppose*	**más maith leat** *if you like*
stailc (f) *strike*	**níl uaim ach** *I only want*

Ceisteanna

a Cén fáth go bhfuil an banc dúnta?
b Cé mhéad airgid atá ag teastáil ó Dhónall?

Comhrá 2

Máiréad is being interviewed for a job by a factory manager. He comments on her CV.

Bainisteoir   Feicim go bhfuil céim agat sa cheimic.
Máiréad   Tá.
Bainisteoir   Agus gur chaith tú bliain ag obair i Meiriceá mar theicneoir.
Máiréad   Chaith.
Bainisteior   An dóigh leat gur fhoghlaim tú mórán?
Máiréad   Measaim gur mhaith an taithí é, agus gur thug sé tuiscint dom ar chúrsaí gnó.

ceimic (f) *chemistry*	**taithí** (f) *experience*
foghlaimíonn *learns*	**tuiscint** (f) *understanding*
measaim *I consider*	

Ceist: Cén cineál oibre a bhí ag Máiréad i Meiriceá?

Comhrá 3

Siobhán is back from her holidays. She meets Eibhlís.

Eibhlís   Chuala mé go raibh tú ar saoire.
Siobhán   Bhí, sa Ghréig.
Eibhlís   Cén fhad a bhí tú ann?
Siobhán   Ar feadh coicíse.

Eibhlís	Tá dath na gréine ort. Creidim go mbíonn sé an-te ann sa samhradh.
Siobhán	Bíonn. Ceapaim go raibh sé timpeall daichead céim.
Eibhlís	Ní maith liomsa teas mar sin.
Siobhán	Cén fáth?
Eibhlís	Toisc go bhfuil mo chraiceann ró-bhán.

ar saoire (f)	*on holiday*	**teas** (m) *heat*
dath (m) **na gréine** (f)	*a tan* (lit.	**toisc go** *because*
the colour of the sun)		**craiceann** (m) *skin*
céim (m) *degree*		

Ceisteanna

a Cá raibh Siobhán ar saoire?
b Cén fhad a bhí sí ann?
c An maith le hEibhlís aimsir an-te?

Here is a radio announcement about a proposal to build a chemical factory. It is followed by two conversations in which people from the area in question give their views on this plan.

Fógra raidió

Tá sé tugtha le fios ag an Aire Tionsclaíochta go bhfuil monarcha ceimicí le tógáil sa Cheathrú Rua. Dúirt an tAire go mbeidh leathchéad duine ag obair ann ar dtús, agus go bhfásfaidh an lucht oibre go dtí dhá chéad amach anseo. Dúirt an Teachta Dála Liam Ó Móráin linn go bhfuil sé an-sásta go mbeidh postanna á gcur ar fáil. Tá lucht turasóireachta buartha áfach go ndéanfar dochar don timpeallacht agus, mar thoradh air sin, don turasóireacht.

tá sé tugtha le fios ag *has been made known by* (lit. *has been given to know*)	**lucht turasóireachta** (f) *tourist interests*
Aire (m) **Tionsclaíochta** (f) *Minister for Industry*	**buartha** *worried*
	dochar (m) *damage*
fásann *grows*	**timpeallacht** (f) *environment* (lit. *surroundings*)
amach anseo *in the future*	
lucht (m) **oibre** (f) *the workforce*	**mar thoradh** (m) **air sin** *as a result of that*

Is fíor/ní fíor?

a Beidh leathchéad duine ag obair sa mhonarcha nua ar ball.
b Tá an Teachta Dála Ó Móráin buartha faoin timpeallacht.

Comhrá 4

Liam   Ar chuala tú go bhfuil monarcha nua le tógáil in aice leis an gcaladh?
Seosamh Chuala. Is dóigh liom go mbeidh raic faoi.
Liam   Beidh, is dócha. Cloisim go bhfuil cruinniú le bheith sa halla pobail oíche Déardaoin, chun é a phlé.
Seosamh An bhfuil tú chun dul ann?
Liam   Seans go rachaidh. An bhfuil aon tuairim agat cé a bheidh ag caint?
Seosamh Níl mé ró-chinnte, ach sílim go mbeidh cúpla Teachta Dála ann.
Liam   Ba cheart dúinn dul ann, is dócha.
Seosamh Ba cheart. Tá súil agam go gcuirfear stop leis.
Liam   Aontaím leat sa mhéid sin.

caladh (m) *pier*	**tuairim** (f) *opinion, idea*
is dóigh liom go ... *I think that ...*	**ba cheart do** *should*
raic (f) *row, dispute (racket)*	**Tá súil agam** *I hope*
le bheith *to be (held)*	**Aontaím leat** *I agree with you*
é a phlé *to discuss it*	**seans go** *may be* (lit. *chance that*)

Ceisteanna

a An bhfuil Seosamh i gcoinne na monarchan nua?
b Cad a cheapann Liam faoin monarcha nua?
c Cá mbeidh an cruinniú faoin monarcha?
d Cé a bheidh ann?

Comhrá 5

Tomás   An bhfuil a fhios agat go bhfuil monarcha nua le tógáil anseo?

Donncha	An ea? Cén cineál monarchan?
Tomás	Monarcha ceimicí, is cosúil. Deirtear go mbeidh cúpla céad post ann. Nach breá an rud é don áit?
Donncha	Ní dóigh liom é. Céard faoin salachar go léir?
Tomás	Níor cheart go mbeadh sé ró-olc, agus tá fostaíocht ag teastáil.
Donncha	Ach mar sin féin beidh daoine buartha faoin turasóireacht.
Tomás	Beidh sé seo níos fearr ná turasóireacht, dar liom. Tá gá le postanna den chineál seo, i mo thuairim.
Donncha	Ní aontaím leat ar chor ar bith. Tá mise i gcoinne monarcha den chineál sin. Déanfaidh sé dochar don timpeallacht.

is cosúil	*apparently*	**den chineál seo**	*of this kind*
salachar (m)	*dirt, pollution*	**dar liom**	*in my view*
fostaíocht (f)	*employment*	**tuairim** (f)	*opinion*
buartha faoi	*worried about*	**ar chor ar bith**	*at all*
níos fearr ná	*better than*	**i gcoinne**	*against*

Ceisteanna

a Cén tuairim atá ag Tomás faoin monarcha nua?
b Cén fáth nach n-aontaíonn Donncha leis?

Gramadach

1 Go (that)

The most basic use of this is in quoting what somebody has said. For instance if Séan has said that he meets Máire every day – **Buailim le Máire gach lá** (*I meet Mary every day*) – this can be quoted as follows with **go**, which causes eclipsis:

Dúirt Seán go mbuaileann sé
le Máire gach lá.

Seán said that he meets Máire every day.

Go is also used in the future tense:

go mbeidh sé ag bualadh le
Máire amárach.

that he will be meeting Máire tomorrow.

There are special negative and past tense forms:

nach mbuaileann sé le Máire gach lá	*that he doesn't meet Máire every day*
gur bhuail sé le Máire inné	*that he met Máire yesterday*
nár bhuail sé le Máire inné	*that he didn't meet Máire yesterday*

Here is a table summing up these equivalents of *that*:

	Positive	Negative
Present/Future	go (+ eclipsis)	nach (+ eclipsis)
Past	gur (+ lenition)	nár (+ lenition)

2 Reporting copula sentences

The **is** form is replaced by **gur** (without lenition):

Is maith an smaoineamh é.	*It's a good idea.*
Ceapaim **gur** maith an smaoineamh é.	*I think it's a good idea.*
Is múinteoir í.	*She is a teacher.*
Sílim **gur** múinteoir í.	*I think she is a teacher.*

The **ba** form, which means both *was* and *would be* (depending on context) is replaced by **gur** (with lenition):

Ba mhaith an smaoineamh é.	*It was/would be a good idea.*
Ceapaim **gur mh**aith an smaoineamh é.	*I think it was/would be a good idea.*
Ba Gharda é.	*He was a policeman.*
Creidim **gur Gh**arda é.	*I believe he was a policeman.*

3 Dependent forms of verbs after go (that)

If a verb has special dependent forms these must be used after **go** (*that*):

Tá sé daor.	*It is expensive.*
Ceapaim go **bhfuil** sé daor.	*I think it is expensive.*
Chuaigh sí abhaile.	*She went home.*
Sílim go **ndeachaigh** sí abhaile.	*I think she went home.*
Chonaic Seán é.	*Seán saw it.*
Creidim go **bhfaca** Seán é.	*I believe Seán saw it.*

4 Other expressions requiring a go/nach clause

Feicim go bhfuil carr aige.	*I see that he has a car.*
Cloisim go bhfuil carr aige.	*I hear that he has a car.*
B'fhéidir go bhfuil carr aige.	*Perhaps he has a car.*
Tá a fhios agam go bhfuil carr aige.	*I know that he has a car.*
Tá a fhios agam nach bhfuil sí ansin.	*I know she is not there.*
B'fhéidir nach bhfuil sé ar fáil.	*Perhaps it is not available.*

The phrase for *to know* literally means *its knowledge is at me* (= *I have knowledge of it*).

5 Saying 'because'

You have already met **mar** (*because*):

D'fhan mé istigh mar bhí mé breoite.	*I stayed in because I was sick.*

Another common way of saying *because* is **toisc go**, which requires the dependent form of the verb where that exists:

D'fhan mé istigh toisc go raibh slaghdán orm.	*I stayed in because I had a cold.*

Here are some more examples:

Fanfaidh mé istigh, toisc go bhfuil sé ag cur báistí.	*I'll stay in, because it's raining.*
Níor fhéad mé labhairt leo, toisc go raibh deifir orm.	*I couldn't talk to them, because I was in a hurry.*

or

toisc nach raibh an t-am agam.	*because I didn't have the time.*

6 Expressing opinions

Various verbs can be used to convey opinions or tentativeness:

Ceapaim go bhfuil se ró-dhaor.	*I think that it is too dear.*
Measaim	*I consider*
Sílim	*I suspect/suppose*
Glacaim leis ...	*I take it that ...*

7 Expressing probabilities

Copula phrases are very common in this function, especially **is dóigh liom** (*I think (it) likely* – lit. *it is likely with me*):

Is dóigh liom go bhfuil an banc dúnta.	*I think the bank is closed.*
Ní dóigh liom go bhfuil sé oscailte.	*I don't think it's open.*
Is dóigh liom é.	*I think so.*
Ní dóigh liom é.	*I don't think so.*

The phrase **is dócha** (*it is probable*) is similar in meaning, but impersonal:

Is dócha go bhfuil oifig an phoist dúnta.	*The post office is probably closed.*
Ní dócha go bhfuil.	*It is unlikely to be.*

These can be echoed using **is dócha** (*if likely*) or **ní dócha** (*if unlikely*):

Is dócha go mbeidh.	*There probably will be.*
Ní dócha go bhfuil.	*(She) probably isn't.*
Is dócha go ndearna.	*(She) probably has (done).*
Is dócha go ndearnadh.	*It probably has been done.*

The phrase **is cosúil** (lit. *it is like*) means *it appears that, it seems that* (and can also translate the adverbs *apparently, evidently*):

Is cosúil go mbeidh stailc ann.	*It appears there will be a strike.*
Is cosúil nach bhfuil Úna istigh.	*It seems that Úna isn't in.*
Is cosúil gur phós sí ó shin.	*It seems that she has married since.*
Is cosúil gur goideadh é.	*It seems to have been stolen.*
Tá cruinniú ar siúl, **is cosúil**.	*There is a meeting taking place, apparently.*

8 Má (if)

This is placed immediately before the verb:

Suigh cois na tine, **má** tá fuacht ort.	*Sit by the fire, if you are cold.*
Téigh abhaile, **má** tá tú breoite.	*Go home, if you are sick.*

All verbs except **tá** are subject to lenition:

Má **th**éann tú ann …	*If you go there …*
Fan sa bhaile, má **bh**íonn sé fliuch.	*Stay at home, if it is wet.*
Tar linn, má **bh**íonn tú saor.	*Come with us, if you are free.*

Notice that **má bhíonn** is used with reference to the future.

Má + is gives **más**:

Fan istigh, **más** maith leat.	*Stay in, if you like.*
Déanfaidh mé é, **más** féidir.	*I'll do it, if possible.*

Another way of expressing 'if' is discussed in Unit 20.

9 How to say 'I hope'

The phrase **tá súil ag** (i.e. *there is expectation at*) is used:

Tá súil agam go mbeidh siad in am.	*I hope that they will be on time.*
Tá súil agam nach mbeidh báisteach ann.	*I hope there won't be rain.*
An dtiocfaidh Tomás amárach?	*Will Tomás come tomorrow?*
Tá súil agam go dtiocfaidh.	*I hope he will (come).*
An mbuailfidh tú leis?	*Will you meet him?*
Tá súil agam go mbuailfidh.	*I hope I will (meet).*

10 How to say 'to be done', etc.

Put **le** (*with*) before the verbal noun:

Tá sé **le** déanamh.	*It is to be done.*
Tá scoil nua **le** tógáil.	*A new school is to be built.*
Tá an mhonarcha **le** dúnadh.	*The factory is to be closed.*
Tá Seán **le** bheith ann.	*Seán is to be there.*
Tá cruinniú **le** bheith ann.	*A meeting is to be held.* (lit. *to be there*)

11 *Giving strong advice*

The phrase used is **ba cheart do** (*should*), i.e. the **ba** form of the copula + **ceart** (*right*) + **do** (*to, for*) – the sense is roughly *it would be right for (me) to* ... The imperative form of the verb (*a*) is contrasted here with **ba cheart do** (*b*):

(*a*)	Téigh abhaile.	*Go home.*
(*b*)	Ba cheart duit dul abhaile.	*You should go home.*
(*a*)	Tabhair cóta leat.	*Bring a coat with you.*
(*b*)	Ba cheart duit cóta a thabhairt leat.	*You should take a coat (with you).*
(*a*)	Labhair leis.	*Speak to him.*
(*b*)	Ba cheart duit labhairt leis.	*You should talk to him.*
(*a*)	Tosaigh arís.	*Start again.*
(*b*)	Ba cheart duit tosú arís.	*You should start again.*
(*a*)	Cuir stop leis.	*Stop him/it.*
(*b*)	Ba cheart duit stop a chur leis.	*You should stop him/it.*

Dropping **do** (**dom, duit**, etc.) gives an impersonal meaning.

Ba cheart stop a chur leis.	*It should be stopped.* (lit. *a stop should be put to it*)

The negative form is **níor cheart**:

Níor cheart duit dul ann.	*You shouldn't go there.*
Níor cheart é a dhéanamh.	*It shouldn't be done.*

Ba cheart (and **níor cheart**) can also be followed by **go** (*that*):

Ba cheart go mbeadh sé go breá.	*It should be fine.*
Níor cheart go mbeadh sí i bhfad.	*She shouldn't be long.*

☑ Cleachtadh

1 Cad dúirt siad? (*report what is said*)

a Beidh mé ag dul go Londain amárach agus beidh mé ag filleadh abhaile Dé Sathairn. Ní bheidh mé in ann bualadh le Seosamh mar beidh mé an-ghnóthach. Risteard.

Mar shampla: Deireann Risteard go mbeidh sé … agus nach mbeidh sé …

b D'fhan mé istigh aréir toisc go raibh an-tuirse orm. Bhí mé traochta agus níor fhéad mé rud ar bith a dhéanamh. Shuigh mé síos agus thit mé i mo chodladh sa chathaoir. Máirín.

traochta	*exhausted*	**féadann**	*can, is able to*

c Tháinig mé abhaile thart ar a hocht a chlog ach ní fhaca mé Neasa mar bhí sí imithe amach. Chuaigh mé amach níos déanaí agus d'fhág mé nóta di. Ní raibh mé in ann fanacht. Cáit.

2 Express your opinion
Ceapaim …
Mar shampla: Is iontach an smaoineamh é sin. Ceapaim gur iontach an smaoineamh é sin.

a Is maith an rud é sin.
b Is mór an trua é sin.
c Ní fiú é.
d Tá sé ró-dhaor.
e Tá do ghúna nua an-deas.

3 Expressing probability
Is dócha/ní dócha … Change these definite statements into statements of probability.
Mar shampla: Tiocfaidh sí amárach → Is dóigh liom go dtiocfaidh sí amárach.

a Tá an ceart agat.
b Beidh sé ann.
c Ní bheidh Síle in ann teacht.
d Chuaigh sí go Nua Eabhrac an mhí seo caite.

4 **Má** (*If*)
Join up the left and right columns to make sentences. There are several possible combinations for some of these.

a	Buailfidh mé leat ag am lóin	**i**	má fheiceann tú é
b	Ná déan é	**ii**	más maith leat
c	Tabhair do Pheadar é	**iii**	má tá tú tinn
d	Déanfaidh mé é sin duit	**iv**	má tá tuirse ort
e	Téigh abhaile	**v**	má bhíonn tú ró-ghnóthach
f	Fan sa leaba	**vi**	más féidir

5 Má. Líon isteach na bearnaí leis an bhfoirm cheart den bhriathar idir lúibíní. (*complete the gap with the correct form of the verb in brackets*):

a Má _____ tú Pádraigín, abair léi go bhfuil mé ag fanacht léi (**feiceann**).

b Má _____ tú saor am éigin, buail isteach (**bíonn**).

c Má _____ tú seans, cuir glaoch orm (**faigheann**).

d Má _____ tú ann, glaoigh ar Phól agus buailfidh sé leat (**téann**).

---

buail isteach *call in*

---

6 Tá súil agam go ... (*I hope that ...*)
Answer the questions as in the example.

Mar shampla: An dtiocfaidh Siobhán amárach?
Tá súil agam go dtiocfaidh.

a An mbuailfidh Seán leat?
b An gceannóidh d'athair an carr sin duit?

7 Giving advice. **Ba cheart duit ...** (*You should ...*)
Transform the comments into advice. The necessary forms of the verbs are supplied in brackets.

Mar shampla: Labhair le Máire faoi → Ba cheart duit labhairt le Máire faoi.

a Léigh arís é. (**léamh**)
b Tar go luath. (**teacht**)
c Cuir stop leis. (**cur**)
d Tabhair cóta leat. (**tabhairt**)
e Ná déan é. (**déanamh**) Níor _____
f Ná téigh ann. (**dul**) Níor _____

Tuiscint 1

Tomás finds that Peadar is not in his office. He asks another colleague where he might be. **Cá bhfuil sé?**

Tomás	An bhfuil a fhios agat cá bhfuil Peadar?
Tadhg	Sílim go ndeachaigh sé abhaile. Bhí sé ag rá go raibh sé tinn.
Tomás	An dóigh leat go mbeidh sé ar ais?
Tadhg	Ní dóigh liom go mbeidh. Cén fáth nach gcuireann tú glaoch air?

An bhfuil a fhios agat? *Do you know?*
Cén fáth? *why?*

glaoch (m) *(telephone) call*
tinn *sick*

Tuiscint 2

Mura bhfuil tú cláraithe … *(If you are not registered …)*

Seo fógra as nuachtán. Léigh na ceisteanna ar dtús. (*on the next page is a newspaper announcement. Read the questions first.*)

a Cé chomh minic is a ullmhaítear clár nua toghthóirí? (*How often is a new register of voters prepared?*)
b Ba chóir do dhaoine áirithe cinntiú go bhfuil siad cláraithe. Cé hiad? (*Certain people should ensure they are registered. Who are they?*)
c Déan liosta de na háiteanna ar féidir leat an clár a scrúdú. (*Make a list of the places where you can examine the register.*)
d Cad é an dáta deireanach ar féidir leat an clár a scrúdú? (*What is the last date on which you can examine the register?*)

muna = mura
ullmhaíonn *prepares*
Ní mór duitse ... *It is*
  necessary for you ...
cláraithe *registered*
clár *register* (here)
cinntíonn *makes sure*
go háirithe
  especially
scrúdú *examining, to*
  examine
athraíonn *changes*
breithlá = lá breithe
  birthday
buail isteach *call in*
athraíonn *changes*
dréacht *draft*
údarás *authority*
áitiúil *local*

(*From*: *Anois*, 28–29 Nollaig, 1991)

Muna bhfuil tú cláraithe, ní bheidh vóta agat.

Tá sé chomh simplí leis sin.
Ullmhaítear clár nua toghthóirí gach
bliain – ní mór duitse a chinntiú go
bhfuil tú cláraithe.
Go háirithe tá sé tábhachtach an clár a
scrúdú má d'athraigh tú do sheoladh le
déanaí, nó má bhíonn
do 18ú breithlá agat faoi 15 Aibreán.
Mar sin scrúdaigh an dréachtchlár <u>anois</u>.
Muna bhfuil tú cláraithe,
ní bheidh vóta agat.
BUAIL ISTEACH GO DTÍ
STÁISIÚN AN GHARDA, AN
PHOSTOIFIG, AN LEABHARLANN
PHOIBLÍ, TEACH NA CÚIRTE NÓ
OIFIG AN ÚDARÁIS ÁITIÚIL

Scrúdaigh an dréachtchlár roimh 15 Eanáir.

20 CÉARD A DHÉANFÁ?
What would you do?

In this unit you will learn how to

- make requests
- offer hospitality
- persuade
- give advice
- refer to things which are likely, possible or probable

Comhrá 1

Seosamh calls around to Liam's house for the first time in months.

Liam   Tú féin atá ann, a Sheosaimh. Conas tá tú? Tar isteach.
Seosamh Táim go maith. Is fada ó bhí mé anseo.
Liam   Tá tamall fada ann. An ólfá cupán caife?
Seosamh Ólfaidh.
Liam   Ar mhaith leat aon ní le hithe?
Seosamh Ba mhaith liom cúpla briosca, má tá siad agat.

| **an ólfá?** | would you drink? | **má** | if |
| **le hithe** | to eat | **briosca** | biscuit |

Ceist

Cén deoch agus cén bia a theastaíonn ó Sheosamh?

Comhrá 2

A telephone caller leaves a message with somebody's secretary.

Duine ar an bhfón   An bhféadfainn labhairt le Tomás Mac Néill, le do thoil?
Rúnaí   Tá sé ag freastal ar chruinniú faoi láthair.
Duine ar an bhfón   An bhféadfá teachtaireacht a ghlacadh?
Rúnaí   Glacfaidh, cinnte. Abair leat.

> **an bhféadfainn/an bhféadfá?**   **teachtaireacht** (f) **a ghlacadh**
>   could I/could you?   to take a message
> **ag freastal ar chruinniú** (m)   **Abair leat.**   Go ahead. (**leat** with
>   attending a meeting   you = ahead here)

Ceist

Cad a iarrann an duine ar an bhfón?

 Comhrá 3

A member of the audience in a television programme is asked by the host (**fear an tí**) how she would spend a large lottery win.

Fear an tí   Céard a dhéanfá dá mbuafá céad míle punt sa Lotto?
Caitlín   Cheannóinn carr nua dom féin, agus ansin rachainn ar saoire.
Fear an tí   An éireofá as do phost?
Caitlín   Ní dhéanfainn. Is dóigh liom go rachainn as mo mheabhair mura mbeinn ag obair.
Fear an tí   Cá rachfá ar saoire?
Caitlín   Ba bhreá liom dul chun na hAstráile. Tá deirfiúr agam ann.
Fear an tí   Conas a chaithféa an chuid eile den airgead?
Caitlín   Níl a fhios agam. B'fhéidir go gcuirfinn sa bhanc é go dtí go smaoineoinn ar rud éigin.

> **Céard a dhéanfá?**   What would   **mura mbeinn**   if I were not
>   you do?   **Conas a chaithfeá?**   How would
> **dá mbuafá**   if you won   you spend?
> **An éireofá as?**   Would you quit?   **B'fhéidir go gcuirfinn … é**
> **go rachainn as mo mheabhair**   Maybe I would put it …
>   that I would go mad (lit. out of   **go dtí go smaoineoinn ar**   until
>   my mind)   I thought of

Ceisteanna

a Cad é an chéad rud a dhéanfadh Caitlín dá mbuafadh sí an Lotto?
b Cén fáth a rachadh sí ar saoire chun na hAstráile?

Gramadach

1 Would – the conditional mood of the verb

This refers to things which are not actual fact, but are likely, possible or probable; it corresponds to the *would* form of the English verb, e.g. *I would buy/go*, etc. Its formation is as follows:

Type 1 verb, e.g. **déanann** (*does, makes*): Add lenition, **f** and ending

dhéan**fainn**	*I would do*	(pron. yénhin)
dhéan**fá**	*you would do*	(pron. yénhá)
dhéan**fadh** sé/sí	*he/it/she would do*	(pron. yénhuch shé/shí)
dhéan**faimis**	*we would do*	(pron. yénhimish)
dhéan**fadh** sibh	*you would do*	(pron. yénhuch shiv)
dhéan**faidís**	*they would do*	(pron. yénhidísh)

Verbs which begin with a vowel or **f** have a **d** prefixed to them.

ólann	*drinks*	d'ólfadh	*would drink* (pron. dólhuch)
féadann	*is able to*	d'fhéadfadh	*would be able to* (pron. détuch)

Type 2 verb, e.g. **ceannaíonn** (*buys*): Add lenition, **ó** and ending.

cheann**óinn**	*I would buy*	(pron. hyanóin)
cheann**ófá**	*you would buy*	(pron. hyanóhá)
cheann**ódh** sé/sí	*he/it/she would buy*	(pron. hyanóch shé/shí)
cheann**óimis**	*we would buy*	(pron. hyanómish)
cheann**ódh** sibh	*you would buy*	(pron. hyanóch shiv)
cheann**óidís**	*they would buy*	(pron. hyanódísh)

Verbs which begin with a vowel or **f** have a **d'** prefixed to them. Following a slender consonant **ó** is written **eo**:

imíonn	*goes (away)*	d'im**eo**dh	*would go (away)* (pron. dimyóch)
foghlaimíonn	*learns*	d'fhoghlaim**eo**ch	*would learn* (pron. dowluimyóch)

2 The use of the conditional

It can be used for making requests, suggestions, advising, persuading and offering hospitality:

An **dtiocfá** liom?	*Would you come with me?*
Ní **dhéanfainn** é sin.	*I wouldn't do that.*
Ní **cheannóinn** an teach sin.	*I wouldn't buy that house.*
Mholfainn duit glacadh leis.	*I would advise you to accept it.*
Dhéanfadh sé maitheas duit.	*It would do you good.*
Nach **smaoineofá** air?	*Wouldn't you think about it?*
An **ólfá** cupán tae?	*Would you drink a cup of tea?*

3 The conditional of féadann 'is able to, can'

When combined with verbal nouns this gives an equivalent to English *I could do/go*, etc.:

D'fhéadfainn dul ann.	*I could go there.*
D'fhéadfainn é sin a dhéanamh.	*I could do that.*
D'fhéadfadh sé bheith fuar anocht.	*It could be cold tonight.*

The conditional of **tarlaíonn** (*happens*) can have this sense of *could* also:

Tharlódh go mbeadh sé fuar.	*It could (happen to) be cold.*

4 Questions in the conditional

Questions about purely hypothetical things are both asked and replied to using the conditional:

An bhféadfá é sin a dhéanamh?	*Could you do that?*
D'fhéadfainn.	*I could.*
Ní fhéadfainn.	*I couldn't.*

Polite offers and requests are asked using the conditional and replied to using the future:

An ólfá deoch/cupán tae?	Would you like a drink/ cup of tea?
Ólfaidh.	Yes. (lit. *will drink*)
Ní ólfaidh.	No. (lit. *won't drink*)
An ndéanfá gar dom?	Would you do me a favour?
Déanfaidh.	Yes. (lit. *will do*)
An dtabharfá iasacht deich bpunt dom?	Would you lend me £10?
Tabharfaidh.	Yes. (lit. *will give*)
An gcabhrófá liom?	Would you help me?
Cabhróidh.	Yes. (lit. *will help*)

Is/ní féidir (*can/can't*) may be used to reply to **an bhféadfá?** (*could you?*) (instead of **féadfaidh** *will be able to*, which one would expect).

An bhféadfainn labhairt le Máire?	Could I speak to Máire?
Is féidir, cinnte.	Yes, certainly.

5 The conditional of tá (is)

The conditional form of **tá** (*is*) is **bheadh** (*would be*) (pron. vech). Its full range of forms is as follows:

bheinn   *I would be*   (pron. ven)
bheifeá   *you would be*   (pron. vehá)
bheadh sé/sí   *he/she would be*   (pron. vech shé/shí)
bheimis   *we would be*   (pron. vemish)
bheadh sibh   *you would be*   (pron. vech shiv)
bheidís   *they would be*   (pron. vedísh)

Here are some example:

Bheinn buíoch díot.	I would be grateful to you.
Bheadh sé sin go deas.	That would be nice.

Remember that **an?** requires eclipsis instead of lenition (see Unit 8):

An **mb**eifeá sásta leis sin?	Would you be happy with that?
An **mb**eadh fiche pingin agat?	Woud you have twenty pence?

The conditional progressive consists of **bheinn** etc. + verbal noun:

Bheinn amuigh ag siúl dá   *I would be out walking if it*
mbeadh sé go breá.   *were fine.*

6 Irregular conditional forms

A verb which is irregular in the future tense is also irregular in the
conditional.

Present	Future	Conditional
tagann *comes*	**tiocfaidh** *will come*	**thiocfadh** *would come*
téann *goes*	**rachaidh** *will go*	**rachadh** *would go*
tugann *gives*	**tabharfaidh** *will give*	**thabharfadh** *would give*
faigheann *gets*	**gheobhaidh** *will get*	**gheobhadh** *would get*
	ní bhfaighidh *will not get*	**ní bhfaigheadh** *would not get*
itheann *eats*	**íosfaidh** *will eat*	**d'íosfadh** *would eat*
deireann *says*	**déarfaidh** *will say*	**déarfadh** *would say*
beireann *bears*	**béarfaidh** *will bear*	**bhéarfadh** *would bear*

The conditional forms on the right are pronounced: **hucuch, rachuch,
húrhuch, yóch, ní voych, dísuch, dérhuch** and **vérhuch.**
Notice that **déarfadh** lacks lenition, and that there is no **f** in **rachadh.**

Dhá agallamh (*two interviews*)

Members of the public are asked how they would promote the use of Irish:
Cad a mholann siad? (*what do they recommend?*)

Agallamh 1

Iriseoir   Cad a mholfá chun an Ghaeilge a neartú?
Donncha   Ba cheart go mbunófaí níos mó scoileanna lánGhaelacha.
Iriseoir   An mbeadh suim ag go leor daoine iontu, dar leat?
Donncha   Ba chóir go mbeadh, dá mbeidís go maith.
Iriseoir   Aon rud eile?
Donncha   Dá labharfaí níos mó Gaeilge sa Dáil, dhéanfadh sé sin
               maitheas.

Cad a mholfá? *What would you recommend?*	**An mbeadh suim ag ...** ... *Would ... be interested?*
neartú *to strengthen*	**Dá labharfaí níos mó Gaeilge ...**
Ba cheart go mbunófaí ... *There should be established...*	*If more Irish were spoken ...*
scoileanna lánGhaelacha *Irish-medium schools*	

Agallamh 2

Iriseoir   Conas a chuirfeá an Ghaeilge chun cinn, dá mbeadh sé ar do chumas?

Niamh   Ba cheart go mbeadh níos mó Gaeilge ar an teilifís.

Iriseoir   Cad eile?

Niamh   Dá mbainfeadh daoine úsáid as an méid Gaeilge atá acu.

Iriseoir   Fiú mura bhfuil Gaeilge mhaith acu?

Niamh   Gan amhras. B'fhéidir go dtiocfadh feabhas orthu.

Conas a chuirfeá ... chun cinn? *How would you advance ...?*	**Fiú mura bhfuil** *Even if (they) don't*
Ba cheart go mbeadh ... *There should be ...*	**gan amhras** *without a doubt*
Dá mbainfeadh daoine úsáid as ... *If people made use of ...*	**feabhas** *improvement*

Gramadach

7 The passive form of the conditional

This has a special ending **-f(a)í** whose **f** is pronounced as such (and not as **h**).

Type 1 verbs add **-fí** if the preceding vowel is **i** or **e**:

Bhrisfí é.	*It would be broken.*
Ní chreidfí é sin.	*That wouldn't be believed.*
Bheifí ullamh faoin am sin.	*One would be ready by that time.*

Type 1 verbs otherwise add **-faí**:

An ndéanfaí in am é?	*Would it be done on time?*

Ní déarfaí focal faoi.   *Not a word would be said about it.*
Dá ndófaí é.   *If it were burnt.*

Type 2 verbs have **-ófaí** or **-eofaí** depending on the preceding vowel:

Ní cheannófaí é sin.   *That wouldn't be bought.*
Dá smaoineofaí in am air.   *If it were thought of on time.*

8 How to say 'if': má and dá

You will have noticed that there are two ways of saying *if* in Irish.
(*a*) **Má** (with lenition) refers to something which is likely. It is followed
     by the present tense when either present or future events are being
     referred to.
(*b*) **Dá** (with eclipsis) refers to something which is less likely, or unlikely,
     and requires the conditional.

Compare these:

Má bhuaileann tú leis   *If you meet him*
Dá mbuailfeá leis   *If you were to meet him*

Má théann tú ann   *If you go there*
Dá rachfá ann   *If you went there*

9 Má with the verb tá (is): Má tá and má bhíonn

The verb **tá** (*is*) makes a distinction of its own between two simple forms
in the present tense, namely **tá** (*is*) (right now) vs. **bíonn** (*is*) (normally or
habitually). However, **má bhíonn** often refers to the future. **Má bheidh** is
not used.

Compare:

An dtabharfá iasacht deich   *Could you lend me ten*
   bpunt dom?   *pounds* (now)?
Déanfaidh, **má tá** sé agam.   *I will (do), if I have it* (now).
An dtabharfá dom é amárach?   *Could you give it to me*
                                       tomorrow?

Déanfaidh, **má bhíonn** sé   *I will (do), if I have it* (at that
   agam.   future time).

Má tá and **má bhíonn** can both combine with verbal nouns:

Má tá sé ag obair anois.   *If he/it is working now.*
Má bhíonn sé ag obair   *If he/it is working tomorrow.*
amárach.

10 Mura *(if not)*

This causes eclipsis, and requires the dependent form of the verb, if there is one. Here is a comparison with **má** and **dá**, both meaning *if*:

	Likely (present)	Unlikely (conditional)
Positive	má tá tú gnóthach	dá mbeifeá gnóthach
	if you are busy	*if you were busy*
Negative	**mura bh**fuil tú gnóthach	**mura mb**eifeá gnóthach
	if you are not busy	*if you were not busy*

Here are some examples of **mura**:

Tar linn, **mura** bhfuil tú   *Come with us, if you are not busy.*
gnóthach.
An mbeifeá ann, **mura**   *Would you be there, if you*
mbeifeá gnóthach?   *weren't busy?*
Rachainn amach, **mura**   *I would go out if it weren't raining.*
mbeadh sé ag cur báistí.

You will also encounter **muna**, the older form of **mura**.

11 B'fhéidir *(maybe, perhaps)*

This is a phrase, consisting of **ba** (conditional of the copula) + **féidir**, and literally meaning *it would be possible*. When used with reference to future time it is followed by **go** *(that)* and the conditional mood of the verb:

An bhféadfá labhairt leo?   *Could you talk to them?*
B'fhéidir go labharfainn.   *Maybe I will* (lit. *would*) *(talk).*
An mbeidh tú ann?   *Will you be there?*
B'fhéidir go mbeinn.   *Maybe I will.* (lit. *would be*)

12 The conditional of the copula

These are the forms:

	Statement	Question
Positive	ba	ar
Negative	níor	nár

You have already met three of these in connection with the phrase meaning 'to like':

Ar mhaith leat cupán tae?	*Would you like a cup of tea?*
Ba mhaith.	*Yes.*
Níor mhaith.	*No.*

Here are some other example:

Is maith an rud é.	becomes	Ba mhaith an rud é.
(*It's a good thing.*)		(*It would be a good thing.*)

Is cuma liom faoi.	becomes	Ba chuma liom faoi.
(*I don't care about it.*)		(*I wouldn't care about it.*)

Nách maith an rud é?	becomes	Nár mhaith an rud é?
(*Isn't it a good thing?*)		(*Wouldn't it be a good thing?*)

13 Expressing obligation

In the last unit you met **Ba cheart** ... *It would be right* ... An alternative form of this is **Ba chóir** ... *It would be proper* ...

These are followed either by **go** (*that*) or by a verbal noun clause. For instance *that should be done* can be translated either way:

Ba chóir go ndéanfaí é sin.
Ba chóir é sin a dhéanamh.

If you want to say that a particular person should do something, use **do** (*to*) to indicate the person in question:

Ba chóir **do** Mháire bheith anseo.	*Máire should be here.*
Ba chóir **duit** é a dhíol.	*You should sell it.*

✓ Cleachtadh

1 Here are four short jumbled dialogues of two lines each. Sort them out and note which tenses are used.

   a An ólfá deoch?
   b Rachaidh, cinnte
   c Ní íosfaidh, go raibh maith agat.
   d An ndéanfá gar dom?
   e Ólfaidh.
   f Déanfaidh.
   g An rachfá go Londain liom?
   h An íosfá ceapaire?

2 Complete and answer these hypothetical questions as you wish, putting the verbs in the conditional.

   Dá dtabharfaí rogha duit (*if you were given the choice*):
   a an _____ carr nua?
   b an _____ as an tír?
   c an _____ gar do strainséir?
   d an _____ sásta éirí as do phost?
   e an _____ ar saoire amárach?
   f an _____ sa teach/san árasán ina bhfuil tú i do chónaí faoi láthair?
   g an _____ iasacht deich bpunt do chara duit?

gar *favour*		**strainséir** *stranger*	

déanann	fanann	imíonn	téann	tugann	ceannaíonn	tá

3 **Críochnaigh na comhráite seo** (*finish these dialogues*). The missing requests or enquiries are listed here to guide you:

asking for help	asking someone to lend you £10
asking a favour of someone	asking someone to take a message
asking to speak to someone	asking for 20p for the telephone

a ＿＿＿＿ ＿＿＿＿ ＿＿＿＿ ?
Cé atá ag caint?
Dónall Ó Sé.
Fán nóiméad, le do thoil.

b ＿＿＿＿ ＿＿＿＿ ＿＿＿＿ ?
Déanfaidh, más féidir liom.

c ＿＿＿＿ ＿＿＿＿ ＿＿＿＿ ?
Ó … Tá brón orm, ach níl pingin agam faoi láthair.

d ＿＿＿＿ ＿＿＿＿ ＿＿＿＿ ?
Fán go bhfeicfidh mé … seo duit.
Go raibh maith agat.

e An bhfaca tú Pádraigín in áit ar bith?
Ní fhaca.

＿＿＿＿ ＿＿＿＿ ＿＿＿＿ ?
Glacfaidh, cinnte.
Abair leis gur mhaith liom bualadh leis tráthnóna.

f Tá mé ag deisiú an chairr. ＿＿＿＿ ＿＿＿＿ ＿＿＿＿ ?
Cabhróidh, cinnte.

---

ag deisiú *repairing*	**glacann** *takes*
teachtaireacht *message*	

---

4 Make up interviews like the one with Risteard on what Máiréad and
Eoghan would do if they won the Lotto.

	teach a cheannach	dul ar saoire	éirí as a p(h)ost	airgead a thabhairt do na boicht	cóisir a shocrú	an t-airgead a chur sa bhanc
Risteard			x	?	x^1	
Máiréad	x	x^1	?			
Eoghan		?			x	x^1

---

na boicht *the poor*	**socrú** *to arrange*
cóisir (f) *a party*	

---

x^1 = the first thing the person would do　x = would do　? = might do

Iriseoir Céard a dhéanfá dá mbuafá an duais mhór sa Lotto, a
Risteaird?
Risteard Is é an chéad rud a dhéanfainn ná cóisir a eagrú.
Iriseoir Feicim. Agus ina dhiaidh sin?
Risteard D'éireoinn as mo phost, agus b'fhéidir go dtabharfainn
roinnt airgid d'eagras carthanachta.

duais (f)	*prize*	**eagras carthanachta**
eagrú	*to organise*	*a charitable organisation*

5 Practise these guided conversations:

(*a*) **Tugann B cuairt ar A.** (*B is visiting A*)
   A offers B tea.
   B accepts.
   A offers sandwich (**ceapaire**).
   B politely refuses.

(*b*) **Ar an bhfón.**
   A asks to speak to Pól.
   B Pól is not there.
   A asks B to give him a message.
   B agrees.

6 Insert the appropriate forms of the verbs below after **má** or **dá**:

a Má _____ tú le Pól, abair leis go bhfuil mé anseo.
b Má _____ Bríd ann, rachaidh mise léi.
c Tabharfaidh mé do Mháire é, má _____ sí ann.
d Cad a déarfadh Seán dá _____ sé an scéal.
e Cad a cheannófá dá _____ airgead agat?

tá	téann	cloiseann	buaileann

21 BHÍODH MÓRÁN LE DÉANAMH AGAM
I used to have a lot to do

This unit will deal with events that happened regularly in the past, as opposed to individual past events. This distinction is important not only in historical texts but also in talking about earlier periods of one's life.

Comhrá

B'fheirmeoir é Tomás tráth, ach tá sé éirithe as anois. Tagann an sagart chuige ar cuairt (*Tomás, a retired farmer, is visited by a priest. He reminisces about former times, and compares the inactivity of retirement with his working life*).

Sagart	Conas tá ag éirí leat, a Thomáis?
Tomás	Ní ceart dom gearán, a athair, ach b'fhearr liom bheith ag obair.
Sagart	Tá sé deacair an t-am a chaitheamh, is dócha?
Tomás	D'fhéadfá a rá go bhfuil.
Sagart	An mbíonn uaigneas ort anois?
Tomás	Bíonn, mar ní fheicim mórán daoine.
Sagart	An éiríonn tú go moch i gcónaí?
Tomás	Éirím, mar dúisím go luath.
Sagart	Conas a chaiteá an lá nuair a bhí an fheirm agat?
Tomás	Bhíodh mórán le déanamh agam. D'éirínn ag a sé sa samhradh agus ag a hocht sa gheimhreadh. Is é an chéad rud a dhéanainn nuair a d'éirínn ná dul amach ag crú na mbó. Thógadh sé sin uair an chloig ar a laghad. Ach anois ní bhíonn dada le déanamh agam ar maidin. Bhíodh rudaí le déanamh ar an bhfeirm i rith an lae.

Sagart	Agus d'fheicteá go leor daoine.
Tomás	D'fheicinn, mar thagadh na comharsain chuig an teach go minic, go háirithe nuair a bhíodh gá le cabhair. Chuidímis go léir lena chéile an uair sin.

gearán	*to complain* (also, as a noun, *a complaint*)	**dada**	*nothing*
		d'fheicteá	*you used to see*
Conas a chaiteá?	*How used you spend?*	**thagadh na comharsain**	*the neighbours used to come*
bhíodh ... agam	*I used to have ...*	**nuair a bhíodh gá le cabhair**	*when there was* (lit. *used to be*) *need of help*
D'éirínn.	*I used to get up.*		
a dhéanainn	*which I used to do*	**Chuidímis ... lena chéile.**	*We used to help ... one another.*
ag crú na mbó	*milking the cows* (**bó** = *cow*)	**go léir**	*all*
thógadh sé sin	*that used to take*		

Is fíor/ní fíor?

a Tá Tomás sásta bheith éirithe as an obair.
b Bíonn uaigneas air anois.
c Fanann sé sa leaba déanach ar maidin.

Here are some texts about earlier periods in Irish history.

Téacs 1

An bia a d'itheadh na Normannaigh (*food in the Norman castle*)

D'éiríodh muintir an chaisleáin le breacadh an lae. Ní bhíodh ach roinnt bheag aráin agus fíona acu don bhricfeasta. D'fhanadh an chuid is mó acu ina seasamh agus iad ag ithe. Bhíodh an dinnéar acu ag meán lae, agus d'ithidís an suipéar timpeall a sé sa tráthnóna.

D'itheadh na tiarnaí Normannacha a lán feola – mairteoil, caoireoil agus muiceoil. Chuirtí mórán den fheoil ar salann. D'úsáidtí spíosraí agus luibheanna chun blas níos fearr a chur ar an bhfeoil. Bhí cosc ar fheoil ar an Aoine agus d'ití iasc an lá sin. Bhíodh glasraí ag na Normannaigh freisin. Bhí cabáiste, oinniúin agus cairéid coitianta ag an am sin. Ach ní raibh aon phrátaí ann.

Arán bán cruithneachta a bhíodh acu. Thógaidís beacha agus d'úsáidtí mil chun bia a mhilsiú faoi mar a úsáidimidne siúcra inniu.

Fíon, beoir, agus bainne na deochanna is mó a d'ólaidís.

a d'itheadh *which (they) used to eat*	**spíosra** *spice*
	luibh *herb*
muintir an chaisleáin *the inhabitants of the castle*	**blas** *taste*
	d'ití *used to be eaten*
le breacadh an lae *at daybreak*	**cruithneacht** *wheat*
roinnt bheag *a small portion, a little*	**beach** *a bee*
	mil *honey*
d'fhanadh ... ina seasamh *used to remain standing (lit. in their standing)*	**milsiú** *sweetening, to sweeten*
	faoi mar a *in the same way as*
tiarna *a lord*	**fíon** *wine*
chuirtí ... ar salann *used to be salted (lit. put on salt)*	**beoir** *beer*
	a d'ólaidís *which they used to drink*
d'úsáidtí *used to be used*	

Ceisteanna

a Céard a bhíodh ag na Normannaigh don bhricfeasta?
b Cén cineál feola a d'ithidís?
c Cén lá a d'ití iasc?
d Céard a d'ólaidís de ghnáth?

Téacs 2

An saol sa mhainistir (*life in the monastery*)

D'oibríodh na manaigh go dian agus mhairidís de réir rialacha dochta. D'ithidís arán, iasc agus uibheacha agus d'ólaidís bainne. Ní ití feoil ach amhain ar an Domhnach. Thagaidís le chéile sa séipéal chun paidreacha a rá roinnt uaireanta sa lá. Thugaidís go léir, an t-ab san áireamh, lámh chúnta ar an bhfeirm. D'oibríodh cuid acu sa leabharlann agus dhéanaidís cóipeanna de leabhair. Bhí scoileanna i gcuid de na mainistreacha. D'fhoghlaimíodh na mic léinn léamh agus scríobh na Laidine.

manach *monk*		**san áireamh** *included*	
de réir *according to*		**lámh chúnta** *a helping hand*	
riail *rule*		**cuid acu** *some of them* (but **cuid**	
docht *strict*		**de** *some of* below)	
ach amháin ar *except on*		**cóip** *copy*	
séipéal *chapel*		**léamh agus scríobh** *reading*	
paidir *prayer*		*and writing*	
ab *abbot*			

Ceisteanna

a Cén lá a d'itheadh na manaigh iasc?
b Cé a bhíodh ag obair ar an bhfeirm?

Gramadach

1 The past habitual of the verb

There are special forms of the verb for referring to recurring events in the past. They are formed as follows:

Type 1 verb e.g. **déanann** *does, makes*: Add lenition and endings

dhéanainn	*I used to do*	(pron. yénuin)
dhéantá	*you used to*	(pron. yéntá)
dhéanadh sé/sí	*he/it/she used to do*	(pron. yénuch shé/shí)
dhéanaimis	*we used to do*	(pron. yénuimish)
dhéanadh sibh	*you used to do*	(pron. yénuch shiv)
dhéanaidís	*they used to do*	(pron. yénuidísh)

Verbs which begin with a vowel or **f** prefix **d'**

ólann *drinks*	**d'ólainn** *I used to drink*	(pron. dóluin)
itheann *eats*	**d'ithinn** *I used to eat*	(pron. dihin)
fanann *stays*	**d'fhanainn** *I used to stay*	(pron. danuin)

Type 2 verb, e.g. **ceannaíonn** *buys*: Add lenition and endings

cheannaínn	*I used to buy*	(pron. hyanuín)
cheannaiteá	*you used to buy*	(pron. hyanuíteá)
cheannaíodh sé/sí	*he/it/she used to buy*	(pron. hyanuíoch shé/shí)

cheannaímis	*we used to buy*	(pron. hyanuímish)
cheannaíodh sibh	*you used to buy*	(pron. hyanuíoch shiv)
cheannaídís	*they used to buy*	(pron. hyanuídísh)

Verbs which begin with a vowel or **f** prefix **d'**

éiríonn	*gets up*	**d'éiríodh**	*used to get up*	(pron. déríodh)
foghlaimíonn	*learns*	**d'fhoghlaimíodh**	*used to learn*	
				(pron. dowluimíoch)

2 Using the past habitual

It corresponds to the present habitual:

Éirím ag a seacht gach maidin.	*I get up at seven every morning.*
D'éirínn ag a seacht gach maidin.	*I used to get up at seven every morning.*
Ní ólaim caife.	*I don't drink coffee.*
Ní ólainn caife.	*I used not to drink coffee.*
Ceannaím an páipéar sin uaireanta.	*I buy that paper sometimes.*
Cheannaínn an páipéar sin uaireanta.	*I used to buy that paper sometimes.*

3 The past habitual of tá

This corresponds to the present habitual **bíonn**, *is wont to be*:

bhínn	*I used to be*	(pron. vín)
bhíteá	*you used to be*	(pron. vítyá)
bhíodh sé/sí	*he/it/she used to be*	(pron. víuch shé/shí)
bhímis	*we used to be*	(pron. vímish)
bhíodh sibh	*you used to be*	(pron. víuch shiv)
bhídís	*they used to be*	(pron. vídísh)

4 *The passive of the past habitual*

The ending is **tí** after slender consonants or **i, e,** and **taí** elsewhere:

cuireann *puts*	**chuireadh** *used to put*	**chuirtí** *used to be put*
úsáideann *uses*	**d'úsáideadh** *used to use*	**d'úsáidtí** *used to be used*
ceannaíonn *buys*	**cheannaíodh** *used to buy*	**cheannaítí** *used to be bought*
ólann *drinks*	**d'óladh** *used to drink*	**d'óltaí** *used to be drunk*

If a verb ends with **th** that is dropped before **tí/taí**:

itheann *eats*	**d'itheadh** *used to eat*	**d'ití** *used to be eaten*
caitheann *spends*	**chaitheadh** *used to spend*	**chaití** *used to be spent*

Recall that **caitheann** also means *throws, wears* and *consumes* (of tobacco).

5 *Some alternative expressions*

The idea of a past habitual can also be conveyed by these idioms based on **nós** (m) (*habit, custom*) and **gnáth** (*usual*):

Bhí sé de nós ...	*It was the practice ...*
Ba ghnáth le ...	*It was usual (for somebody) to ...*

Here are some examples:

Bhí sé de nós againn éirí go moch.	*It was our custom to get up early.*
Ba ghnáth leo glasraí a chur.	*They used to plant vegetables.*

✔ Cleachtadh

1 Complete the conversation in the example:

Mar shampla:
A An gcaitheann tú tobac?
B _____ , ach stop mé bliain ó shin.

a A An ólann tú a lán caife?
   B _____ cúig nó sé chupán sa lá ach d'éirigh mé as mar ní _____
      in ann titim i mo chodladh san oíche.

b A An itheann tú mórán feola?

B _____ cuid mhaith ach ní ithim anois ach iasc. Tá sé níos sláintiúla.

c A An éiríonn tú go moch ar maidin?

B _____ go han-mhoch nuair a bhí mé ag obair. Ach tá mé éirithe as anois agus fanaim sa leaba ar maidin.

d A An gceannaíonn tú carr nua gach bliain?

B _____ uair amháin ach tá siad ró-dhaor anois. Ní athraím mo charr anois ach gach tríú bliain.

e A An mbíonn Treasa ag obair san oíche fós?

B _____ go dtí le déanaí ach fuair sí post nua.

éiríonn as	gives up	moch	early (also **luath**,
titim	falling, to fall		especially in more general
sláintiúil	healthy		contexts)

2 Seo cuntas gairid ar Naomh Colum Cille (*here is a short account of St Colum Cille, founder of the monastery of Iona in southwest Scotland*). Select verbs from the list below to complete the text. Note that both the simple past and the past habitual are used.

Naomh Colum Cille

Rugadh Colum Cille i nGartán i gContae Thír Chonaill. Ciallaíonn Colum Cille colúr na cille. Thug a chairde an t-ainm sin air nuair a _____ sé óg toisc go gcaitheadh sé a oiread sin ama ag rá a chuid paidreacha. Theastaigh uaidh bheith ina shagart agus _____ sé staidéar i mainistreacha éagsúla ar fud na tíre. Nuair a rinneadh sagart de _____ sé ar ais go tuaisceart na hÉireann agus bhunaigh sé mainistir san áit ina bhfuil cathair Dhoire anois. Faoi dheireadh _____ sé go hAlbain agus bhunaigh sé mainistir eile ar Oileán Í. _____ saol an-chrua ag na manaigh ansin. _____ go han-luath agus deiridís mórán paidreacha sula dtéidís amach ag obair. Bhíodh cuid díobh ag obair ar an bhfeirm agus _____ a thuilleadh díobh a gcuid ama ag cóipeáil leabhar.

bhíodh	chuaigh	d'éirídís	rinne	chaitheadh	bhí	tháinig

ciallaíonn means	**éagsúil** different various
colúr dove, pigeon	**ar fud** throughout
cill church	**bunaíonn** founds, establishes
ag rá saying	**mainistir** monastery
a oiread so much	**paidir** prayer
cathair city	**teastaíonn** wants
crua hard	**sagart** priest
sula (+ eclipsis) before	**cóipeáil** copying

Colum (from Latin *columba*) is the original spelling of a word which is now **colm** *dove*. The earlier spelling is still often used as a (male) name. The word **cill** has been largely replaced in the sense of *church* by **eaglais** and **séipéal**.

Tuiscint

Na Lochlannaigh (*the Vikings*)

Talamh bocht a bhí san Iorua. D'fhásadh na Lochlannaigh coirce agus eorna ina gcuid páirceanna beaga. Bhíodh caoirigh agus muca acu. D'fhaighidís mórán bia ón bhfarraige. Dhéanaidís mórán iascaireachta agus mharaídís rónta freisin. D'fhás an daonra agus bhídís i gcónaí ag lorg talamh nua. Sheolaidís i bhfad ó bhaile ina gcuid bád, chomh fada leis an Íoslainn sa tuaisceart agus leis an Meánmhuir sa deisceart. Is cosúil go ndeachaigh cuid acu go Meiriceá Thuaidh. Thosaigh siad ag teacht go hÉirinn sa naoú haois. D'ionsaídís na mainistreacha agus thugaidís leo ór agus airgead. Rinneadh a lán dochair don tír an uair sin. Shocraigh go leor acu síos in Éirinn agus phós siad Éireannaigh.

An Iorua Norway	**i bhfad ó bhaile** far from home
coirce oats	**an Íoslainn** Iceland
eorna barley	**an Mheánmhuir** the
caora sheep	Mediterranean
muc pig	**aois** age, century
maraíonn kills	**ionsaíonn** attacks
rón seal	**ór** gold
fásann grows	**airgead** silver (usually means
daonra population	money)
lorg seeking	**dochar** damage
seolann sails	**socraíonn síos** settles down

Key to the exercises

Alternative answers are marked thus:/(e.g. **Tá na ranganna/siad suimiúil**: the article and noun **na ranganna** or the pronoun **siad** may be used).

Words that are not strictly necessary are put in brackets thus: ( ) e.g. **Is Meiriceánach é (Bob)**.

Is fíor/ní fíor? (*True/False?*)
For these sections **Is fíor** indicates that the statement is true. Otherwise the correct version is given.

Unit 1

Seán's enrolment form: Ainm: Seán Ó Ceallaigh (*Sean Kelly*). **Seoladh**: 3, Sráid Mhór (*Main/High St.*) Flat 2. **fón 905671.**

1 – Dia dhuit. Is mise Peadar Ó Néill.
• Dia is Muire dhuit. Tar isteach. Conas tá tú? – Tá mé go maith • Suigh síos ansin. – Go raibh maith agat. • Tá sé fuar inniu. – Tá cinnte. • Cad is ainm duit arís, le do thoil? – Peadar Ó Néill. • Agus do sheoladh? – Tá mé i mo chónaí in uimhir a naoi, Sráid Mhór. • Agus d'uimhir teileafóin? – A seacht, a sé, a cúig, a ceathair, a hocht, a naoi. • Go raibh maith agat. **3** – Dia dhuit. – Dia is Muire dhuit. – Conas tá tú? • Tá mé go maith. – Tar isteach. • Go raibh maith agat. **4 a** Dia is Muire duit (or dhuit). **b** Go raibh maith agat. **c** Cad is ainm duit? **d** Is mise Peadar. **e** Tá mé go maith. **f** Tá mé i mo chónaí i Luimneach. **5 a** Tá mé **b** Tá muid **c** Tá sé **d** Tá sí **e** Tá mé **6** Seo: mo mháthair, mo chara, m'árasán, mo sheoladh, mo rothar, m'uncail, m'uimhir teileafóin, mo hata. **7 a** náid, a dó, a haon, – a cúig, a ceathair, a dó, a trí, a seacht; Corcaigh – Cork. **b** náid, a naoi, a haon, – a sé, a trí, a ceathair, a dó, a haon; Gaillimh – Galway. **c** náid, a cúig, náid, a dó, – a sé, a naoi, a trí, a hocht; Baile Átha Luain – Athlone. **d** náid, a sé, a haon, – a dó, a trí, a haon, a ceathair, a cúig; Luimneach – Limerick. **e** náid, a sé, a cúig, – a dó, a seacht, a sé, a ceathair, a cúig; Cill Airne – Killarney. **f** náid, a haon,

– a seacht, a sé, a cúig, a ceathair, a hocht, a naoi; Baile Átha Cliath – Dublin.
Cassette: Luimneach 06157923; Corcaigh 02148697; Cill Airne 06521678; Áth Luain 05026632; Gaillimh 09155639; Baile Átha Cliath 018210657.

Tuiscint a Outside Máire's flat, **b** 10.

Unit 2

Agallamh 1 a (Is) as Trá Lí (Áine/í) **b** Is múinteoir Áine/í. **Agallamh 2**
a Is Meiriceánach é (Bob)/Is as Boston é (Bob). **b** Tá na ranganna/siad suimiúil.

1 a Ní Chonaill **b** Ó Sé **c** Uí Shé **d** Mac Mathúna **e** Nic Mhathúna **f** Nic Cárthaigh **g** Mhic Cárthaigh. **2** Úna: Ní Bhriain; Ní Chonchúir; Ní Mháille; Ní Ghráda; Ní Chonaill; Ní Mhurchú; Nic Dhónaill; Nic Mhánais; **3 a** Is Eireannach é Seán. **b** Is Gearmánach é Ludwig. **c** Is Rúiseach í Maria. **d** Is Éireannach í Máire. **e** Is Francach í Michelle. **f** Is Rúiseach é Yuri. **4 a** Sasanach, Éireannach, Albanach, Méiriceánach. **b** An Spáinn, An Fhrainc, An Ghearmáin, An Iodáil. **5 a** Is ea. Is Méiriceánach mé. **b** Is ea. Is Éireannach mé. **c** Is ea. Is Francach é. **d** Is ea. Is Rúiseach í. **6 a** Bob O'Meara is ainm dom. Tá mé i mo chónaí i mBoston. Is siúinéir mé. **b** Colette Fortin is ainm dom. Tá mé i mo chónaí i bPáras. Is múinteoir mé. **c** Jürgen Heim is ainm dom. Tá mé i mo chónaí i Frankfurt. Is siopadóir mé. **d** Ian Campbell is ainm dom. Tá mé i mo chónaí i nGlaschú. Is amhránaí mé. **e** Nancy Giles is ainm dom. Tá mé i mo chónaí i Nua Eabhrac. Is rúnaí mé. **7 a** iv **b** vi **c** v **d** i **e** iii **f** ii. **8 a** Tá mé i mo chónaí i mBéal Feirste; i dTrá Lí; i nDoire; i bPort Láirge; i gCill Airne; i nGaillimh. **b** Tá mé ag obair: i mbanc; i ngaráiste; i siopa; in oifig; in Éirinn. **9 a** Níl, sé **b** d, Níl, mo, **c** An bhfuil, in, d **d** is ea, as **e** Ní hea **10** – duit • dom – as • i – do

Tuiscint: Tomás Ó Dónaill, Garda, Luimneach. Máire Nic Gearailt, múinteoir, Baile Átha Luain. Síle Ní Chonaill, dochtúir, Sligeach. Liam Mac Cárthaigh, feirmeoir, Corcaigh. **Interviews:** – Cad is ainm duit? • Máire Nic Gearailt is ainm dom. – Cá bhfuil tú i do chónai? • Tá mé i mo chónaí i mBaile Átha Luain./ – Cad is ainm duit? Síle Ní Chonaill is ainm dom – Cá bhfuil tú i do chónaí? • Tá mé i mo chónaí i Sligeach./ – Cad is ainm duit? • Liam Mac Cárthaigh is ainm dom. – Cá bhfuil tú i do chónaí? • Tá mé i mo chónaí i gCorcaigh.

Unit 3

Comhrá 1 a Ní fíor. Tá sé ina chónaí i dteach. (Tá a theach féin aige anois.) **b** Ní fíor. Níl sé pósta. **Comhrá 2 a** Ní fior. Tá beirt mhac agus iníon ag Séamas/aige. **b** Is fíor. **c** Ní fíor. Tá triúr mac ag Bean Uí Shé/aici.

1 a Mháire, Sheáin, **b** Shíle, Thomáis **2 a** i Dónall, ii Áine, iii Eoghan, iv Micheál, v Muireann, vi Pól, vii Sinéad, viii Brian. **2 b** i Is fíor; ii Ní fíor. Tá triúr clainne acu; iii Is fíor; iv Ní fíor. Tá beirt chlainne acu; v Is fíor; vi Is fíor. **3 a** An bhfuil nóiméad agat? **b** An bhfuil carr agat? **c** An bhfuil tú pósta? **d** An bhfuil clann agat? **4** Sheáin, chónaí, g, Tá, mhac, iníon, b, Tá. **5 a** aici, **b** aige, **c** acu, **d** agam. **6** muintir Phádraig; iníon Eibhlín; mac Mháire; deirfiúr Shíle; deartháir Thomáis; teach Liam; clann Ghearóid. **7 a** i deich mbliana, ii ocht mbliana, iii cúig bliana, iv daichead a trí bliain v tríocha a sé bliain. **b** triúr: beirt **8 a** Tá beirt mhac agam. **b** An bhfuil tú pósta? **c** Tá cúigear clainne agam. **d** An bhfuil clann agat? **e** An bhfuil tú gnóthach?

Unit 4

Comhrá 1 a Is fíor **b** Ní fíor. Tá sí ag obair mar rúnaí páirtaimseartha **c** Ní fíor. Tá sé ag dul abhaile. **Comhrá 2 a** Ní fíor. Tá Donncha ag obair le Pádraig. **b** Ní fíor. Beidh gloine oráiste aige/ag Donncha

1 a A Pheig, seo mo chol ceathar Nuala. **b** Conas tá tú, a Nuala? **c** Tá áthas orm bualadh leat, a Pheig. **2 a** Mháire; Muire, Sheáin. **b** Conas; a Shíle; tá tú. **c** Thomáis; a Phádraig; Thomáis. **d** Sheosamh (í); Sheosamh; a Shiobhán. **3 a** agat; Beidh **b** agat; agam; beidh, agam(sa). **c** mbeidh; gloine. **d** An; bheidh. **e** deoch; Ní. **4 a** sa teach tábhairne, **b** in Oifig an Phoist, **c** ar saoire, **d** sa bhaile, **e** ag an aerfort, **f** sa dioscó, **g** sa charr. **5 a** scríobh, obair, caint, dul, cur. **b** scríobh, ól, damhsa, teacht, dul. **6 a** bean Shéamais, **b** carr Dhónaill, **c** teach Mháire, **d** cupán tae, **e** mac Chiaráin, **f** gloine uisce, **g** árasán Áine. **7 a** léi, **b** leat, **c** leis. **Tuiscint a** Séamas Ó Ceallaigh. **b** Níl. (Beidh sé ag ais ag a sé a chlog.)

Unit 5

Comhrá 1 a Is fíor. **b** Is fíor. **c** Ní fíor. Tá sé sheomra leapa sa teach/ann. **Comhrá 2 a** Tá aintín Mhichíl/sí go han-mhaith **b** Ní bheidh **c** (Beidh) píosa císte (aige).

1 a Seo (é) mo charr. Seo (é) an gairdín. Seo (é) an siopa. **b** Sin (é) mo theach. Sin (í) an scoil. Sin (í) mo mháthair. **2 a** Seomra suite **b** Seomra **c** Fuinneog **d** Cistin **e** Cathaoir **f** Bord **g** Leaba **h** Halla **i** Doras: **Leithreas. 3 a** i ag an bhfuinneog, ii ag an doras, iii ag an mbanc; **b** i sa chistin, ii sa ghairdín, iii sa seomra folctha; **c** sa leithreas. **4 i** d; ii b; iii f; iv e; v a; vi c. **5 a** An bhfuil tuirse ort? **b** An bhfuil ocras ort? **c** An bhfuil eagla air/uirthi? **d** an bhfuil ocras oraibh?

Tuiscint 1 a i 3, ii 4, iii 2. **b** Teach Hiúdaí Pádraig Ó Baoill (caoga [50] slat ón trá).

Tuiscint 2 a Ní fíor. Tá 'Páirc Shaoire an Spidéil' ann. **b** Is fíor. Tá 'Óstán na Páirce' ann. **c** Is fíor. (páistí ar leathphraghas – *half price for children*).

Unit 6

The weather forecast (pp. 83–84): 12
Eanáir **a** Ní fíor. Beidh sé ag glanadh san
iarnóin **b** Ní fíor. Beidh corrchith san iarthar
anocht: 12 lúil **a** Is fíor. **b** Ní fíor. Beidh sé
scamallach sa tuaisceart níos déanaí, agus
beidh ceathanna in áiteanna.

1 a iii; **b** i; **c** ii. **2** Beidh sé fuar sa
tuaisceart/Beidh sioc sa tuaisceart. Beidh sé
gaofar san iarthar. Beidh sé scamallach san
oirthear. Beidh sé ceathach sa deisceart/
Beidh ceathanna sa deisceart. **3** Bhí an
aimsir go dona Déardaoin. Bhí sé go deas Dé
Máirt agus Dé Céadaoin (Bhí sé tirim agus
te). **4 a** iii; **b** i; **c** iv; **d** ii. **5** raibh; Bhí;
te; raibh; tirim. **6** Dia dhaoibh, Tá an aimsir
go hálainn. Tá an bia go maith. Tá an t-óstán
go hiontach – tá dioscó maith ann. Bhí mé ag
damhsa aréir. Tá mé ag dul síos ag snámh
anois. Slán, Muireann. **7 a** Mí na Nollag.
b Mí Mheán Fómhair. **c** Mí na Bealtaine.
d Mí na Samhna. **e** Mí lúil. **8** lá breá/fuar;
oíche bhreá/fhuar; tráthnóna breá/fuar;
maidin bhreá/fhuar. **9 a** Is bog an lá é.
b Is breá an oíche í. **c** Is fuar an mhaidin í.
d Is breá an tráthnóna é. **e** Is maith an
aimsir í. **10 a** grianmhar, scamallach,
stoirmiúil; **b** gaofar, ceathach.

Tuiscint a i; **b** ii.

Unit 7

Comhrá 1, 2 and 3: a fear poist 6.00 –
14.00; feirmeoir 6.30 – c. 21.00; banaltra
8.00 – 20.00 (usually), 16.00 (sometimes);
b An feirmeoir; **c** An bhanaltra.
Comhrá 4: 8.30. **Comhrá 5:** 8.15.

1 Nuair atá sé a cúig a chlog i mBaile Átha
Cliath, tá sé a sé a chlog i bPáras; a hocht a
chlog i Moscó; a dó a chlog i dTokyo; meán
lae/meán oíche i Nua Eabhrac. **2** 15.15
Séimí agus Páidí (*children's programme*);
17.45 Nuacht (*news*); 18.15 An Aimsir
(*weather*); 19.05 Cúrsaí (*name of current
affairs programme*); 20.20 Dráma na
Seachtaine (*weekly play*). **3 a** iii;
b v; **c** i; **d** vi; **e** ii; **f** iv. **4** Éirím ag leath
tar éis a seacht. Ithim mo bhricfeasta ag
ceathrú chun a hocht. Faighim an bus ag a
deich tar éis a hocht. Tosaím ag obair ag a

naoi a chlog. Fágaim an oifig ag ceathrú tar
éis a cúig/Críochnaím ag/Téim abhaile ag.
Téim a chodladh ag meán oíche/thart ar
mheán oíche.
5 a théim; **b** ithim; **c** fhanaimid;
d thosaímid; **e** cheannaím; **f** bhailím;
g chreidim; **h** thuigim. **6 a** Éiríonn Peadar
ag leath tar éis a seacht. **b** Tosaíonn sé ag
obair ag a naoi a chlog. **c** Oibríonn sé óna
naoi go dtí a cúig a chlog. **d** Itheann sé
ceapaire san oifig ag ceathrú chun a haon.
e Téann sé a chodladh de ghnáth timpeall
meán oíche. **7 a** ólann; **b** gceannaíonn;
c ndéanann; **d** dtéann; **e** dtosaíonn;
f oibríonn; **g** bhfanann.

Tuiscint 1 a (Fágann sé) ag a dó a chlog
(14.00). **b** Yes (Tá go leor ama aige).

Tuiscint 2 18.30 – 22.30 each evening from
19 October to 1 November.

Unit 8

Comhra 1: a Is fíor. **b** Is fíor. **Comhrá 2:**
a Is fíor. **b** Ní fíor. Tá gruaig fhionn uirthi.
Comhrá 3: (Is) fear breá ard é (Niall).
Tá gruaig dhubh agus féasóg air. Tá sé ciúin.
Tá sé an-chúirtéiseach agus taitneamhach.
Comhrá 4: Imríonn (sí) leadóg.

1 a daor (*expensive*) – the others are
colours; **b** rud (*thing*) – the others are
clothes. **2 a** le; **b** Is liom; **c** Ní liom.
3 With **Orla:** – An maith leat ceol? • Is
maith, cinnte. – Cén cineál ceoil? • Is breá
liom ceol clasaiceach. With **Dáithí:** – An
maith leat spórt? • Ní maith. – Cén fáth? •
Tá mé leisciúil. **4 a** spórt; leis; **b** le; léi;
c thaitníonn; **d** Ní thaitníonn. **5** duine ard
(*tall*)/bocht (*poor*)/gorm (*negro*); blús gorm
(*blue*); cóta gorm/fada (*long*); gruaig fhionn
(*fair*)/fhada; teach folamh (*empty*). **6 a** na
fir mhóra. **b** na stocaí gorma, **c** na leabhair
fhada, **d** na mná leisciúla. **7 a** Bain díot do
chóta. **b** Tá mé tuirseach de. **c** Cad a
cheapann tú de? **d** Tá cuid de na daoine
anseo. **8 a** iv; **b** v; **c** ii; **d** i; **e** iii.

Tuiscint a Mondays, starting February 17th,
at 7 pm; at the Community Hall. **b** March
21st at 9 pm; at Ostán Highlands.
c Saturdays at 8.30 pm; at St John's Hall.
d Sundays at 8 pm; at St John's Hall.

Unit 9

Agallamh 1–3 Pádraig: spórt. Deirdre: Ceol. Máiréad; teilifís. **1 a** vi, **b** vii, **c** i, **d** ii, **e** iii; **f** v, **g** iv. **2 a** iii, **b** iv, **c** i, **d** ii. **3 a** bhíonn; **b** bhím; **c** bíonn; **d** bhímid; **e** bíonn. **4** Bím ag imirt gailf ar an Satharn. **b** Bíonn céilí ann/anseo ar an Aoine. **c** Bíonn Aifreann ann/anseo leath tar éis a haon déag. **d** Féachaim ar an nuacht gach tráthnóna. **e** Leim an páipéar gach tráthnóna. **5** With Bríd: – Cén caitheamh aimsire a bhíonn agat? • Bím ag imirt gailf. Is maith liom ceol freisin. – Cén sórt ceoil? • Is fearr liom ceol traidisiúnta. With Prionsias: – Cén caitheamh aimsire a bhíonn agat? • Bím ag imirt peile. Is maith liom scannáin freisin. – Cén sórt scannáin? • Is fearr liom scannáin grinn. **6 a** – leat; • Is féidir. **b** – in ann; • Tá. **c** – An; • Ní féidir. **d** – bhfuil; • Níl. **7 a** Seo an ceann a thaitníonn liom. **b** Sin an t-am a thagann sí de ghnáth. **c** Gruaig fhionn atá uirthi. **d** Casóg ghorm atá uirthi. **e** Carr bán atá agam.

Tuiscint: Tráthnóna Dé Céadaoin (*Wednesday evening*), 8.00 pm.

Unit 10

Comhrá 1 a Ní fíor. Ólann sé gloine uisce. **b** Is fíor. **c** Is fíor. **Comhrá 2 a** Ní fíor. Níl aon phióg úll fágtha. Itheann siad císte seacláide. **b** Ní fíor. Ólann Eibhlín cupán caife ach ólann Gearóid (cupán) tae.

1 – Ar mhaith leat cupán caife. • Ba mhaith, go raibh maith agat. – Ar mhaith leat siúcra? • Níor mhaith. **2 a** Glass of wine offered and accepted. **b** Soup offered but refused. **c** Bread offered and accepted. **d** More chicken offered and accepted. **3 a** Ba mhaith, go raibh maith agat. **b** Beidh, go raibh maith agat. **c** Níor mhaith, go raibh maith agat. **d** Níor mhaith, go raibh maith agat. (Tá mo dhóthain agam). **e** Ní bheidh, go raibh maith agat. (Tá mo dhóthain agam). **4 a** Ar mhaith leat/An mbeidh cupán caife agat? **b** An mbeidh deoch agat?/ Nach mbeidh …?/ Ar mhaith leat deoch? **c** Ar mhaith leat/ An mbeidh tuilleadh císte agat? **Note:** Nár mhaith leat could also be used instead of Ar mhaith

leat. **5 a** te; **b** mhilis; **c** fhuar; **d** bhlasta; **e** deas. **6 a** – Cé acu ab fhearr leat, bainne nó uisce? • B'fhearr liom (bainne/uisce) le do thoil. **b** – Cé acu ab fhearr leat, pionta nó leathphionta? • B'fhearr liom (pionta/ leathphionta), le do thoil. **c** – Cé acu ab fhearr leat, císte nó brioscaí? • B'fhearr liom (císte/brioscaí), le do thoil. **d** Cé acu ab fhearr leat, beoir nó fíon? • B'fhearr liom beoir/fíon, le do thoil. **7 Menu** (*The dishes ordered are shown in bold type*) **Mushroom soup**, potato soup, onion soup; fresh salmon with parsley sauce, pan fried sole with tartar sauce, half dozen fresh oysters on a bed of ice, bacon and cabbage, **roast chicken and ham**; boiled potatoes, **chipped potatoes**, fresh vegetables; ice cream, apple tart with cream or ice cream, **chocolate cake**, fresh fruit salad, choice of Irish farmhouse cheeses; **tea or coffee**.

Tuiscint 1 a Because they have protein, minerals (e.g. calcium) and vitamins as well as providing energy, all of which are very important for young people's growth. **b** Because they are full of sugar. **c** Sandwich: brown bread, cheese/meat/egg/vegetables. Drink: milk/yogurt/orange juice. Fruit; apple/orange.

Tuiscint 2 a Fanann sé (yes, he stays for lunch). **b** Fresh salmon.

Unit 11

Comhrá 1 a Ní fíor. Níl sé ró-fhuar. **b** Ní fíor. Ceannaíonn sé cáis. **c** Is fíor. **Comhrá 2 a** Tá siad in oifig an phoist. **b** Teastaíonn trí stampa ón gcustaiméir (dhá stampa 40p agus ceann/stampa amháin 30p). **Comhrá 3 a** Ní chaitheann. Caitheann sé uimhir a seacht go leith (7¹/₂). **b** Tá an chéad cheann ró-bheag. **c** Glacann.

1 a tae, ubh, bainne, uachtar reoite, siúcra, piseanna; **b** aráin, suibhe, ime. **2 a** i, ii • Tabhair canna piseanna dom, le do thoil agus (bollóg aráin). – Seo duit. Cad eile? • An dtabharfá dosaen uibheacha dom freisin agus próca suibhe. – Sin uile? • Is ea, go raibh maith agat. **b** i, ii • Tá canna piseanna uaim, le do thoil agus (bollóg aráin). Seo duit. Cad eile? • Tá dosaen uibheacha uaim freisin (próca suibhe). – Sin uile? • Is

ea, go raibh maith agat. **3 Custaiméir:** Cé
mhéad atá ar an gcóta/ gcasóg/ ngeansaí/
gcarbhat seo?
Siopadóir: Nócha punt (£90)./ Caoga a naoi
punt, nócha a naoi bpingin (£59.99)./ Fiche a
cúig phunt (£25)./ Seacht bpunt caoga (£7.50).
Custaiméir: An bhféadfainn ceann acu a
thriail? **Siopadóir:** Cinnte. **4 a** saoire;
b An bhfuil ceann níos mó agat? **c** An bhfuil
ceann níos éadroime agat? **d** deise.
5 Tá bábóg (*doll*) ag teastáil ó Aoife/uaithi. Tá
an bhábóg agus an leabhar agus an carr agus
an scáthán beag agus an leoraí ro-dhaor. **6**
Horizontally: paicéad; bosca; punt; lítear;
dosaen; pota; malá. **Vertically:** bollóg; próca;
buidéal; slios; canna. **7** braon uisce/
tae/fíona/bainne (*drop of*); greim bia (*bite of*);
gloine uisce/fíona/bainne (*glass of*); slios
aráin/bagúin/císte (*slice of*); píosa císte (*piece
of*); cúpla císte/práta (*a few* + singular form);
cupán tae (*cup of*); buidéal uisce/fíona/bainne
(*bottle of*); bollóg aráin (*loaf of*).

Unit 12

Comhrá a Ní fíor. D'fhan sé i dteach ar
cíos/fuair sé teach ar cíos. **b** Ní fíor. Bhí sé
go breá. Thug siad na leanaí chun na trá.
c Is fíor. **Máirtín: a** Is fíor. **b** Ní fíor.
Chaith sé trí bliana i Meiriceá. **c** Is fíor.

1 e (Dé Luain); **b** (Dé Máirt); **a** Dé
Céadaoin); **g** (Déardaoin); **c** (Dé hAoine);
f (Dé Sathairn); **d** (Dé Domhnaigh). **2 a**
Seosamh (letter from Gráinne); Orla
(postcard from Nathalie), **b** Seosamh
(shoes) **c** Pádraig (letter to Breandán),
d Pádraig (slept late on Saturday morning),
e Orla (at concert), **f** Pádraig (came home at
3.00 a.m. on Friday), **g** Orla (worked in the
garden on Saturday). **3 a i** Phós mé,
ii Chaith, **iii** Bhuail, **iv** D'ith, **v** Scríobh,
vi Chuir, **vii** D'fhág; **b i** Thosaigh, **ii** D'éirigh,
iii Chríochnaigh, **iv** D'athraigh; **c i** Tháinig,
ii Fuair, **iii** Rinne, **iv** Dúirt, **v** Chuala, **vi**
Chuaigh. **4 a Tríona:** An raibh deireadh
seachtaine deas agat? **Dara:** Bhí, chuaigh
mé chuig na pictiúir tráthnóna Dé hAoine le
Noel. **Tríona:** Feicim. Agus cad a rinne tú
Dé Sathairn? **Dara:** Cheannaigh mé rothar
nua (agus chuaigh mé ag rothaíocht). Dé
Domhnaigh d'fhan mé istigh/sa bhaile (mar
bhí mé an-tuirseach). **Tríona:** An-deas. Bhí

deireadh seachtaine an-mhaith agatsa.
b Tríona: An raibh deireadh seachtaine deas
agat? **Orla:** Bhí, d'fhan mé sa bhaile/istigh
tráthnóna Dé hAoine (mar bhí mé
an-tuirseach). **Tríona:** Feicim. Agus cad a
rinne tú Dé Sathairn? **Orla:** Bhí mé ag obair
san oifig. Ach Dé Domhnaigh cheannaigh mé
císte deas. (Bhí sé an-bhlasta). **Tríona:** An-
deas. Bhí deireadh seachtaine réasúnta maith
agatsa. **5 a** iv, ii, i, v, iii; **b** iii, iv, ii, i.

Unit 13

Comhrá 1 a Is fíor. **b** Ní fíor.
Cheannaigh sí carr dá muintir. **c** Ní fíor.
Ceannaíonn sí ticéad/ceann gach seachtain.
Comhrá 2 a Níor éirigh leis post a fháil
nuair a d'fhág sé an scoil. **b** Bhí sé ag obair i
mbialann agus i ngaráiste. **c** Chuaigh sé
ann/ar ais go hÉirinn (ar feadh míosa)
anuraidh. **Comhrá 3:** D'fhan sí in óstán
beag in aice le lár na cathrach.

1 a – Ar chaith tú tobac riamh? • Chaith.
b – Ar fhan tú sa leaba maidin Dé Sathairn? •
D'fhan. **c** – Ar thug tú cuairt ar Mháiréad le
déanaí? • Thug. **d** – Ar fhéach tú ar an
gcoirm cheoil ar an teilifís aréir? • D'fhéach.
– Ar thaitin sé leat? • Thaitin. **2 a** – Ar ith
tú bricfeasta maith ar maidin? • D'ith.
b – Ar fhág sibh an teach go luath ar maidin?
• D'fhág. **c** – An ndearna tú dearmad ar do
hata? • Rinne. **d** – An bhfuair tú na ticéid?
• Fuair. **e** – An ndeachaigh tú ann? • Chuaigh.
3 a Níor bhuail, **b** Níor éirigh, **c** Níor ól,
d Níor tháinig, **e** Ní bhfuair, **f** Ní dhearna,
g Ní dheachaigh. **4 a** bhfaca; Chonaic.
b fhaca. **5 a** D'ith; níor ith. **b** D'fhág; níor
fhág. **c** Thosaigh; níor thosaigh. **d** Chuaigh;
ní dheachaigh. **e** Rinne/Dhein; ní dhearna/
níor dhein. **f** Fuair; ní bhfuair. **6 a** • Ar
tháinig; – Tháinig. **b** • Ar imigh; – D'imigh.
c • bhfuair; – Fuair. **d** • An ndearna tú/Ar
dhein; – Rinne/Dhein. **7 a** – An ndeachaigh
tú chuig an dioscó inné (aréir)? • Chuaigh. –
Ar thaitin sé leat? • Thaitin. **b** – An ndeachaigh
tú ag siúl inné? • Chuaigh. **c** – An ndeachaigh
tú chuig an gcluiche peile inné? • Chuaigh.
8 a Tá fonn orm dul abhaile. **b** Tá áthas orm
bualadh leat. **c** Ar mhaith leat teacht linn?
d Ba mhaith liom post a fháil. **9 a** go Páras,
b chun na Fraince, **c** go Sasana, **d** chun na
Spáinne, **e** chun na Gaillimhe.

Unit 14

Comhrá 1 a Ní fíor. Tá sé/sí ag foghlaim Gaeilge/á foghlaim le dhá bhliain anuas. **b** Is fíor (réasúnta maith). **Comhrá 2 a** Ní fíor. Tá sé/sí an-sásta leis. **b** Ní fíor. Bíonn beirt mhúinteoirí aige/aici. **Comhrá 3:** Níor thuig sé/sí (an focal) 'ceobhrán'. **Roinnt comhairle a** Do you agree with this advice? **b** In your opinion, what is the best way to learn a language? **An tslí ar fhoghlaim mé Gaeilge a** Chaith sé/sí coicís (*fortnight*) sa Ghaeltacht. **b** Is iad na rudaí is mó a thaitníonn leis/léi ná: léitheoireacht, bheith ag féachaint ar fhístéipeanna agus páirt a ghlacadh i ndrámaí (*reading, watching videotapes and taking part in plays*).

1 a Ní fíor. (Both lines are the same length) **b** Is í cearnóg A an ceann is mó. Is í cearnóg B an ceann is lú. **c** Is é rothar C an ceann is daoire. Is é rothar B an ceann is saoire. **2 a** Sin an ceann is fearr. **b** Sin an ceann is measa. **c** Sin an ceann is fusa. **d** Sin an ceann is deacra. **3 a** Is é an rud a cheannaigh mé ná gúna dearg. **b** Is é an duine a chonaic mé ná Tomás. **c** Is í an teanga is fearr liom ná an Ghaeilge. **4 a G** An bhfuil morán Gaeilge agat? **F** Tá mé ag foghlaim Gaeilge. **G** Cén fhad atá tú á foghlaim? **F** (Tá mé ag foghlaim Gaeilge) le sé mhí anuas. **G** Conas tá ag éirí leat? **F** Go han-mhaith. **b G** Conas tá ag éirí leat sa Ghaeilge? **F** Reasúnta maith, tá beagán Gaeilge agam. **G** Cad é an rud is deacra (sa Ghaeilge)? **F** Tá an litriú deacair go leor, agus tá sé deacair focail a fhoghlaim. **G** Cén múinteoir atá agat? **F** (Bíonn beirt mhúinteoirí againn.) Is í Nuala Ní Bhriain a bhíonn againn/ agam ar maidin agus is é Séamus Ó Cathail a bhíonn againn/agam tar éis lóin. **5 a** focail a fhoglaim ná bheith ag leamh. **b** líofacht a fháil ná bheith ag caint. **c** Gaeilge a fhoghlaim ná dul chun na Gaeltachta. **d** Gaeilge a chloisint ná bheith ag éisteacht le téipeanna. **6 a** Nuair a bhíonn tuirse orm sa tráthnóna, bíonn orm dul a chodladh go luath. **b** Nuair a bhíonn tinneas fiacaile orm, bíonn orm dul chuig an bhfiaclóir. **c** Nuair a bhíonn a lán oibre le déanamh agam, bíonn orm fanacht san oifig

déanach. **d** Nuair nach mbíonn pingin agam, bíonn orm iasacht airgid a fháil. **e** Nuair a bhíonn deacrachtaí agam leis an ríomhaire, bíonn orm cabhair a fháil. **7 a** á cheannach; **b** á dhéanamh; **c** á chur; **d** á cur; **e** á bhfoghlaim; **f** á ndíol.

Tuiscint 1

The courses from 20–31 July (2 weeks duration) are for primary and secondary teachers.

The course from 17 July to 14 August is for learners of Irish from abroad.

Unit 15

Comhrá 1 a Rugadh Eibhlín i gCorcaigh (*born in Cork*) agus tógadh i Luimneach í (*grew up in Limerick*). **b** Bronnadh BA uirthi trí bliana ó shin (*BA degree conferred three years ago*). **Comhrá 2 a** Chuaigh sí síos an staighre agus chuir sí an solas ar siúl (*went downstairs and put on the light*). **b** Níor ghoid siad aon rud / Níor goideadh aon rud (*nothing was stolen*). **c** Ní dhearnadh (*no damage done*).

1 a Briseadh, **b** Díoladh, **c** Rugadh mé, tógadh, **d** Goideadh, **e** Cuireadh, **f** Cailleadh, **g** Ceapadh, **h** Bronnadh, **i** Bunaíodh. **2 a** Níor goideadh, **b** Níor briseadh, **c** Níor ceapadh, **d** Níor díoladh, **e** Níor cuireadh, **f** Ní dhearnadh/ Níor deineadh. **3 a** Is i Meiriceá a chaith mé bliain. **b** Is i gCorcaigh a tógadh mé. **c** Is i nGaillimh a chuaigh mé ar scoil. **d** Is in Éirinn a rugadh mé. **e** Is inné a cuireadh scéala chucu. **4 a** Tógadh í i nGaillimh/ Tógadh i nGaillimh í. **b** Cailleadh é anuraidh/Cailleadh anuraidh é. **c** Ceapadh é ina stiúrthóir/Ceapadh ina stiúrthóir é cúpla mí ó shin. **d** Díoladh é le déanaí/Díoladh le déanaí é. **e** Briseadh í ar maidin/Briseadh ar maidin í. **5 a** Rugadh é sa bhliain míle, ocht gcéad, ochtó is a haon (1881)/Rugadh sa bhliain … é. **b** Bunaíodh iad sa bhliain míle, naoi gcéad, daichead is a cúig (1945). **c** Cailleadh é sa bhliain míle, ceithre chéad (1400)/Cailleadh sa bhliain míle ceithre chéad é (1400). **6 a** Ba gharda é. **b** B'Éireannach é. **c** Ba dhochtúir é a athair. **d** Ba fheirmeoir mor é a uncail. **e** Ba bhean an-deas ar fad í. **7 a i** Cé mhéad agaibh atá ag dul ann? **ii** Cé mhéad acu atá ag teacht inniu? **iii** Cé mhéad acu atá ann? **b i** Tháinig beirt acu. **ii** Tá ceathrar againn ag imeacht anois. **iii** Tá seisear acu anseo/ann anois. **8 a** amach. **b** leat. **c** léi. **d** amach? **e** faoi deara. **f** ar siúl? **g** liom. **9** Rugadh; tógadh; B'Éireannach; ba Shasanach; mháthair; amach; bhliain; chaith; mar; liom; tháinig; gCorcaigh.

Tuiscint a mBaile Átha Cliath; bhliain; sa bhliain 1922; Meiriceá; Bhreatain. Fuair, bás; Zürich. **b** *novel*; **c** Rugadh; D'fhág; chaith; Scríobh; Chaith; Foilsíodh; níor cuireadh cosc air; mhaith.

Unit 16

Comhrá 1: Straight on for half a mile, turn left at crossroads. **Comhrá 2:** Turn around, go back down the road and turn right at the second crossroads. **Comhrá 3:** Her house has a yellow door. **Comhrá 4:** Ní bhíonn (It is open at lunchtime). **Comhrá 5: a** Tá sé deich míle (*10 miles*) ó Leitir Ceanainn. **b** Turn left at the crossroads before the church (*it's signposted*).

1 a Cas faoi dheis (anseo) agus faoi dheis arís, **b** Cas faoi chlé ag an chéad chrosaire agus ansin faoi dheis. **c** Lean ort agus cas faoi dheis ag an dara sráid. **d** Lean ort agus cas faoi chlé ag an dara crosaire. **2 a** A (Gabh mo leithscéal). Cá bhfuil cónaí ar Ruairí Ó Laoire? **B** Lean ort agus cas faoi dheis ag an gcrosaire. **A** Go raibh maith agat. **b** A Gabh mo leithscéal. Tá mé ag lorg teach Neasa Nic Con Iomaire. **B** Cas faoi chlé ag an séipéal, lean ort leathmhíle. **A** Go raibh maith agat. **3 a** – v; **b** – iii; **c** – i; **d** – iv; **e** – ii. **4** Translation of extracts from the brochure. **a** *Prepare your child for hospital. Speak about the hospital as a happy place in which doctors and nurses help to make people better* (lit. *to improve health*). *Do as doctors and nurses ask. Explain x-rays, injections, blood tests etc. Tell the truth!* **b** *Yourself. Wear light clothes – (hospitals are very warm). Bring something with you to pass the time. Bring money for the telephone. Think of other people. Don't make noise at night. Don't give food or drink to a child without permission.* **5** in aice leis; cóngarach; i bhfad. **6 a** déanta. **b** críochnaithe. **c** imithe. **d** dúnta. **e** scríofa. **7 a** an Chaisleáin; tríú; an

Stáisiúin; chéad; dheis; an Phiarsaigh; dara; chlé. **b** seachtú, de Mhí Eanáir. **8 a** sráide. **b** scoile; **c** hoifige. **d** háite. **e** láimhe.

Tuiscint Post Office/Oifig an Phoist (2); Police Station/Garda Síochána (1); theatre/ amharclann (1); golf course/ faiche gailf (1); church/eaglais/séipéal (2); hotel/Óstán (5).

Unit 17

Comhrá 1: Tá oifig an stiúrthóra ar an tríú hurlár (oifig 39). **Comhrá 2:** Tá sé thíos an staighre (*downstairs*). **Comhrá 3: a** Beidh sé ag dul siar go Muigh Eo Déardaoin (*He will be going west/over to Mayo on Thursday*). **b** Beidh sé ag teacht ar ais maidin Dé hAoine (*He'll be coming back on Friday morning*).

1 a suas/síos; **b** thuas/thíos; **c** thuas/thíos; **d** thuas/thíos; **e** síos. **2 a** 28; **b** 29; **c** 14. **3 Corcaigh:** Bhí mé ó dheas i gCorcaigh. Chuaigh mé ó dheas go Corcaigh. **Baile Átha Cliath:** Bhí mé thoir i mBaile Átha Cliath. Chuaigh mé soir go Baile Átha Cliath. **Béal Feirste:** Bhí mé ó thuaidh i mBéal Feirste. Chuaigh mé ó thuaidh go Béal Feirste. **Cathair na Mart:** Bhí mé thiar i gCathair na Mart. Chuaigh mé siar go Cathair na Mart. **4 a** go, **b** chuig, **c** chuig, **d** go hArd, **e** chuig. **5** romham; romhat. **6 a** Cheannaigh mé an carr sin. **b** Cónaíonn an fear sin in aice liom. **c** Cónaím sa teach sin. **d** Bhuail mé leis an bhfear sin. **e** Bhí tú ag caint leis an mbean sin.

Tuiscint a Tosaíonn an choirm cheoil (*concert*) ag a dó a chlog (*begins at 2.00 pm*) agus críochnaíonn sí ag leath i ndiaidh a trí (*finishes at 3.30 pm*). **b** Téann sé go lár na cathrach (*to the city centre*).

Unit 18

Comhrá 1 a Is fíor. **b** Ní fíor. Beidh cuairteoirí aici. **c** Ní fíor. Buailfidh sí leis ag a hocht a chlog. **Comhrá 2 a** Is fíor. **b** Ní fíor. Beidh sé ag tosú ag a dó a chlog. **Léitheoireacht (Reading) a Weather forecast:** It will be wet in the west in the morning, stopping later and turning cold at night. **Radio announcement:** The Taoiseach (*Prime Minister*) will speak about the Government's Irish language policy. **b** Verbs in the future

tense: In addition to *beidh*, the following occur:
Group 1: leathfaidh, stopfaidh, buailfidh;
Group 2: tosóidh, éireoidh; **Irregular:**
tiocfaidh, tabharfaidh, rachaidh.
1 Beidh sé ag dul ar an traein go Gaillimh ag
ceathrú chun a seacht. Beidh sé ag bualadh le
hÁine faoin bpost nua ag leath tar éis a
naoi/ó leath tar éis a naoi go dtí leath tar éis a
haon déag. Beidh sé ag plé na tuarascála nua
ag leath tar éis a haon déag/ó leath tar éis a
haon déag go dtí ceathrú tar éis a dó dhéag.
Beidh sé ag scríobh achoimre ar an tuarascáil
ag a dó a chlog/óna dó a chlog go dtí a ceathair
a chlog. Beidh sé ag ceannach brontannais
d'Aoife ag a ceathair a chlog. Beidh sé ag
teacht abhaile ar an traein ag a cúig a chlog.
2 Rachaidh sé ar an traein go Gaillimh.
Buailfidh sé le hÁine faoin bpost nua. Pléifidh
sé an tuarascáil nua. Scríobhfaidh sé achoimre
ar an tuarascáil. Ceannóidh sé bronntanas
d'Aoife. Tiocfaidh sé abhaile ar an traein. **3 a**
gheobhaidh; **b** déarfaidh; Tabharfaidh; **c**
íosfaidh; **d** dtiocfaidh, Tiocfaidh; **e**
Rachaidh, déarfaidh.
4 a fhanfaidh; **b** cheannóidh; **c** íosfaidh;
d thiocfaidh; **e** bhfaighidh. **5 a** Beidh an
cruinniú ar siúl Déardaoin. **b** Beidh Muiris O
Súilleabháin ann go cinnte. **c** Ní bheidh Seán
de Búrca ag an gcruinniú/ann. **d** Cuirfidh Orla
Ní Bhriain glaoch ar Phádraig/Glaofaidh Orla
Ní Bhriain ar Phádraig. **6** Cuirfear; Osclófar;
Tosófar; Críochnófar; Bronnfar. **7 a** Tá mé
chun bualadh le Pól. **b** Tá mé chun
siopadóireacht a dhéanamh. **c** Tá mé chun
litir a scríobh chuig Pól. **d** Tá mé chun dul
chuig na pictiúir le hOrla. **8 a** Pisces. **b**
Libra. **c** Scorpio. **9 a** Ba bhreá an la á é. **b**
B'iontach an rud é. **c** Ba mhór an chabhair é.
d B'olc an aimsir í. **e** Ba mhaith an
smaoineamh é. **10 a** vi; **b** v; **c** i; **d** vii; **e** iii;
f viii; **g** iv; **h** ii. **11 a** dinnéir; **b** Nuachta;
c hoíche; **d** choláiste; **e** bhóthair; **f** cathrach.

Tuiscint
a Job advertisement in a newspaper.
b The post could suit a person with managerial
skills (**Bainisteoir** – *manager*), energetic –
fuinniúil, with fluency in speaking and writing
Irish (*líofacht i labhairt agus i scríobh na
Gaeilge*) **c** Glór na nGael is a national
organisation with the aim of encouraging
people to promote Irish in their locality. **d**

verbs in future: glacfaidh (*take (part)*); cuirfidh
... i gcrích (*carry through/ achieve*); ceapfar
(*appoint*); socrófar (*arrange ... salary*).

Unit 19

Comhrá 1: a Tá siad ar stailc/Tá stailc ar siúl
(*There is a strike on*). **b** Tá fiche punt ag
teastáil ó Dhónall/uaidh. (*He needs £20.00.*)
Comhrá 2: Bhí sí ag obair mar theicneoir
(*technician; here laboratory technician*).
Comhrá 3: a Bhí sí sa Ghréig. **b** Bhí sí ar
saoire ar feadh coicíse (*on holiday for a
fortnight*). **c** Ní maith le hEibhlís/léi aimsir
an-te toisc go bhfuil a craiceann ró-bhán. (*She
doesn't like very hot weather as she is too fair-
skinned.*) **Fógra raidió a** Is fíor.
b Ní fíor. Tá sé an-sásta go mbeidh postanna á
gcur ar fáil. (*He is very pleased that jobs are to
be created.*) **Comhrá 4: a** Tá. Tá súil aige go
cuirfear stop leis. (*He hopes that it (the new
factory) will be stopped.*) **b** Aontaíonn sé le
Seosamh. (*He agrees with Joseph.*) **c** Beidh
sé sa halla pobail. (*The meeting will take
place in the Community Hall.*) **d** Síleann
Seosamh go mbeidh cúpla Teachta Dála ann.
(*Joseph thinks that there will be a couple of
T.D.s (members of the Dáil/Parliament) at it.*)
Comhrá 5: a Tá Tomás an-sásta faoi mar tá
fostaíocht ag teastáil. (*Thomas is very pleased
as jobs are needed.*) **b** Ní aontaíonn Donncha
leis mar síleann sé go ndéanfaidh sé dochar
don timpeallacht. (*Donncha disagrees with
Tomás because he thinks that it will harm the
environment.*)

1 a Dúirt Risteard go mbeidh sé ag dul go
Londain amárach agus go mbeidh sé ag
filleadh abhaile Dé Sathairn. Dúirt sé nach
mbeidh sé in ann bualadh le Seosamh mar
beidh sé an-ghnóthach. **b** Dúirt Máirín gur
fhan sí istigh aréir toisc go raibh an-tuirse
uirthi. Dúirt sí gur shuigh sí síos agus gur thit
sí ina codladh sa chathaoir. **c** Dúirt Cáit gur
tháinig sí abhaile thart ar a hocht a chlog ach
nach bhfaca sí Neasa mar bhí sí imithe
amach. Dúirt sí go ndeachaigh sí amach níos
déanaí agus gur fhág sí nóta di. Duirt
sí/Íosold nach raibh sí in ann fanacht.
2 a Ceapaim gur maith an rud é sin.
b Ceapaim gur mór an trua é sin. **c** Ceapaim
nach fiú é. **d** Ceapaim go bhfuil sé ró-dhaor.
e Ceapaim go bhfuil do ghúna nua an-deas.

3 a Is dóigh liom go bhfuil an ceart agat.
b Is dóigh liom go mbeidh sé ann. **c** Ní
dóigh liom go mbeidh Síle in ann teacht.
d Is dóigh liom go ndeachaigh sí go Nua
Eabhrac an mhí seo caite. **4 a** ii/vi; **b** iii/iv;
c i/ii; **d** ii/iv/v; **e** ii/iii/iv; **f** ii/iii/iv.
5 a fheiceann; **b** bhíonn; **c** fhaigheann;
d théann. **6 a** Tá súil agam go mbuailfidh.
b Tá súil agam go gceannóidh. **7 a** Ba
cheart duit é a léamh arís. **b** Ba cheart duit
teacht go luath. **c** Ba cheart stop a chur leis.
d Ba cheart duit cóta a thabhairt leat. **e** Níor
cheart duit é a dhéanamh. **f** Níor cheart duit
dul ann.

Tuiscint 1 Tá Peadar (imithe) abhaile (mar tá
sé breoite/tinn). (*Peadar has gone home
because he is sick.*) **Tuiscint 2 a** gach bliain
(*every year*). **b** Daoine a d'athraigh a
seoladh le déanaí. *Those who changed
address recently*; daoine a mbeidh a 18ú lá
breithe acu roimh 15 Aibreán – *those who
have their 18th birthday before April 15*.
c Stáisiún na nGardaí (*the Garda Station*).
Oifig an Phoist (*the Post Office*). An
Leabharlann Phoiblí (*the Public Library*).
Teach na Cúirte (*The Courthouse*). Oifig an
údaráis áitiúil (*Local authority office –
county/city council offices*). **d** 15 Eanáir
(*January 15*).

Unit 20

Comhrá 1: Teastaíonn cupán caife agus
cúpla briosca (*biscuits*) ó Sheosamh/uaidh.
Comhrá 2: Iarrann sé/sí ar an runaí
teachtaireacht a ghlacadh. (*He/She asks the
secretary to take a message.*)
Comhrá 3: a Cheannódh sí carr nua (di
féin). **b** Tá deirfiúr aici ann. **Agallamh 1:**
Donncha recommends that more Irish-
medium schools be provided and that more
Irish be spoken in the Dáil (parliament).
Agallamh 2: Niamh recommends more Irish
on television and that people use whatever
Irish they have.

1 a (conditional) → **e** (future);
d (conditional) → **f** (future);
g (conditional) → **b** (future);
h (conditional) → **c** (future).
2 a gceannófá; **b** imeofá; **c** ndéanfá;
d mbeifeá; **e** rachfá; **f** bhfanfá;

g dtabharfá. **3 a** An bhféadfainn labhairt le
(N.)? **b** An ndéanfá gar dom? **c** An
dtabharfá iasacht deich bpunt dom, le do
thoil? **d** An mbeadh fiche pingin (20p) agat
do ghlaoch fóin? **e** An nglacfá teachtaireacht
(do P.)?/An bhféadfá teachtaireacht a
ghlacadh (do P.)? **f** Tá mé ag deisiú an
chairr. An gcabhrófá liom? **4 Iriseoir** Cad a
dhéanfá dá mbuafá an duais mhór sa Lotto, a
Mháiréad? **Máiréad** Is é an chéad rud a
dhéanfainn ná dul ar saoire. **Iriseoir** Feicim.
Agus ina dhiaidh sin? **Máiréad** Cheannóinn
teach, agus b'fhéidir go n-éireoinn as mo
phost. **Iriseoir** Cad a dhéanfá dá mbuafá an
duais mhór sa lotto, a Eoghain? **Eoghan** Is é
an chéad rud a dhéanfainn ná an t-airgead a
chur sa bhanc. **Iriseoir** Feicim. Agus ina
dhiaidh sin? **Eoghan** Shocróinn cóisir, agus
b'fhéidir go rachainn ar saoire. **5 a A** An
ólfá cupán tae?/Ar mhaith leat cupán tae?
B Ólfaidh (go raibh maith agat)./Ba mhaith.
A An íosfá ceapaire?/Ar mhaith leat
ceapaire? **B** Ní íosfaidh, (go raibh maith
agat)/Níor mhaith. **b A** An bhféadfainn
labhairt le Pól, le do thoil? **B** Tá brón orm.
Níl Pól anseo.
A An bhféadfá teachtaireacht a ghlacadh?
B Glacfaidh, cinnte. **6 a** bhuaileann;
b théann; **c** bhíonn; **d** gcloisfeadh;
e mbeadh.

Unit 21

Comhrá: a Níl (sé sásta). **b** Bíonn.
c Ní fhanann.

Téacs 1: a Bhíodh arán agus fíon acu.
b D'ithidís feoil, iasc agus glasraí. **c** Ar an
Aoine (a d'ithidís iasc). **d** D'ólaidís fíon,
beoir agus bainne de ghnáth.

Téacs 2: a Lá ar bith. **b** Gach duine de na
manaigh.

Cleachtadh 1: The answer to the sample
question is: chaithinn. **a** D'ólainn, bhínn.
b D'ithinn. **c** D'éirínn. **d** Cheannaínn.
e Bhíodh.

Cleachtadh 2: The correct order is: bhí,
rinne, tháinig, chuaigh, bhíodh, d'éirídís,
chaitheadh.

APPENDICES

Appendix 1 – Expression possession

1 *My, your*, etc.: possessive pronouns

mo *my* (lenition)	mo theach *my house*	m'árasán *my flat*
do *your* (lenition)	do theach *your house*	d'árásan *your flat*
a *his* (lenition)	a theach *his house*	a árasán *his flat*
a *her* (h + vowel)	a teach *her house*	a hárasán *her flat*
ár *our* (eclipsis)	ár dteach *our house*	ár n-árasán *our flat*
bhur *your* (eclipsis)	bhur dteach *your house*	bhur n-árasán *your flat*
a *their* (eclipsis)	a dteach *their house*	a n-árasán *their flat*

These are reinforced before collective nouns by **cuid** (*part, portion of*), which requires the genitive case:

mo chuid airgid *my money*   a cuid ama *her time*
do chuid gruaige *your hair*

2 Using **do** (*to*)

deartháir do Mháire *a brother of Mary*   cara dom *a friend of mine*

In some areas **le** (*with*) is used here: cara liom.

3 *To have*

Tá carr ag Máire. *Mary has a car.*   Tá teach agam. *I have a house.*

4 *To own*

Cé leis é seo? *Who does this belong to?*
Is liomsa an carr seo. *This car is mine.*

Appendix 2 – How to translate is

1 Is with indefinite nouns:

Is múinteoir mé.	*I am a teacher.*
Is Albanach í.	*She is Scottish.*
Is clár teilifíse é.	*It is a television programme.*

2 Is mise/tusa, etc. with definite nouns

Is mise an múinteoir.	*I am the teacher.*
Is í an t-údar í.	*She is the author.*
An tusa an rúnaí?	*Are you the secretary?*
Is iad na cainteoirí iad.	*They are the speakers.*

Remember that **é, í, iad** must be repeated in this construction.

3 Tá with adjectives

Tá sé spéisiúil.	*He/it is interesting.*
Tá sé go breá inniu.	*It is fine today.*

4 Tá ina + noun

Tá Seán ina chathaoirleach.	*Seán is chairman.*
Tá Máire ina hoifigeach poiblíochta.	*Máire is publicity officer.*

These are of their nature temporary positions, as opposed to lifelong characteristics like occupation or nationality.

Appendix 3 – Gender

Nouns in Irish are classified as either masculine or feminine. The gender of a noun has important grammatical consequences, including the way in which it combines with **an** (*the*), and with adjectives – compare **an fear** (m) **mór** (*the big man*) with **an bhean** (f) **mhór** (*the big woman*). In view of the various changes which occur at the beginning of Irish nouns it is advisable to learn them preceded by **an** (*the*), so **an bord** (m) (*the table*), **an fhuinneog** (f) (*the window*), **an t-uisce** (m) (*the water*), **an oíche** (f) (*the night*), etc. The gender of many nouns which end in consonants can be told from their shape. The endings listed here show the gender of a noun of two or more syllables, but there are some exceptions with **-ín**, **-cht**.

Masculine		Feminine	
–án	árasán *flat*	–óg	leadóg *tennis*
–ín	caipín *cap*	–eog	fuinneog *window*
–úr	casúr *hammer*	–éis	ráiméis *nonsense*
–ún	bagún *bacon*	–ís	seirbhís *service*
–ús	bunús *origin, basis*	–cht	filíocht *poetry*
–éad	seaicéad *jacket*	–áil	síleáil *ceiling*

Masculine

–éal	buidéal	*bottle*
–éar	páipéar	*paper*
–éir	siúinéir	*carpenter*
–óir	díoltóir	*seller*
–eoir	feirmeoir	*farmer*
–úir	dochtúir	*doctor*

These endings, with short vowels, are masculine

–as	doras (*door*), costas (*cost*)
–ar	bóthar (*road*), rothar (*bicycle*)
–ad	droichead (*bridge*), adhmad (*timber*)
–an	leagan (*version*)
-adh	samhradh (*summer*) (the **dh** is silent)

You will notice a general tendency for masculine nouns to end in a broad consonant (with the exception of **-ín** and the words denoting occupations), and for feminine nouns to end in a slender consonant (with the exception of **-óg/eog** and **-cht**). This is true of one syllable words as well. For instance the following are recognisably feminine: **áit** (*place*), **cáis** (*cheese*), **spéir** (*sky*). In contrast, **bád** (*boat*), **fuacht** (*coldness*), and **clár** (*programme*) are typical shapes of masculine nouns.

Two endings require further comment:
When **-ín** is not an integral part of the word – as in **cailín** (*girl*), **caipín** (*cap*), **lóistín** (*lodgings, accommodation*) – but rather a suffix added to give the meaning *small, little,* it does not alter the gender of the word it is added to, e.g. **bean** (*woman*) (f) + **-ín** gives **beainín** (f) (*small woman*). Either masculine or feminine nouns may end in **-ach**, but they differ in their genitive cases. Compare **an t-éadach** (*the cloth*), **an éadaigh** (*of the cloth*), with **an bháisteach** (*the rain*), **na báistí** (*of the rain*).

Grammatical gender was originally based on biological sex. The idea was that words referring to males form one class and those referring to females form another, with all other nouns conforming to one or other group. Gender and sex still correspond in Irish to the extent that words such as **fear** (*man*), **tarbh** (*bull*) and **coileach** (*cockerel*) are masculine whereas **bean** (*woman*), **bó** (*cow*), **cearc** (*hen*) are feminine. However, there are significant exceptions such as **cailín** (m) (*girl*) and **stail** (f) (*stallion*), whose gender is to be explained from their shape.

Appendix 4 – The forms of the noun

The genitive singular

The change of form known as the genitive singular case affects various kinds of noun when they are dependent on a preceding noun (i.e. closely linked to it). These are the most important ways in which the genitive singular is formed.

1 The final consonant of many masculine nouns become slender

bóthar *road*	comhartha bóthair *a road sign*
árasán *flat*	seoladh m'árasáin *the address of my flat*

2 A slender final consonant becomes broad in a few words

athair (m) *father*	deartháir m'athar *my father's brother*
abhainn (f) *river*	bruach na habhann *the bank of the river*

3 -ach becomes -aigh in a masculine noun

éadach *clothing*	mo chuid éadaigh *my (set of) clothes*

4 -ach becomes -aí in a feminine noun

báisteach *rain*	braon báistí *a drop of rain*

5 -a is added to some masculine nouns which end in a broad consonant, and to feminine nouns which end in -cht.

teas *heat*	mórán teasa *a lot of heat*
filíocht *poetry*	leabhar filíochta *a book of poetry*

6 -e is added to many feminine nouns which end in a slender consonant

scoil *school*	múinteoir scoile *a schoolteacher*

7 In some words a final slender consonant becomes broad and -a is added

dochtúir (m) *doctor*	teach an dochtúra *the doctor's house*
móin (f) *peat*	Bord na Móna *the state peat company*

8 Some feminine words ending in a slender consonant add -ach; the slender consonant may also become broad

litir *letter*	ag scríobh litreach *writing a letter*
cabhair *help*	ag lorg cabhrach *looking for assistance*

9 A few feminine nouns which end in a vowel add -n (sometimes -nn)

lacha *duck*	ubh lachan *a duck egg*
monarcha *factory*	obair mhonarchan *factory work*
Éire *Ireland*	muintir na hÉireann *the people of Ireland*

Most nouns which end in a vowel do not change:

Gaeilge (f)   Foras na Gaeilge *the Irish Language Board*
bainne (m) *milk*   buidéal bainne *a bottle of milk*

The plural

Most nouns are put in the plural by adding a special ending. An important exception is that many masculine nouns which end in a broad consonant take the same form in the plural as in the genitive singular, e.g. **an t-árásán** (*the flat*), **cíos an árasáin** (*the rent of the flat*), **na hárasáin** (*the flats*). The principal endings used by other nouns are **-a, -(a)í, -t(h)a, -t(h)e, -(e)anna, -(e)acha.**

It takes practice to know how to use these endings correctly but these general rules will help.

(i)   Add **í** to **ín**: **cailín** (*girl*), **cailíní** (*girls*).
(ii)   Add **í** to nouns denoting occupations, and ending in **-óir**, etc. **feirmeoir** (*farmer*), **feirmeoirí** (*farmers*).
(iii)   Replace the **í** which denotes occupation by **ithe**, e.g. **rúnaí** (*secretary*), **rúnaithe** (*secretaries*).
(iv)   Replace the **-(i)ú** of verbal nouns by **-(u)ithe**, e.g. **socrú** (*arranging, arrangement*), **socruithe** (*arrangements*).
(v)   Add **a** to **óg/eog**: **fuinneog** (*window*), **fuinneoga** (*windows*).
(vi)   Add **ta** to one-syllable masculine nouns which end in broad **n** or **l**: **dán** (*poem*), **dánta** (*poems*); **scéal** (*story*), **scéalta** (*stories*).

If a noun does not belong to one of these predictable groups it is best to learn its plural form in conjunction with the singular.

Appendix 5 – The verb

The various distinctions made by the Irish verb are shown here with **scríobhann** (*writes*) – verbal noun **scríobh** (*writing*), verbal adjective **scríofa** (*written*). Irish, like English, distinguishes strictly between progressive and non-progressive forms: an English example is *I write* (often) vs. *I am writing* (now). The notion of habitual past is rather more important in Irish.

ag scríobh litreacha   *writing letters*
litir a scríobh   *to write a letter*
Scríobhaim litreacha.   *I write letters.*
Tá mé (or táim) ag scríobh litreacha.   *I am writing letters.*
Bím ag scríobh litreacha.   *I tend to be writing letters.*
Scríobh mé litir.   *I wrote a letter.*

Bhí mé ag scríobh litreacha.	*I was writing letters.*
Scríobhainn litreacha.	*I used to write letters.*
Bhínn ag scríobh litreacha.	*I used to be writing letters.*
Scríobhfaidh mé litir.	*I will write a letter.*
Beidh mé ag scríobh litreacha.	*I will be writing a letter.*
Scríobhfainn litir.	*I would write a letter.*
Bheinn ag scríobh litreacha.	*I would be writing letters.*

There are two kinds of perfect in Irish, one based on the verbal adjective, e.g. **scríofa** *written*, and another based on the verbal noun, e.g. **scríobh** *writing*:

Tá litir scríofa agam.	*I have a letter written/*
	I have written a letter.
Bhí litir scríofa agam.	*I had a letter written/*
	I had written a letter.
Beidh litir scríofa agam.	*I will have a letter written/*
	I will have written a letter.
Tá mé tar éis/i ndiaidh litir a scríobh.	*I have written a letter.*
Bhí mé tar éis/i ndiaidh litir a scríobh.	*I had written a letter.*
Beidh mé tar éis/i ndiaidh litir a scríobh.	*I will have written a letter.*

As the translations suggest the first of these often tends to convey a sense of state (of the letter in this case). The latter unambiguously conveys action. It literally means *I am after writing a letter*, etc. The **i ndiaidh** phrase is used in Ulster, where it is pronounced **i nyé**.

Appendix 6 – Idiomatic phrases

Idiomatic phrases based on **tá** + preposition (*on, at*, etc.).

(*a*) **tá ... ar** (*is ... on*)

tá	ocras orm	*I am hungry*
	tart	*thirsty*
	tuirse	*tired*
	codladh	*sleepy*
	fuacht	*cold*

tá áthas orm	*I am delighted*
brón	*sorry*
eagla/faitíos	*afraid*
amhras	*suspicious*
ionadh (pron. íona)	*surprised*
fearg	*angry*
náire	*ashamed*
bród	*proud*
éad	*jealous*
uaigneas	*lonely*

(b) **tá ... ag**

| Tá súil agam (go) | *I hope that* |
| Tá a fhios agam (go) | *I know (that)* |

(c) **tá ... ó** (*wants*)

| tá bainne uaim | *I want/need milk* |

(d) **tá faoi** (*intends to*)

| Tá fúm dul ann. | *I intend to go there.* |
| Tá faoi é a dhéanamh. | *He intends to do it.* |

Idiomatic phrases with **Is**:

Is maith liom	*I like*
Is breá liom	*I love*
Is fuath liom	*I hate*
Is féidir liom	*I can*
Is cuimhin liom	*I remember*
Is dóigh liom (go)	*I suppose (that)*
Is mian liom	*I desire/wish*
Is oth liom (go)	*I regret (that)*
Is cuma liom	*I don't care*

These are based on **léir** (*clear*) (in other contexts this adjective is **soiléir**):

| Is léir go ... | *It is clear that ...* |
| Is léir dom go ... | *It's clear to me that ...* |

Appendix 7 – Rules for initial mutations

A full table of the relevant changes is given in the introduction. The contexts in which they occur are listed in detail here.

LENITION

The rules given here for lenition are subject to the proviso that **h, l, n, r** are not lenited; neither are the unusual letters **v, x, z**; or **s** before **c, p, t, m, f**.

The first consonant of a noun is lenited:

(*a*) after **an** *the* if the noun is feminine

bean *woman* an bhean *the woman*
cathaoir *chair* an chathaoir *the chair*

(*b*) after **an**, when it means *of the*, if the noun is masculine

bóthar *road* lár an bhóthair *the middle of the road*

(*c*) after **a**, when addressing somebody

cairde *friends* a chairde *(my) friends*
duine *person* a dhuine uasail *dear sir*

(*d*) in some phrases when a noun is used as a qualifier of a preceding feminine noun (whether or not the second noun is in the genitive case)

móin *peat* tine mhóna *a peat fire*
but not in
beoir *beer* gloine beorach *a glass of beer*
fíon *wine* gloine fíona *a glass of wine*

(*e*) when a name is dependent on a preceding noun, either masculine or feminine

Máire *Mary* athair Mháire *Mary's father*
Tír Chonaill *Donegal* muintir Thír Chonaill *the people of Donegal*
Maigh Eo *Mayo* Contae Mhuigh Eo *County Mayo*

(*f*) after **mo** (*my*), **do** (*your*), **a** (*his*)

bean *woman* mo bhean *my wife*
teach *house* do theach *your house*
mac *son* a mhac *his son*

(*g*) after the prepositions **ar** (*on*), **do** (*to, for*), **de** (*from, of*), **faoi** (*under*), **gan** (*without*), **mar** (*as*), **ó** (*from*), **roimh** (*before*), **thar** (*past, over, beyond*), **trí** (*through*)

clúdach *cover*	ar chlúdach an leabhair *on the cover of the book*
Seán *John*	glaoch do Sheán *a call for John*
bainne *milk*	lán de bhainne *full of milk*
cathaoir *chair*	faoi chathaoir *under a chair*
maith *good(ness)*	gan mhaith *useless* (lit. *without good*)
múinteoir *teacher*	ag obair mar mhúinteoir *working as a teacher*
Sasana *England*	ó Shasana *from England*
Cáisc *Easter*	roimh Cháisc *before Easter*
coláiste *college*	ag dul thar Choláiste na Tríonóide *going past Trinity College*
contae *county*	ag dul trí Chontae na Mí *going through County Meath*

NB The prepositions **ar** (*on*), **thar** (*past, over, beyond*) do not lenite in phrases in which the noun has a general or indefinite reference, often describing states, such as **ar ball** *later*, **ar buile** *very angry*, **ar deireadh**, *finally*, **ar fad**, *altogether*, **ar fáil**, *available*, **ar siúl/ar bun**, *underway, going on*, **thar barr**, *excellent*, **thar sáile**, *overseas*. Compare:

Tá sé agam ar cíos	*I am renting it.* (lit. *I have it on rent*)
Tá sé agam ar chíos ceád punt sa seachtain.	*I am renting it for a hundred pounds a week.* (it. *I have it for a rent of a hundred pounds a week*)

(*h*) after **don** (*to the*), **den** (*of the*) and **san** (*in the*); the latter becomes **sa** before all consonants except **f**, which it makes silent (written **fh**)

bainisteoir *manager*	litir don bhainisteoir *a letter for the manager*
císte *cake*	píosa den chíste sin *a piece of that cake*
farraige *sea*	san fharraige *in the sea* (pron. san arruige)
gairdín *garden*	amuigh sa ghairdín *out in the garden*

Exception: none of these lenites **s, t,** or **d**: **sa siopa** (*in the shop*), **sa teach** (*in the house*), **sa deoch sin** (*in that drink*).

(*i*) after various prefixes

ceol *music*	an-cheol *very good music*
caint *talk*	droch-chaint *bad language*
comharsa *neighbour*	dea-chomharsa *good neighbour*
punt *pound*	leathphunt *half-pound*

Notice that not all prefixes are given a hyphen.

(*j*) in the second element of a compound word

príomh- *principal* + **sráid** *street*	príomhshráid *main street*
dubh *black* + **gorm** *blue*	dubhghorm *navy blue*
fíor *true* + **deas** *nice*	fíordheas *really nice*
sean *old* + **bean** *woman*	seanbhean *old woman*

But when dental consonants come together lenition is usually blocked:

sean *old* + **duine** *person*	seanduine *old person*
lán *full* + **sásta** *satisfied*	lánsásta *fully satisfied*

(*k*) to indicate that a definite noun phrase is dependent on a preceding noun

rothar fhear an phoist	*the postman's bicycle* (lit. *the bicycle of the man of the post*)

(*l*) in counting, when the noun is preceded by **aon** (*one*), **dhá** (*two*), **trí** (*three*), **ceithre** (*four*), **cúig** (*five*), **sé** (*six*)

ceist *question*	aon cheist amháin *just one question*
cuid *part*	dhá chuid *two parts*
punt *pound*	trí phunt *three pounds*
teach *house*	ceithre theach *four houses*
seomra *room*	cúig sheomra *five rooms*
bord *table*	sé bhord *six tables*

Exception: a few nouns are counted from three upwards using their plural forms and these are not lenited:

ceann *head*	trí cinn acu *three (head) of them*
troigh *foot*	sé troithe *six feet* (compare **dhá throigh** *two feet*)

(*m*) after **an chéad** (*the first*)

ceann *head*	an chéad cheann *the first one*
cuid *part*	an chéad chuid *the first part*

The first consonant of an adjective is lenited:

(*a*) following a feminine noun

fada *long*	sráid fhada *a long street*
maith *good*	aimsir mhaith *good weather*

NB There is no lenition following a feminine noun in the genitive, e.g. ag bun na sráide fada *at the end of the long street*; or in the plural, e.g. sráideanna fada *long streets*.

(*b*) after a masculine noun which depends on another noun. Compare these

an bóthar fada *the long road*
bun an bhóthair fhada *the end of the long road*

(*c*) after plural noun forms which end in a slender consonant (almost all these are masculine nouns)

fear mór *a big man*	fir mhóra *big men*
leabhar beag *a small book*	leabhair bheaga *small books*

(*d*) after a noun preceded by **dhá** (*two*) (or **beirt** (*two*) when counting people), in which case the adjective takes the plural form

teach mór *a big house*	dhá theach mhóra *two big houses*
fear beag *a small man*	beirt fhear bheaga *two small men*

(*e*) after **an** (*the*), when the adjective is prefixed to a feminine noun

príomh *principal* + ceist (f) *question*
an phríomhcheist *the principal question*

(*f*) after these forms of the copula **is** (*is*)
ba (*was/would be*), **níor** (*wasn't/wouldn't be*), **ar?** (*was?/would be?*), **nár** (*wasn't/wouldn't...be?*), **gur** (*that (it) was/would be*):

Ba mhaith liom cupán tae. *I would like a cup of tea.*
Ba mhór an chabhair é. *It was/would be a great help.*
Níor cheart é a dhéanamh. *It shouldn't* (lit. *would not be right) be done.*

The first consonant of a verb is lenited:

(a) in the past, past habitual and conditional

buail le (*meet*)

bhuail mé leis *I met him*
bhuailinn léi *I used to meet her*
bhuailfinn leo *I would meet them*

(b) after **ní** (*not*) and **má** (*if*)

buail le (*meet*)

ní bhuailim leis *I don't meet him*
ní bhuailfidh mé leo *I won't meet them*
má bhuaileann tú leo *if you meet them*

(c) after the relative particle **a** *which, who, whom*

ceannaím an páipéar *I buy the paper*
an páipéar a cheannaím *the paper which I buy*
feicim daoine ar an mbóthar *I see people on the road*
na daoine a fheicim ar an mbóthar *the people I see on the road*

Restrictions on the lenition of *d, t, s*:

(a) These are not lenited after dental consonants (easily remembered as **d, n, t, l, s** – dentals!). So **bean** (*woman*) + **deas** (*nice*) should give **bean dheas** (*a nice woman*) but is more usually **bean deas**; likewise **an-deas** (*very nice*), instead of **an-dheas**. Here are some examples:

an-dorcha *very dark*   Cf. an-gheal *very bright*
an-tirim *very dry*   an-fhliuch *very wet*
an-salach *very dirty*   an-ghlan *very clean*

Lenition is also absent in phrases such as:
slat (f) tomhais *yardstick, criterion* (lit. *stick of measuring*)
cos (f) tosaigh *front leg* (of animal)
cos (f) deiridh *back leg*

After **an** (*the*):
an tine (f) *the fire*
an tír (f) *the country*
An Dáil (f) *the Dáil* (lower house of parliament)
cearta an duine *human rights*
bean an tí *the landlady*
Roinn an Taoisigh *the Department of the Taoiseach* (= Cabinet Office)

(b) **T** and **d** are not lenited by **sa** (shortened from **san**)

sa teach (*in the house*)   sa dorchadas (*in the dark*)

(c) Although **s** cannot be lenited to **sh** after **an** (*the*) it becomes **ts** instead

an tslí (f) abhaile *the way home*	(pron. tlí)
an tsúil (f) *the eye*	(pron. túil)
an tsráid (f) *the street*	(pron. tráid)
tús an tsamhraidh (m) *the beginning of summer*	(pron. towrí)

This also happens with feminine nouns after **sa** (*in the*) (from **san**):

sa tslí *in the way*	sa tsráid *in the street*
sa tsúil *in the eye*	

But **sa samhradh** *in the summer* (because *the summer* is **an samhradh** (m)).

ECLIPSIS
The first consonant of a noun is eclipsed:

(a) after **i** (*in*)

baile mór *a town*	i mbaile mór *in a town*
trioblóid *trouble*	i dtrioblóid *in trouble*

(b) after **ár** (*our*), **bhur** (*your*), **a** (*their*)

teach *house*	ár dteach féin *our own house*
cairde *friends*	bhur gcairde *your friends*
carr *car*	a gcarr *their car*

(c) after the numerals 7 to 10, **seacht, ocht, naoi, deich**

punt *pound*	seacht bpunt *seven pounds*
troithe *feet*	ocht dtroithe *eight feet (long)*
cinn de *head of*	naoi gcinn de bha *nine cows*
pingin *penny*	deich bpingine *ten pence*

(d) after a preposition + **an** (*the*) (with the exception of **don** *to the* and **den** *of the*)

banc *bank*	ag an mbanc *at the bank*
féar *grass*	ar an bhféar *on the grass*
bus *bus*	as an mbus *out of the bus*
bainisteoir *manager*	scríobh chuig an mbainisteoir *write to the manager*
bord *table*	faoin mbord *under the table*
Garda *Guard, policeman*	labhair leis an nGarda *speak to the policeman*

cruinniú *meeting*   roimh an gcruinniú *before the meeting*
geata *gate*   thar an ngeata *past the gate*

Exception: nouns beginning with **t, d** are not affected: **ag an teach** (*at the house*), **ag an doras** (*at the door*).

(*e*) after **na** when it means *of the* in the plural (the genitive plural)

fear (*man*)   leithreas na bhfear (*the men's toilet*)

The first consonant of a verb is eclipsed:

(*a*) after **an** (which introduces questions), **cá** (*where?*), **sula** (*before*), **go** (*that*)

téann (*goes*)   An dtéann tú? *Do you go?*
                                      Cá dtéann tú? *Where do you go?*
                                      sula dtéann tú abhaile *before you go home*
                                      is dócha go dtéann tú ann *you probably go there*

(*b*) after **dá** (*if*) and **mura** (*unless, if not*)

cheannófá *you would buy*   dá gceannófá é *if you bought it*
                                      mura gceannófá é *if you didn't buy it*

(*c*) after **a** in indirect relative clauses

buailim leis na daoine sin *I meet those people*
na daoine a mbuailim leo *the people I meet*

Note

Words beginning with a vowel are treated as follows:

(*a*) **i** (*in*) becomes **in**; in Éirinn (*in Ireland*)

(*b*) no change after **an** (*the*) and the question marker **an**:

oifig *office*   ag an oifig *at the office*
ith *eat*   An itheann tú? *Do you eat?*

(*c*) by prefixing **n** in all other cases:

uimhir *number*   ár n-uimhir *our number*
oíche *night*   seacht n-oíche *seven nights*
óg *young*   Tír na nÓg *Land of the Young*
                                          (in folktales)
éiríonn *gets up*   dá n-éireofá in am *if you got up on time*
oibrím *I work*   na daoine a n-oibrím leo
                                          the people I work with

PREFIXED H

This is used to break up a sequence of two vowels, when a word beginning in a vowel is preceded by certain words ending in a vowel.

With nouns:

(*a*) after the plural article **na** (*the*)

áit *place*   na háiteanna *the places*

(*b*) after **na**, meaning *of the*, if the noun is feminine

oíche *night*   lár na hoíche *the middle of the night*
Éire *Ireland*   Rialtas na hÉireann *the Government of Ireland*

(*c*) after **a** (*her*)

árasán *flat*   a hárasán *her flat*
iníon *daughter*   a hiníon *her daughter*

(*d*) when counting with **trí** (*three*), **ceithre** (*four*) and **sé** (*six*)

uair *hour, time*   trí huaire *three times*

(*e*) after the forms meaning *the second, the third*, etc. (but not including **an chéad** *the first*)

uair *hour, time*   an dara huair *the second time*
áit *place*   an tríú háit *the third place*

(*f*) After **go** (*to*) and **le** (*with*)

Éire *Ireland*   ag teacht go hÉirinn *coming to Ireland*
Áine *Anne*   ag caint le hÁine *talking to Anne*

With adjectives:

(*a*) after **go** (in the examples below it turns them into adverbs of manner)

olc *bad*   go holc *badly*
álainn *beautiful*   go hálainn *beautifully*

(*b*) after **chomh** (*as, so*)

óg *young*   Níl mé chomh hóg leat.
                                                          I am not as young as you.
éadrom *light*   Tá sé chomh héadrom sin.
                                                          It is so light.

Other instances of prefixed *h*:

(*a*) verbs beginning in a vowel after **ná**

Ól é. *Drink it.*   Ná hól é. *Don't drink it.*

Oscail an doras *Open the door.* Ná hoscail an doras. *Don't open the door.*

Imigh! *Go, clear off!*   Ná himigh go fóill! *Don't leave yet!*

(*b*) the pronouns **é** (*he*), **í** (*she*), **iad** (*they*) and **ea** (*it, that*) after **ní** (*is not*) and **cé?** (*who?*)

Is é. *It's him.*   Ní hé. *It isn't him.*

Is ea. *It is so.*   Ní hea. *It isn't so.*

Is iad. *It is them.*   Cé hiad? *Who are they?*

(*c*) in a few phrases such as **Dé hAoine** (*Friday*), **Cá háit?** (*Where?*), **a haon** (*one*), **a hocht** (*eight*); and after **Ó** in surnames: **Ó hÓgáin** (*Hogan*).

IRISH–ENGLISH VOCABULARY

Abbreviations: m = masculine; f = feminine; g. = genitive; pl = plural.

abhaile *home*
ach *but*
aerfort (m) *airport*
agus *and*
aice; in aice le *next to*
Aifreann (m) (g. **-rinn**) *Mass*
aimsir (f) (g. **-e**) *weather*
ainm (m) (pl **-neacha**) *name*
ainnis (pl **-e**, níos **ainnise**) *awful*
aintín (f) (pl **-í**) *aunt*
airgead (m) (g. **-gid**) *money* (lit. *silver*)
áirithe *particular*; **go háirithe**
in particular
ais; ar ais *back*
áis (f) (g. **-e**, pl **-eanna**) *facility,*
convenience
áit (f) (g. **-e**, pl **-eanna**) *place*
aithne (f) *acquaintance*
áitiúil (pl **-úla**) *local*
álainn (pl **áille**, níos **áille**) *beautiful*
am (m) (g. **-a**) *time*
amárach *tomorrow*
amach *out*
amháin *just one*
amuigh *outside*
an- (+ lenition) *very*
aníos *from beneath*
ann *there*
anocht *tonight*
anois *now*
anraith (m) *soup*
anseo *here*
ansin *there*
anuas *from above, hence*

anuraidh *last year*
aois (f) (g. **-e**, pl **-eanna**) *age*
aon *one, any*
aosta *elderly*
ar ais *back*
ar bith *any, at all*
ar fáil *available*
ar fud (+ genitive) *throughout*
ar siúl *in progress, underway*
arán (m) (g. **-áin**) *bread*
árasán (m) (g. **-in**, pl **-in**) *flat, apartment*
ard (pl **-a**, níos **airde**) *high, tall*
aréir *last night*
arís *again*
arú; arú inné *the day before yesterday;*
arú amárach *the day after tomorrow*
as ord *out of order*
as *out of, from*
athair (m), (g. **-ar**, pl **aithreacha**) *father*
áthas (m) (g. **-ais**) *joy*
athraíonn *changes*
athrú (m) (pl **-ruithe**) *a change*

bábóg (f) (g. **óige**, pl **-a**) *doll*
bacach (pl **-a**) *lame*
baile (m) *settlement, town*; **sa bhaile**
at home
baile mór (pl **bailte morá**) *town*
baillíonn *collects*
bailithe *collected*
bailiú *collecting*
baineann amach *reaches, achieves*
bainne (m) *milk*
baineann *extracts, gains*
baineann de *takes off*

bainisteoir (m) (g. **-eora**, pl **-eoirí**) *manager*
báisteach (f) (g. **báistí**) *rain*
bán (pl **-a, níos báine**) *white*
banaltra (f) (pl **-aí**) *nurse*
banc (m) (g. **bainc**, pl **bainc**) *bank*
barr (m) (g. **bairr**, pl **-a**) *top*
beag (pl **-a, -níos lú**) *small*
beagán *a little*
beagnach *almost*
bean (f) (g. **mná**, pl **mná**) *woman*
beannacht (f) *blessing*
beár (m) *bar*
béile (m) (pl **-lí**) *meal*
beireann *bears*
beireann ar *catches*
beirt *two* (of people)
beoir (f) (g. **beorach**) *beer*
bheith *being, to be*
bia (m) (pl **-nna**) *food*
bialann (f) (g. **-ainne**, pl **-a**) *restaurant*
bileog (f) (g. **-eoige**, pl **-a**) *leaflet*
blas (m) *taste*
blasta *tasty*
bláth (m) (g. **-a**, pl **-anna**) *flower*
bliain (f) (g. **bliana**, pl **blianta**) *year*
bliantúil (pl **bliantúla**) *yearly*
bloc (m) (g. **-oic**, pl **-oic**) *block*
bóthar (m) (g. **-air**, pl **bóithre**) *road*
bocht (pl **-a, níos boichte**) *poor*
bog (pl **-a, níos boige**) *soft, mild*
bollóg (f) (g. **-óige**, pl **-a**) *loaf*
bord (m) (g. **boird**, pl **boird**) *table*
branda (m) *brandy*
breá (pl **-tha, níos breátha**) *fine*
breis (+ genitive) *more*
breis (is) *more than*
breoite *sick*
bróg (f) (g. **bróige**, pl **-a**) *shoe*
brón (m) *sorrow*
bronntanas (m) (g. **-ais**, pl **-ais**) *present, gift*
buachaill (m) (pl **-í**) *boy, young man, boyfriend*
buaileann *hits*
buaileann le *meets* (with)
bualadh le *meeting*
buann *wins*
buí *yellow*
buíochas (m) *gratitude*
buidéal (m) (g. **-éil**, pl **-éil**) *bottle*

bun (m) *bottom, end*

cabhraíonn le *helps*
carbhán *caravan*
cabhair (f) (g. **cabhrach**) *help*
cabhrú *helping*
cad? *what?*
caife (m) *coffee*
cáilíocht (f) (g. **-a**, pl **-aí**) *qualification*
caint (f) (g. **-e**) *talking*
cáis (f) (g. **-e**) *cheese*
Cáisc (f) (g. **Cásca**) *Easter*
caite *spent* (**seo caite** *this past*)
caitheamh *spending*
caitheann *spends, wears*
campa (m) (pl **-aí**) *camp, tent*
canadh *singing*
canann *sings*
caoga *fifty*
capall (m) (g. **-aill**, pl **-aill**) *horse*
cara (m) (pl **cairde**) *friend*
carr (m) (g. **-irr**, pl **-anna**) *car*
cárta (m) (pl **-aí**) *card*
casóg (f) (g. **-óige**, pl **-a**) *coat, jacket*
cathain? *when?*
cathair (f) (g. **cathrach**, pl **-racha**) *city*
cathaoir (f) (g. **-each**, pl **-eacha**) *chair*
ceann tuí *thatched*
ceantar (m) (g. **-air**, pl **-air**) *district*
ceo (m) *mist*
ceannach *buying*
ceannaíonn *buys*
ceapaire (m) (pl **-rí**) *sandwich*
ceapann *thinks, appoints*
cearc (f) (pl **-a**) *hen*
céard? *what?*
ceart (pl **-a**) *right*
ceathair *four*
ceathrú *quarter*
cén chaoi? *how?*
ceol (m) (g. **ceoil**) *music*
ceolchoirm (f) (g. **-e**) *concert*
cheana *already*
chomh (with adj.) *so, as*
chonaic *saw*
chuaigh *went*
chuala *heard*
chuig *to*
ciallmhar (pl **-a, níos ciallmhaire**) *sensible*
cinnte *sure, certain, certainly*
cinntiú *ensuring*

cíos (m) (g. -a) *rent*; ar cíos *rented, for rent*
císte (m) (pl -tí) *cake*
cistin (f) (g. -e, pl -eacha) *kitchen*
cith (m) (pl ceathanna) *shower*
cith (m) (g. ceatha, pl -anna) *shower*
ciúin (pl -e, níos ciúine) *quiet*
clár (m) (g. cláir, pl cláir) *programme*
clann *children* (as part of family)
clasaiceach *classical*
clog (m) (g. cloig, pl cloig) *clock*
cloiseann *hears*
cluiche (m) (pl -chí) *game*
cófra (m) *cupboard*
coicís (f) (g. -e, pl -í) *fortnight*
cóip (f) (g. -e, pl -eanna) *copy*
cóipeáil *copying*
coirm cheoil (f) (pl coirmeacha ceoil) *concert*
cóisir (f) (g. -e, pl -í) *party* (social)
coitianta *common*
coláiste (m) (pl -tí) *college*
col ceathar (m) (pl col ceathracha) *cousin*
comharsa (f) (g. -n, pl -na) *neighbour*
comhghairdeas (m) (g. -dis) *congratulations*
comhlacht (m) (g. -a, pl -aí) (commercial) *company*
comharchumann (m) (g. -ainn) *cooperative society*
comórtas (g. -ais, pl -ais) *competition*
conas *how*
conradh (m) *contract*; ar conradh *on contract*
contae (m) (pl -tha) *county*
cosúil (níos cosúla) *similar*; is cosúil go/nach *it seems that (not)*
cosnaíonn *costs*
cóta (m) (pl -aí) *coat*
creideann *believes*
críochnaíonn *finishes*
crua *hard*
cruinniú (m) (g. -ithe, pl -ithe) *meeting*
cuairt (f) (g. -e, pl -eanna) *visit*
cúig *five*
cuireann *puts, sends*
cúpla *couple (of)*
cúrsa (m) (pl -aí) *course*
cúrsaí *affairs, things*
cuntas (m) (g. -ais, pl -ais) *account, description*

cupán (m) (g. -áin, pl -áin) *cup*
cuid (f) (g. coda, pl codanna) *part, portion*; mo chuid *my*, ár gcuid *our*, etc.
cuidíonn le *helps*

dada *nothing*
daichead *forty*
dalta (m) (pl -aí) *pupil*
damáiste (m) *damage*
damhsa (m) (pl -aí) *dance* (also *dancing*)
daor (pl -a, níos daoire) *expensive*
dara *second* (in counting)
dath (m) (g. -a, pl -anna) *colour*
déanaí (f) *latness*; le déanaí *of late*
de ghnáth *usually*
de *of*
deachaigh *went*
deacair (pl deacra, after ní, an etc. níos deacra) *difficult*
déag *teen* (in counting)
déanach (pl -a, níos déanaí) *late*
déanamh *doing, making*
déanann *does, makes*
déanta *done*
déarfaidh *will say*
dearg (pl -a, níos deirge) *red*
dearmad (m) (g. -aid, pl -aid) *mistake*
deartháir (m) (g. -ár, pl -eacha) *brother*
deireadh (m) (g. -ridh) *end*; faoi dheireadh *at last*
deas (pl -a, níos deise) *nice*
deich *ten*
deifir (f) (g. -fre) *hurry*
deireann *says*
deirfiúr (f) (g. -féar, pl -acha) *sister*
deisceart (m) (g. -cirt) *southern area*
deoch (f) (g. dí, pl -anna) *drink*
dhá *two*
Dia (m) (g. Dé) *God*
Diabhal *devil*
dian (pl -a, níos déine) *severe, intensive*
difriúil (pl -iúla, níos difriúla) *different*
díolann *sells*
díreach (pl -a) *straight, direct(ly)*
dinnéar (m) (g. -éir, pl -éir) *dinner*
diosca (m) (pl -aí) *disc*
dioscó (m) *disco*
dlí (m) (pl dlithe) *law*
dlíodóir (m) (g. -óra, pl -í) *lawyer*
do *to, for*
do *your*

dochar (m) (g. **-air**) *harm, damage*
dochtúir (m), (g. **-úra**, pl **-í**) *doctor*
dona *bad*
doras (m) (g. **-ais**, pl **doirse**) *door*
dorcha *dark*
dosaen *dozen*
dóthain *sufficiency*
duais (f) (g. **-e**, pl **-eanna**) *prize*
dubh (pl **-a, níos duibhe**) *black*
duine (m) (pl **daoine**) *person*
dúirt *said*
dúisíonn *wakes up*
dul *going*

é *he, him*
éadach (m) (g. **-aigh**) *clothing*; **éadaí**
   clothes
eagla (f) *fear*
éigin *some*
eile *other*
éirí *rising, becoming*
éiríonn *rises, gets up*
éiríonn as *quits, gives up*
éiríonn le *succeeds*
éisteacht (**le**) *listening (to)*
eolas (m) (g. **-is**) *information*

fad (m) (g. **faid**) *length*; **i bhfad** *far*
fada (**níos faide**) *long*
fáil *getting*; **ar fáil** *available*
fágáil *leaving*
fágann *leaves*
fágtha *left*
faide *longer, longest*
faigheann *gets*
fáilte (f) *welcome*
falla (m) (pl **-aí**) *wall*
fanacht *staying*
fanann *stays*
faoi láthair *at present*
farraige (f) *sea*
feabhas (m) (g. **-ais**) *improvement*
féachaint (**ar**) *looking (at)*
féachann (**ar**) *looks (at)*
fear (m) (g. **fir**, pl **fir**) *man*
fearr *better, best*
feiceáil *seeing*
feiceann *sees*
feidir in **is féidir** *can*
féin *self, own*
feirm (f) (g. **-e**, pl **-eacha**) *farm*
feirmeoir (m) (g. **-ora**, pl **-í**) *farmer*

feoil (f) (g. **feola**) *meat*
fiacail (f) (g. **-e**, pl **-cla**) *tooth*
fiche *twenty*
filleadh *returning, to return*
fíon (m) (g. **-a**) *wine*
fístéip (f) (g. **-e**, pl **-eanna**) *videotape*
fliuch (pl **-a, níos fliche**) *wet*
foghlaim *learning*
foghlaimíonn *learns*
fógra (m) (pl **-aí**) *announcement*
fógraithe *announced*
fóill; go fóill *for the moment*
foirm (f) (g. **-e**, pl **-eacha**) *form*
folcadh *washing* (**seomra folctha**)
   bathroom
fón (m) *phone*
fonn (m) *inclination*
forbairt (f) (g. **forbartha**) *development*
fós *still, yet*
freisin *also*
fuacht (m) (g. **-a**) *cold(ness)*
fuaimniú (m) *pronunciation*
fuair *got*
fuar (pl **-a, níos fuaire**) *cold*
fuinneog (f) (g. **-oige**, pl **-a**) *window*
fuinniúil (pl. **fuinniúla**) *energetic*
fud; ar fud (+ genitive) *throughout*

gá (m) *need*
gabhann *takes, seizes*
gach *every*
Gaeilge (f) *Irish language*
gairdín (m) (pl **-í**) *garden*
gairid (**do**) *near (to)*
gála (m) (pl **-aí**) *gale*
gaofar *windy*
garáiste (m) (pl **-tí**) *garage*
gar (m) *a favour*
Garda (m) (pl **-í**) *policeman*
gar do *close to*
geansaí (m) (pl **-aithe**) *pullover*
gearán *complaint, complaining*
geimhreadh (m) (g. **-ridh**, pl **-í**) *winter*
gheobhaidh *will get*
glacann *takes, accepts*
glacann le *accepts*
glanadh *cleaning*
glanann *cleans*
glaoch (m) *call*
glas (pl **-a**) *green* (of plants)
gloine (f) (pl **-ní**) *glass*
gnó (m) *business*

gnóthach (pl -a) *busy*
go *to, towards*
go dtí *until* (also *to*)
go leor (+ genitive) *plenty*
go/nach *that, that not*
gorm (pl -a, níos goirme) *blue*
greann (m) (g. **grinn**) *humour*
greim (m) *bite, grip*
grian (f) (g. **gréine**) *sun*
gríosadh *urging, encouraging*
grósaeir (m) (g. **-aera**, pl **-í**) *grocer*
gruaig (f) (g. **-e**) *hair*
grúpa (m) (pl **-aí**) *group*

halla (m) (pl **-aí**) *hall*
hata (m) (pl **-í**) *hat*

í *she, her*
iad *they, them*
iarthar (m) (g. **-thair**) *western area*
iarraidh *asking, to ask*
iarrann *requests*
iasc (m) (g. **éisc**, pl **éisc**) *fish*
i bhfad *long, far away*
idir *between*
i gcónaí *always*
i leith *hither, this way*
i ndiaidh *after*
i mbliana *this year*
imeacht *leaving, going away*
imíonn *goes (away), leaves*
imirt *playing*
imithe *gone*
iníon (f) (g. **-íne**, pl. **-acha**) *daughter*
inné *yesterday*
inniu *today*
íoc *paying, to pay*
íocann *pays*
iomlán (pl **-a**, níos iomláine) *complete*
ionad (m) (g. **-aid**, pl **-aid**) *location, centre*
i rith (+ genitive) *during*
iontach (pl **-a**) *wonderful*
iris (f) (g. **-e**, pl **-í**) *journal*
iriseoir (m) (g. **-ora**, pl **-í**) *journalist*
is *is* (is short for **agus** *and*)
isteach *in(wards)*
istigh *inside*
istoíche *by night*
ite *eaten*
ithe *eating*
itheann *eats*

lá (m) (g. **lae** pl **laethanta**) *day*
lag (pl **-a**, níos laige) *weak*
laghad *littleness*; ar a laghad *at least*
láidir (pl **-e**, níos láidre) *strong*
láithreach *immediately*
lámh (f) (g. **láimhe**, pl **lámha**) *hand*
lán *full*; a lán *a lot*
lasann *lights*
le *with*
leaba (f) (g. **leapa**, pl **leapacha**) *bed*
leabhar (m) (g. **-air**, pl **-air**) *book*
leabharlann (f) (g. **-ainne**, pl **-a**) *library*
léacht (f) (g. **-a**, pl **-aí**) *lecture*
léachtóir (m) (g. **-óra**, pl **-í**) *lecturer*
léamh *reading*
leanann *follows*
leanbh (m) (g. **linbh**, pl **leanaí**) *child*
léann *reads*
leanúint *following*
leath *half*
leathan (pl. **-a**, níos leithne) *wide*
leathanach (m) (g. **-aigh**, pl **-aigh**) *page*
leisciúil (pl **-úla**, níos leisciúla) *lazy*
leithreas (m) (g. **-ris**, pl **-ris**) *toilet*
leithscéal (m) (g. **leithscéil**, pl **-ta**) *excuse*
liathróid (f) (g. **-e**, pl **-í**) *ball*
ligeann *lets*
ligthe *let*
líofa *fluent*
lítear (m) (g. **-ir**, pl **-ir**) *litre*
litir (f) (g. **-reach**, pl **-reacha**) *letter*
lóistín (m) *lodgings, accommodation*
lón (m) (g. **lóin**) *lunch*
lorg *seeking*
lú *smaller/smallest*
luath (pl **-a**, níos luaithe) *early*
(go) luath *soon*

mac (m) (g. **mic**, pl **clann mhac**) *son*
mac (m) **léinn** *student*
maidin (f) (g. **-e**, pl **-eacha**) *morning*
maith (pl **-e**, níos fearr) *good*
mála (m) (pl **-aí**) *bag*
mall (pl **-a**, níos moille) *slow*
mar (+ lenition) *as*
mar *because*
mar sin *of that kind*; also *therefore*
máthair (f) (g. **-ar**, pl **máithreacha**)
   mother
mé *I, me*
méid (m) *amount*, but **méad** in phrases
   such as **cé mhéad** *how much?*

meaisín (m) (pl **-í**) *machine*
meán- *mid-*
measa *worse, worst*
measartha *rather, moderately*
mí (f) (g. **-osa**, pl **-onna**) *month*
míle (m) (pl **-lte**) *mile*
milis (pl **-lse, níos milse**) *sweet*
minic (**níos minice**) *frequent*
mise *me*
mo *my*
mó *bigger/biggest*
moch *early*
móide *plus*
moill (f) (g. **-e**) *delay*
mór (pl **-a**) *big*
mórán *much, plenty*
muid *we*
múineann *teaches*
múinteoir (m) (g. **-ora**, pl **-í**) *teacher*
muintir (f) (g. **-e**) *parents, inhabitants*

náid *nought, zero*
naoi *nine*
nóiméad (m) (g. **-éid**, pl **-éid**) *minute*
Nollaig (f) (g. **-ag**) *Christmas*
nóta (m) (pl **-aí**) *note*
nua *new*
nuachtán (m) (g. **-áin**, pl **-áin**) *newspaper*

ó (+ lenition) *from*
obair (f) (g. **oibre**) *work* (also *working*)
ocht *eight*
ocras (m) (g. **-ais**) *hunger*
óg (pl **-a, níos óige**) *young*
oibríonn *works, operates*
oíche (f) (pl **-eanta**) *night*
oifig (f) (g. **-e**, pl **-í**) *office*
oiread; a oiread *so much*
oirthear (m) (g. **-thir**) *eastern area*
oisre (m) (pl **-rí**) *oyster*
ól *drinking*
ólann *drinks*
olc (pl **-a, níos measa**) *bad*
oráiste *orange*
osclaíonn *opens*
óstán (m) (g. **-áin**, pl **-áin**) *hotel*

paicéad (m) (g. **-éid**, pl **-éid**) *packet*
páirc (f) (g. **-e**, pl **-eanna**) *park, field*
páirt-aimseartha *part-time*
páiste (m) (pl **-tí**) *child*
peann (m) (g. **pinn**, pl **pinn**) *pen*
peil (f) (g. **-e**) *football*

peitreal (f. **-ril**) *petrol*
píosa (m) (pl **-aí**) *piece*
pictiúr (m) (g. **-úir**, pl **-úir**) *picture*
pingin (f) (g. **-e**, pl **-í**) *penny*
piocann (**amach**) *picks (out)*
pionta (m) (pl **-aí**) *pint*
pobal (m) (g. **-ail**, pl **-ail**) *community*
póca (m) (pl **-í**) *pocket*
poiblí *public*
pointe (m) (pl **-tí**) *point*
polaitíocht (f) (g. **-a**) *politics*
pórtar (m) (g. **-air**) *stout* (drink)
pósadh *marrying*
pósann *marries*
post (m) (g. **poist**, pl **poist**) *post, job*
pósta *married*
práta (m) (pl **-aí**) *potato*
príobháideach (pl **-a**) *private*
príomh- (+ lenition) *principal*

rá *saying*
rachaidh *will go*
raidió (m) *radio*
rang (m) (g. **-a**, pl **-anna**) *class*
raon (m) *range*
ráta (m) (pl **-aí**) *rate*
ráiteas (m) (g. **-tis**, pl **-tis**) *statement*
réasúnta *reasonable, reasonably*
réidh *ready*
riail (f) (g. **rialach**, pl **-acha**) *rule*
riachtanach (pl **-a**) *essential*
rinne *did*
ró- (+ lenition, with adj.) *too*
roimh (+ lenition) *before*
roinnt *some*
rothar (m) (g. **-air**, pl **-air**) *bicycle*
rud (m) (g. **-a**, pl **-aí**) *thing*
rún (m) (g. **rúin**, pl **rúin**) *secret*
rúnaí (m) (pl **-ithe**) *secretary*

sa (+ lenition) *in the*
sa bhaile *at home*
sagart (m) (g. **-airt**, pl **-airt**) *priest*
saibhir (pl **-e, níos saibhre**) *rich*
sailéad (m) (g. **-éid**, pl **-éid**) *salad*
salann (m) (g. **-ainn**) *salt*
samhradh (m) (g. **-aidh**, pl **-aí**) *summer*
saoire (f) *holiday*
saol (m) (g. **saoil**) *life*
saor (pl **-a, níos saoire**) *free*
sásta *satisfied*
scamall (m) (g. **-aill**, pl **-aill**) *cloud*

scannán (m) (g. **-áin**, pl **-áin**) *film*
scéal (m) (g. **scéil**, pl **-ta**) *story, news*
sciorta (m) (pl **-aí**) *skirt*
scoil (f) (g. **-e**, pl **-eanna**) *school*
scríobh *writing, to write*
scríobhann *writes*
seallaí (m) *chalet*
sé *he*
sé *six*
seacht *seven*
seachtain (f) (g. **-e**, pl **-í**) *week*
sean *old*
searbh (pl **-a, níos seirbhe**) *bitter*
seic (m) (pl **-eanna**) *cheque*
seinm *playing*
seinneann *plays* (music)
seirbhís (f) (g. **-e**, pl **-í**) *service*
seisiún (m) (pl **-úin**) *session*
seo *this*
seoladh (m) (pl **seoltaí**) *address*
seomra (m) (pl. **-í**) *room,*
   seomra suite *sitting room*
shuigh *sat*
sí *she*
siad *they*
sibh *you* (plural)
sin *that*
sinn(e) *we*
sioc (m) (g. **seaca**) *frost*
siopa (m) (g. **-í**) *a shop*
siopadóireacht (f) (g. **-a**) *shopping*
siúcra (m) *sugar*
siúinéir (m) (g. **-éara**, pl **-í**) *carpenter*
siúl *walking, to walk*
sláinte (f) *health*
sláintiúil (g. **-úla, níos sláintiúla**) *healthy*
slaghdán (m) (g. **-áin**, pl **-áin**) *a cold*
slat *a yard* (measurement)
slí (f) (pl **slite**) *way*
slí bheatha *occupation* (way of life)
slios (m) (g. **sleasa**, pl **sleasa**) *slice*
slua (m) (pl **sluaite**) *crowd*
smaoineamh *thinking, thought, idea*
smaoiníonn (ar) *thinks (of)*
snámh *swimming*
socraíonn *arranges*
socrú (m) (pl. **-uithe**) *arrangement*
socraíonn síos *settles down*
solas (m) (g. **-ais**, pl **soilse**) *light*
sórt (+ genitive) *kind of*
speisialta *special*

spúnóg (f) (g. **-óige**, pl **-a**) *spoon*
sráid (f) (g. **-e**, pl **-eanna**) *street*
sroichint *reaching*
staidéar (m) (g. **-éir**) *study*
staighre (m) *stairs*
stáisiún (m) (g. **-úin**, pl **-úin**) *station*
stiúrthóir (m) (g. **-óra**, pl **-í**) *director*
subh (f) (g. **suibhe**) *jam*
súil (f) (g. **-e**, pl **-e**) *eye*
suíonn *sits*
suigh (suíonn) *sit*
suim (f) (g. **-e**) *interest*
suimiúil (pl **-úla, níos suimiúla**)
   interesting
suipéar (m) (g. **-éir**, pl **-éir**) *supper*

tá *is*
tábhachtach (pl **-a, níos tábhachtaí**)
   important
tabharfaidh *will give*
tae (m) *tea*
tagann *comes*
tagtha *come*
taisteal (m) (g. **-til**) *travel*
taithí (f) *experience*
taitníonn le *pleases*
talamh (f) (g. **talaimh** or **talún**) *land*
tamall (g. **-aill**) *while, short period*
taobh (m) (g. **taoibh**, pl **-anna**) *side*
tapa *fast, quick*
tar *come*
tar éis *after*
tart (m) (g. **-a**) *thirst*
táthar passive of **tá**
te *hot*
teach (m) (g. **tí**, pl **tithe**) *house*
teach tábhairne *public house*
teacht *coming*
teachtaireacht (f) *message*
teanga (f) (pl **-cha**) *language*
téann *goes*
teas (m) (g. **-a**) *heat*
teastas (m) (g. **-ais**, pl **-ais**) *diploma*
teastaíonn *is wanting*
teastaíonn ó *(somebody) wants*
téigh *go*
teileafón (m) (g. **-óin**, pl **-óin**) *telephone*
teilifís (f) (g. **-e**) *television*
téip (f) (g. **-e**, pl **-eanna**) *tape*
teocht (f) (g. **-a**) *temperature*
thall *over*

theas *south*
thíos *below*
thiar *west*
thoir *east*
thuaidh *north*
thuas *above*
thug *gave*
ticéad (m) (g. **-éid**, pl **-éid**) *ticket*
timpeall (+ genitive) *around*
tine (f) *fire*
tinn *sick, sore*
tinneas (m) (g. **-nis**) *sickness, pain*
tiomáint *driving, to drive*
tír (f) (g. **-e**, pl **tíortha**) *country*
tirim *dry*
tógann *raises, builds, takes*
toil (f) (g. **tola**) *will*
tiosc go/nach *because*
toradh (m) (pl **torthaí**) *result, fruit*
tosaíonn *begins*
tosaithe *begun*
tosach (m) (g. **tosaigh**) *front*
tosú *beginning*
trá (f) (pl **-nna**) *beach*
tráthnóna (m) (pl **-nta**) *afternoon, evening*
(up to nightfall)
traidisiúnta *traditional*
traochta *exhausted*
tréimhse (f) (pl **-sí**) *period of time*
treoracha *directions*

trí *three*
tríocha *thirty*
triúr *three* (of people)
tú, tusa *you*
tuaisceart (m) (g. **-cirt**) *northern area*
tugann *gives*
tuig *understand*
tuigeann *understands*
tuilleadh *more*
tuirse (f) *tiredness*
tuirseach (pl **-a, níos tuirsí**) *tired*
tuiscint (f) (g. **tuisceana**) *understanding,*
to understand
tús (m) (g. **túis**) *beginning*

uaine *green*
uair (f) (g. **-e**, pl **-eanta**) *hour*
uaireanta *sometimes*
ubh (f) (g. **uibhe**, pl **uibheacha**) *egg*
údarás (m) (g. **-áis**) *authority*
uile *all*
uimhir (f) (g. **uimhreach**, pl **uimhreacha**)
number (and *size of shoes, clothes*)
uisce (m) *water* (**uisce beatha** *whiskey*)
úll (m) (g. **úill**, pl **úlla**) *apple*
uncail (m) (pl **í**) *uncle*
úr (pl **-a, níos uire**) *fresh*
urlar (m) (g. **-áir**, pl **-áir**) *floor*
úsáideann *uses*
úsáid *use, using*

GRAMMATICAL INDEX

This is an index to grammar notes and idiomatic constructions. The first number in each entry refers to the unit, the second to the section number within the unit.